Nordseeküste
Niedersachsen

INHALTSVERZEICHNIS

VI RADWANDERN AN DER NORDSEEKÜSTE 138

VII KARTENATLAS 180

Erlebnisreiche Küstenregion

Steife Brise, dicke Pötte und ein Weltkulturerbe

Die großen Flüsse Elbe, Weser und Ems fließen durch das von mächtigen grünen Deichen geschützte Dreistromland. Neben den Badestränden an der Nordsee begeistert das Hinterland mit wilden Mooren, stillen Wäldern und idyllischen Seen, aber auch in den geschichtsträchtigen Hafenstädten mit ihren kulturellen Angeboten gibt es viel zu entdecken.

Familienfreundlich

Die sanft abfallenden Sand- oder Gründstrände und das Wattenmeer bieten Kindern einen riesigen Naturspielraum, in dem sie sich fast ungestört bewegen können. Selbst in den kleinsten Badeorten finden sich Spiel- und Freizeitflächen für Kinder und oft vertreibt ein zusätzliches Meerwasser-Wellenbad die Zeit bis zur nächsten Flut. Lobenswert sind die zahlreichen Kinderspielhäuser mit Animationsprogramm. Das Bild der Nordseeküste als ideale Urlaubsregion runden Ausflugsziele wie Freizeit- und Tierparks, Museen mit kinderfreundlichen Ausstellungsbereichen sowie sportliche Aktivitäten und Erlebnisangebote wie Geocaching ab.

Thalasso

Das beständige Reizklima an der Nordsee stimuliert nicht nur den Stoffwechsel, sondern ist heilsam für Körper und Geist. Zudem ist die geringe Schadstoffbelastung der Luft eine Wohltat für Allergiker und Asthmatiker. Die mit feinsten Salzpartikeln, sogenannten Aerosolen, angereicherte Seeluft wirkt sich positiv auf die Atemwege aus, regt das Immunsystem an und fördert die Durchblutung. Schon die Griechen und Römer nutzen die Heilkräfte des Meeres von der Seeluft über das Meerwasser bis zum Schlick für die Behandlung des Menschen, besser bekannt als Thalasso.

Nationalpark Wattenmeer

Der Anblick des schlammgrauen, scheinbar öden Wattenmeeres ist für Besucher anfangs manchmal enttäuschend. Der Zauber des UNESCO Weltnaturerbes entfaltet sich bei den ersten Schritten auf dem Meeresboden. Mag der Strand noch so überfüllt sein, im Watt ist man nach wenigen Metern mit sich und der Natur alleine. Nur das Blubbern des Watts und das Kreischen der Möwen stören gelegentlich die Stille. Das ist pure Entspannung.

Tradition und Modernes

Wer sucht, der findet das eigenbrötlerische, wortkarge Original, aber tatsächlich sind die Norddeutschen ihren Gästen gegenüber sehr aufgeschlossen. Statt „Hallo" ruft man sich zu jeder Tageszeit ein knappes „Moin" entgegen. Traditionsbewusst pflegen die Küstenbewohner ihr Brauchtum und erhalten mit viel Liebe und Erfindungsreichtum ihre historischen Stätten. Auf der anderen Seite verschließen sie sich aber auch nicht der Moderne und akzeptieren mehr oder weniger die stählernen Windenergieriesen auf den Wiesen. Wer das Herz der nach außen so kühlen Norddeutschen für sich gewinnen kann, hat einen Freund fürs Leben gefunden.

STECKBRIEF

Lage:
- Zwischen den Flüssen Elbe und Ems erstreckt sich im Nordwesten Deutschlands die niedersächsische Nordseeküste. Dem Festland vorgelagert ist die ostfriesische Inselkette mit einer Länge von rund 90 km. Die direkt an der Wesermündung liegende Stadt Bremerhaven gehört politisch zur 60 km südlich gelegen Freien Hansestadt Bremen.

Fläche:
- Niedersächsische Nordseeküste: ca. 8400 km²
- Bremerhaven: 93,82 km²

Verwaltung:
- 8 Landkreise: Stade, Cuxhaven, Wesermarsch, Ammerland, Friesland, Wittmund, Aurich, Leer, Emsland; Drei kreisfreie Städte: Oldenburg, Wilhelmshaven, Emden; Bremen: eine kreisfreie Stadt: Bremerhaven

Einwohner:
- Niedersächsische Nordseeküste: ca. 1,3 Mio Einwohner
- Bremerhaven: 113 000 Einwohner

Längste Wasserwege:
- Weser (353 km), Ems (241 km), Elbe (238 km), Ems-Jade-Kanal (72,3 km)

Höchste Erhebung:
- Silberberg in der Wingst (74 m ü. NN)

Niedrigste Punkte:
- Freepsumer Meer im Landkreis Aurich (2,5 m unter NN)
- Wynhamster Kolk im Landkreis Leer (2,5 m unter NN)

Größte Seen:
- Zwischenahner Meer (5,5 km²)
- Großes Meer (2,6 km²)
- Bederkesaer See (1,7 km²)

Sprachen:
- Deutsch (Amtssprache)
- Niederdeutsch oder Plattdeutsch (Regionalsprache)
- Saterfriesisch (Minderheitensprache)

Nordseeküste kompakt

Die besten Reiserouten

Es wäre schade, die abwechslungsreiche Region nur auf das einzigartige UNESCO Weltnaturerbe Nationalpark Wattenmeer mit seinen Badestränden zu reduzieren. Zwei wunderschöne Tourentipps verdeutlichen, mit welch spannenden Attraktionen Städte und Hinterland aufwarten.

Tour: Zwei Hafenstädte – Zwei Gesichter

Tag 1: Altstadtflair in Stade

Der Bummel durch die wunderschöne **Hansestadt** beginnt im Alten Hafen mit den beispielhaft restaurierten Häuserfassaden aus dem 17. Jh. Vorbei am Wahrzeichen der Stadt, dem prachtvollen Bürgermeister-Hintze-Haus, geht es zum Schwedenspeicher. Im Museum informiert eine interaktive Ausstellung über die Geschichte und Geschicke der Region. Zum Schmunzeln lädt die kuriose Mischung aus Alltagsgegenständen im Baumhaus-Museum ein. Der Spaziergang quer durch die engen Gassen der Altstadt endet am Freilichtmuseum. Nachmittags lohnt ein Ausflug in das Alte Land, um sich mit Obst oder anderen Leckereien zu versorgen.

Tag 2: Seestadt Bremerhaven

Früh morgens ist die beste Zeit für eine vergnügliche Reise auf dem 8. Längengrad im Klimahaus **Bremerhaven**. Anschließend lockt gegenüber das Einkaufscenter Mediterraneo. Nach einer Erfrischung im Café auf der Piazza erlebt man am eigenen Leib das beengte und bedrückende Leben an Bord eines U-Boots. Zurück geht es über den Weserdeich, um die frische Seebrise zu genießen und Schiffe zu gucken. Bei gutem Wetter bietet die Aussichtsplattform des SailCity

Hotels einen grandiosen Blick über die Stadt. Am Anleger Neuer Hafen wartet das Glasdachschiff auf seine Gäste für die Tour durch die spannenden Überseehäfen. Nachmittags dreht sich im Schaufenster Fischereihafen fast alles um den Fisch. Urig ist der Besuch auf dem alten Seitenfänger Gera. Experimentierfreudige Kinder zieht es in die Phänomenta-Ausstellung. Krönender Abschluss des Tages ist die Einkehr in einem der zahlreichen Fischrestaurants.

Tour: Vom Meer an die See

Tag 1: Teatime in Leer

In der historischen **Altstadt** mit Atmosphäre ist Bummeln und Shoppen angesagt. Ein Besuch im Teemuseum der Traditionsfirma Bünting entführt in die Welt des Tees und schließt mit einer zeremoniellen Teeverkostung ab. Anschließend steht der Kauf von leckeren Wein- und Spirituosen-Souvenirs im berühmten Haus „Samson" auf dem Programm. Höhepunkt des Tages ist ein Abstecher zur Meyer-Werft in **Papenburg**, wo Besucher beim Bau der gewaltigen Ozeanriesen zuschauen können.

Tag 2: Blütenzauber am Zwischenahner Meer

Zu einem Tag in **Bad Zwischenahn** gehört ein Spaziergang entlang der Uferpromenade und dem Kurpark mit den historischen Gebäuden des Heimatmuseums. Aktivurlauber buchen eine Segelstunde auf dem Zwischenahner Meer. Anschließend schifft die „Weiße Flotte" Gäste komfortabel nach Rostrup über. Im Park der Gärten heißt es mit allen Sinnen die Blumenpracht und die botanische Vielfalt genießen. Nach einem erfrischenden Sprung in das Zwischenahner Meer schmecken die heimischen Spezialitäten wie Smoortaal oder Ammerländer Schinken besonders gut.

Tag 3: Familienspaß an der Küste

In **Carolinensiel** beginnt der Tag mit einem Besuch im spannenden Sielmuseum, dessen kindgerechte Mit-Mach-Stationen über Deichbau, Schifffahrt und Fischerei informieren. Kleine und große Forscher begeistern die wissenschaftlichen Experimente in der Phänomania. Anschließend schippert der Seitenraddampfer Gäste zum nahen **Harlesiel**, wo Sandstrand und beheiztes Meerwasser-Wellenbad zum Schwimmen, Wattlaufen oder Entspannen einladen. Es lohnt sich, eine Ausflugsfahrt zu den Seehundbänken einzuplanen.

Tag 4: Bummeln auf Spiekeroog

Ideales Ziel für einen herrlichen Tagesausflug ist die grüne Insel **Spiekeroog**. Allein die Dorfidylle mit der historischen Bausubstanz ist beeindruckend. Das stimmungsvollste Gebäude ist die alte Inselkirche, aber auch die Flaniermeile Noorderloog mit seinen Cafés, Restaurants und kleinen Geschäften hat seinen Reiz. Ein echtes Erlebnis ist der 15 km lange feinkörnige Sandstrand.

Übernachten
Hotels, Camping & Co.

Seit mehr als 200 Jahren reisen Urlauber auf die Inseln und an die Nordseeküste. Aus den eher bescheidenen Anfängen entwickelte sich ein auf alle Bedürfnisse zugeschnittenes Übernachtungsangebot. Vom 5-Sterne-Wellnesshotel über die gemütliche Ferienwohnung bis hin zum Zeltplatz direkt am Wattenmeer findet jeder die passende Unterkunft.

Hotels & Pensionen

Ob gutbürgerliche Pension oder Luxushotel mit Wellnessoase – selbst in kleinen Küstenbädern braucht niemand auf Komfort zu verzichten. Lobenswert sind die Bemühungen, neue Hotels und Ferienanlagen sanft in die Natur zu integrieren. Aber die erstklassige Lage mit Blick aufs Wattenmeer muss selbst in der Nebensaison teuer bezahlt werden. Familiärer und auch preiswerter ist die Übernachtung in kleinen, privat geführten Pensionen etwas außerhalb der Zentren. Dank vieler kleiner Extras wie eine Tasse Tee zur Begrüßung sichern sich die Vermieter treue Stammkunden, die regelmäßig wiederkehren.

Campingplätze

Direkt am Wattenmeer oder am See den Urlaub verbringen, diesen Luxus erfüllen die zahlreichen Campingplätze an der Nordseeküste. Je komfortabeler die Ausstattung, desto mehr Plätze belegen Dauercamper. Also lieber rechtzeitig reservieren! Aufgrund ihrer Lage vor dem Deich haben viele Campingplätze nur von April bis Oktober geöffnet, wobei durchaus Überschwemmungsgefahr besteht. Wintercamping ist nur an wenigen

Plätzen möglich. Eine Karte mit allen Campingplätzen, Ausstattung, Preise sowie Bewertungen gibt es unter www.camping.info.

Ferienwohnungen und -häuser

Das größte Kontingent an Übernachtungsmöglichkeiten stellen Ferienwohnungen und Ferienhäuser sowohl in Strandnähe als auch im Binnenland. Besonders hervorzuheben sind kinderfreundliche Zusatzangebote der Vermieter wie Kinderbett, Hochstuhl oder Bollerwagen. Dank der ausführlichen Beschreibungen in den Katalogen der Anbieter ist es leicht, die optimale Unterkunft zu finden. Aktuelle Gastgeberverzeichnisse verschicken die örtlichen Touristeninformationen.

Jugendherbergen

An der Niedersächsischen Nordseeküste gibt es rund 20 Jugendherbergen, 7 allein auf den Ostfriesischen Inseln. Neben den typischen Gruppenräumen bieten sie komfortable Übernachtungen im Doppelzimmer oder im Familienzimmer an. Voraussetzung ist eine Mitgliedschaft im Deutschen Jugendherbergswerk. Der jährliche Beitrag beträgt für Einzelmitglieder bis einschließlich 26 Jahre 12,50 €, für Einzelmitglieder ab 27 Jahren sowie Familien 21 €. Weitere Informationen und Prospekte stellt der DJH-Landesverband Unterweser-Ems zur Verfügung (Woltmershauser Allee 8, 28199 Bremen, Tel.: 04 21 / 5 98 30 50, www.jugendherbergen-nordwesten.de).

Ferien auf dem Bauerhof

Kinder und Tiere, das passt einfach zusammen. Ferien auf dem Bauernhof sind zudem noch herrlich unkompliziert. Ob Pony reiten, Hühner füttern oder bei der Heuernte mithelfen, dank der vielfältigen Angebote kommt nie Langeweile auf und die Eltern haben Zeit, auch einmal an sich zu denken. Die Palette der Übernachtungsmöglichkeiten reicht vom romantischen Heuhotel mit Bett in der Scheune über den sportlichen Reiterhof bis zum luxuriösen Herrenhaus. Kataloge mit qualitätsgeprüften Höfen präsentiert die Arbeitsgemeinschaft Urlaub und Freizeit auf dem Lande e. V. (Lindhooper Straße 63, 27283 Verden, Tel.: 0 42 31 / 9 66 50, www.landsichten.de).

Nützliche Internetlinks

www.die-nordsee.de
www.ostfriesland.de

► *Gepäcktransport auf der Insel.*

Essen & Trinken
Krabben, Fisch und Tee

Die Gaumenfreuden der norddeutschen Küche sind vor allem herzhaft, deftig und lecker. Im Winter geht nichts über den heiß geliebten Kohl und Pinkel. Frischer Fisch und Meeresfrüchte werden in der Regel bodenständig und schnörkellos zubereitet. Eine wachsende Zahl an Restaurants legt mittlerweile Wert auf kulinarische Raffinesse.

Frisch aus dem Meer

Beliebt sind Plattfische wie die vorzügliche Maischolle, Seezunge und Limandes sowie Gold- und Rotbarsch. In einer leichten Panade gewälzt, frisch aus der Pfanne ohne viel Schnickschnack mit Salzkartoffeln oder Kartoffelsalat serviert, munden die Köstlichkeiten vorzüglich. Klassiker der Alltagsküche sind der in Salz gepökelte Matjes und der geräucherte Aal. Miesmuscheln dagegen kommen nur in Monaten mit „R“, also von September bis April, auf den Tisch.

DER RICHTIGE DREH

Mit einer Hand das dickere Kopfende und mit der andern das schlanke Schwanzende der Krabbe greifen. Den Krabbenkörper leicht gegeneinander verdrehen und vorsichtig das Panzerteil des Schwanzendes abziehen. Das Kopfende leicht drücken und den restlichen Körper herausziehen.

Granat/Krabben

Große Populationen dieser Garnelenart leben in den Küstenregionen des Ostatlantiks. Die eiweiß- und mineralstoffreiche Nordsee-Delikatesse schmeckt am besten klassisch auf Schwarzbrot oder als Beilage zum Fischerfrühstück mit Bratkartoffeln und Spiegelei. Granat wird meistens tiefgekühlt in Niedriglohnländer transportiert und dort geschält. Deshalb empfiehlt es sich, lieber ungepulte Krabben zu kaufen.

Deftige Mahlzeiten

Das raue Klima und die schwere Arbeit der Bauern und Fischer erforderten eine kalorienreiche, gehaltvolle Kost. Noch immer sind deftige Eintöpfe mit Steckrüben, Kohl oder Bohnen beliebt. Eine Besonderheit der norddeutschen Küche ist die Kombination von Herzhaftem mit Süßem wie bei Birnen, Bohnen, Speck oder Buchweizenpfannkuchen mit Preiselbeeren. Nach dem ersten Frost beginnt im Winter die Grünkohlzeit. Durch üppige Beilagen wie Speck, Kassler und Kochwurst erhält der bekömmliche Schmaus seine gehaltvolle Grundlage. Die Pinkelwurst wird ausgedrückt und unter den Kohl gerührt, wodurch er pikant-rauchig schmeckt.

Für Naschkatzen

Lieblingsnachtisch fast aller Norddeutschen ist die aus Beeren gekochte rote Grütze mit Vanillesoße. Eine ostfriesische Leckerei nennt sich „Großer Hans". Zu dem im Wasserdampf gegarten Hefeteig wird süße Fruchtsoße oder Birnenkompott serviert. Bontjesoop, also Bohnensuppe, löffelt man zur Ostfriesentorte oder zu Eis. Dahinter verbergen sich in Brandwein und Zucker getränkte Rosinen.

REGIONALE SPEZIALITÄTEN

Updröögt Bohnen – Ostfriesisches Nationalgericht aus luftgetrockneten grünen Bohnen
Knipp – Grützwurst
Hadler Hochzeitsuppe – Fleischbrühe mit Gemüse, Reis, Rosinen und Hackfleischbällchen
Speckendicken – eine Art Eierkuchen
Echte Leidenschaften – Brezelgebäck aus Jever

Tee und Köm

Tee geht in Ostfriesland immer, zu jeder Tagezeit, mit Kandis und einem Schuss Sahne. Der Löffel ist nicht zum umrühren gedacht. Es ist Brauch, so lange Tee nachzuschenken, bis der Gast seinen Löffel in die Tasse stellt. Ansonsten darf es auch gern etwas mit Promille sein wie heimisches Bier oder Köm (Korn). Traditioneller Ausklang des Grünkohlessens ist der mit Kümmel oder einer anderen geheimen Gewürzmischung gebraute Aquavit. Gegen schneidende Winterkälte hilft dieses erprobte Grog-Rezept: „Rum mut, Zucker kann, Water bruuk nich." Also mit viel Rum und möglichst wenig Wasser.

PREISNIVEAU

Tasse Kaffee	1,50 – 2,50 €
Bier (0,3 l)	2 – 3 €
Krabbenbrötchen	4,50 – 5 €
Fischgericht	12 – 30 €

Sport & Freizeit

Aktiv frische Seeluft tanken

Durch das flache Land radeln, Schwimmen gehen oder akrobatische Sprünge beim Kitesurfen wagen – die aktiven Freizeitmöglichkeiten an der Nordseeküste und auf den Inseln sind nahezu unbegrenzt. Und als Bonus gibt es die gesunde Meeresluft gratis.

Angeln

Seen, Flüsse und Kanäle sind ein willkommenes Revier für Angler, die vom Aal bis zum Zander prächtige Exemplare aus dem Wasser ziehen. Für die Binnengewässer ist ein Berechtigungsschein erforderlich, den meistens die Tourist-Informationen ausstellen. Voraussetzung ist ein gültiger Sportfischereiausweis. Angeln in der Nordsee ist kostenlos, in einigen Häfen werden Kutter-Angelfahrten angeboten.

Baden

An der Wurster Küste reicht die Wassertiefe mehr zum Planschen als zum sportlichen Schwimmen. Auf den Inseln herrscht dagegen eine starke Strömung, hier ist Baden nur in den ausgewiesenen Zeiten erlaubt. Es empfiehlt sich an Stränden mit DLRG-Aufsicht schwimmen zu gehen. Sobald eine rote Fahne gehisst wird, ist Baden verboten. Die Wasserqualität ist gut bis sehr gut.

Kanu/Kajak

Romantische Nebenflüsse und stille Kanäle laden Laien und Profis gleichermaßen ein, die unberührte Natur vom Wasser aus neu zu entdecken. Im ostfriesischen Binnenland vermieten 21 Paddel- und Pedal-Stationen Fahrräder und Kanus/Kajaks für Ein- oder Mehrtagestouren. Die Paddler erhalten eine Einweisung in die optimale Paddeltechnik sowie eine Streckenkarte und Schwimmwesten. Weitere Informationen unter www.paddel-und-pedal.de.

Radfahren

Endlos lange Strecken durch unberührte Natur ohne nennenswerte Steigungen machen die Nordseeküste zu einem Eldorado für Radfahrer. Einzig der Wind sorgt an Küstenabschnitten für etwas Verdruss, aber auf Strecken mit starkem Gegenwind folgt garantiert ein flotter Abschnitt mit Rückenschub. Durch das Gebiet führen zahlreiche Fernwanderwege wie die 181 km lange Deutsche Sielroute durch die Wesermarsch und Butjadingen (www.sielroute.de) oder die 150 km lange Deutsche Fehnroute durch das südliche Ostfriesland (www.deutsche-fehnroute.de). Hinzu kommen zahlreiche regionale, gut ausgeschilderte Tagestouren. Eine Auswahl an Radtouren findet man in Kapitel VI. Infos über weitere Touren geben die Tourist-Infos.

Reiten

Pferdenarren befinden sich an der Nordseeküste und auch auf den größeren Inseln im Paradies. Zahlreiche Reiterhöfe bieten von Einzelunterricht über Ausritte in die Natur bis hin zur Übernachtung eine breite Palette an. Ein unvergessliches Urlaubserlebnis ist der flotte Ritt durch das spritzige Wattenmeer. Adressen stehen im Gastgeberverzeichnis und unter www.bettundbox.de.

MELKHUS

Radfahren und Wandern macht durstig. Gesunde Erfrischungen aus Milchprodukten stellen Selbstbedienungs-Milchtankstellen an Radwegen bereit. Ob ein kühles Glas Milch, Milchkaffee oder Joghurt und Quark, die regionalen Köstlichkeiten stärken für die Weiterfahrt.
www.melkhus.com

Wandern

Sich auf dem Deichspaziergang vom Wind den Kopf freipusten zu lassen ist genauso erholsam wie eine Wanderung durch stille Wälder und Moore. Größter Freizeitspaß an der Nordseeküste ist das Wattlaufen auf dem Meeresboden. Dabei unbedingt die Tidezeiten beachten. Wenn das Wasser aufläuft, füllen sich zuerst die Priele. Sie sind dann für Nichtschwimmer nicht passierbar. Im Watt ist es schwierig sich zu orientieren. Die wichtigste Regel lautet, sich bei jeder Wattwanderung einen markanten Punkt zu merken, zum Beispiel den DLRG-Turm. Diesen sollte man immer wieder zwischendurch im Blick haben.

Wassersport

Erfahrene Wassersportler finden sowohl an der Küste als auch auf Flüssen oder Binnenseen zahlreiche ausgewiesene Segel- und Surfreviere. Mit den flach abfallenden Stränden und dem beständigen Wind bietet die Nordsee ideale Voraussetzungen für Surfbegeisterte. Eine Übersicht der Surfschulen steht auf www.die-nordsee.de.

Von A bis Z
Praktische Reiseinformationen

Erreiche ich die niedersächsische Nordseeküste auch mit öffentlichen Verkehrsmitteln? Wie und wo bezahle ich die Kurtaxe? Welche Souvenirs sind typisch für die Region? Die wichtigsten Fragen für unbeschwerte Urlaubstage werden an dieser Stelle kurz und übersichtlich beantwortet.

Anreise mit dem Auto

Die meisten Urlauber reisen mit dem Auto an, weshalb zu Ferienbeginn mit erheblichen Staus zu rechnen ist. Die Weser-Elbe Region erreicht man über die A 1 und ab Bremen über die A 27 bis Cuxhaven. Die Anreise östlich der Elbe erfolgt über Hamburg oder die Fähre Glückstadt-Wischhafen. Von der A 1 zweigt südlich von Bremen die A 29 ab, die über Oldenburg Richtung Jadebusen verläuft und in Wilhelmshaven endet. Ostfrieslands Westen erschließt die Emsland-Autobahn A 31 von Duisburg bis Emden. Von hier führt die B 210 quer durch die ostfriesische Halbinsel bis nach Wilhelmshaven.

Anreise mit Bus und Bahn

Schnelle ICE oder IC-Verbindungen führen bis nach Emden Hbf, Emden-Außenhafen und Norddeich Mole sowie nach Oldenburg, Bremen oder Hamburg. Von Oldenburg und Bremen fährt die NordWestBahn nach Ostfriesland, Butjadingen und ins Weser-Elbe-Gebiet (www.nordwestbahn.de). Eine schnelle Verbindung von Hamburg nach Cuxhaven garantiert der Metronom. Wo keine Züge fahren, verbinden Busse der regionalen Verkehrsbetriebe die Ortschaften miteinander. Abends ist der Betrieb jedoch eingeschränkt.

Auch Zugreisen zu den Ostfriesischen Inseln gestalten sich unkompliziert, denn bei vielen Verbindungen ist das Zugticket inklusive Bus, Fähre und Inselbahn buchbar (www.bahn.de/nordseeinseln).

Anreise mit der Fähre

Die Fährverbindungen zu den Ostfriesischen Inseln, Neuwerk und Helgoland sind im Kapitel „Unterwegs an der Niedersächsischen Nordseeküste“ bei den jeweiligen Zielorten beschrieben.

Anreise mit dem Flugzeug

Bis auf Spiekeroog sind die Ostfriesischen Inseln sowie Helgoland durch Linienflüge oder Charter-Flüge zu erreichen. Hier eine Übersicht der Linienflüge: OFD fliegt täglich von Emden nach Borkum und von Bremerhaven nach Helgoland. LFH organisiert Flüge von Harle nach Wangerooge und die FLN von Norddeich nach Juist und Norderney.

Auskunft

Ostfriesischer-Flugdienst GmbH
www.fliegofd.de
Station Emden:
Tel.: 0 49 21 / 8 99 20
Station Bremerhaven:
Tel.: 04 71 / 7 71 88

Luftverkehr Friesland-Harle (LFH)
Flugplatz Harle
26409 Wittmund-Carolinensiel
Tel.: 0 44 64 / 9 48 10
www.inselflieger.de

FRISTA-Luftverkehr GmbH Norddeich (FLN)
Westerlooger Strohweg 5
26506 Norden
Tel.: 0 49 31 / 9 33 20
www.fln-norddeich.de

Ermäßigung

In der Elbe-Weser Region erhalten Inhaber der KüstenCard bis zu 20 % Preisnachlass bei teilnehmenden Einrichtungen, Geschäften und Restaurants. Das auf der Karte angesammelte Guthaben wird am Ende des Urlaubs ausbezahlt oder mit dem Einkauf verrechnet (www.kuestencard.de).
In Ostfrieslands Norden erhalten Urlauber für ihren Kurbeitrag die Nordsee-ServiceCard (www.nordseeservicecard.de). Sie gewährt diverse, auch überregionale Ermäßigungen und ermöglicht die Fahrt mit dem Urlauberbus für 1 € pro Person und pro Richtung (www.urlauberbus.info). Urlauber im südlichen Ostfriesland erhalten die grüne GästeCard, wenn sie einen Aufenthalt von mindestens zwei Nächten buchen. Einfach die Karte in der Tourist-Info abholen. Zu den

FEIERTAGE

Neujahr (1. Januar)
Karfreitag
Ostersonntag & Ostermontag
Tag der Arbeit (1. Mai)
Christi Himmelfahrt
Pfingstsonntag & Pfingstmontag
Tag der Deutschen Einheit (3. Oktober)
Weihnachten (25. und 26. Dezember)

Vergünstigungen gehört ebenfalls die Fahrt mit dem Urlauberbus.

GPS-Daten zum Download

Die GPS-Tracks für die Rad- und Wandertouren befinden sich unter folgendem Link zum Download: http://www.publicpress.de/812gpx

Internetadressen

Die touristische Vermarktung der niedersächsischen Nordseeküste erfolgt, abgesehen von den regionalen Touristikverbänden, durch übergeordnete Verbände. Diese Internetseiten halten wertvolle Tipps bereit:

www.die-nordsee.de – Die Ostfriesischen Inseln sowie 15 Küstenorte modern präsentiert.

www.frieslandtouristik.de – Unterkünfte, Radtouren, Freizeittipps und Veranstaltungskalender für Friesland.

www.ostfriesland.de – Offizieller Internetauftritt für Ostfriesland.

www.suedliches-ostfriesland.de – Unterkünfte und Reisetipps.

www.wattenmeerhaus.de – Hauptbildungs- und Informationszentrum für den Nationalpark Niedersächsisches Wattenmeer.

Klima und Reisezeit

Das Nordseewetter ist viel besser als sein Ruf, weil der allgegenwärtige Wind Schlechtwetterwolken einfach wegweht. Laue, warme Sommer um die 20° C und milde Wintertemperaturen mit wenig Schneefall und Eis kennzeichnen das Seeklima. Optimale Bedingungen für einen Badeurlaub bieten die sonnenreichsten Monate Juli und August, wenn sich die Nordsee auf für ihre Verhältnisse liebliche 19° bis 20° Grad erwärmt hat. In

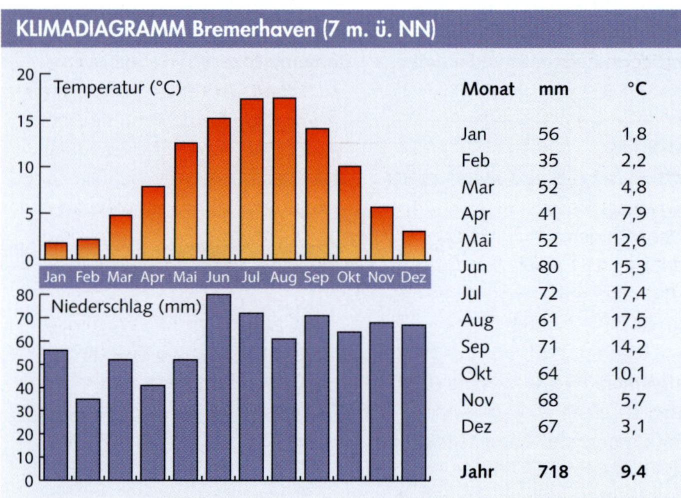

Monat	mm	°C
Jan	56	1,8
Feb	35	2,2
Mar	52	4,8
Apr	41	7,9
Mai	52	12,6
Jun	80	15,3
Jul	72	17,4
Aug	61	17,5
Sep	71	14,2
Okt	64	10,1
Nov	68	5,7
Dez	67	3,1
Jahr	**718**	**9,4**

den Sommerferien tummeln sich vor allem Familien an den Stränden. Vorsicht, die frische Nordseebrise täuscht über die Intensität der Sonnenstrahlung hinweg. Bitte immer ausreichend Sonnenschutz auftragen und empfindliche Kinderhaut mit T-Shirt und Kappe schützen!
Von November bis Mitte April haben viele touristische Einrichtungen geschlossen. Trotzdem lohnt sich ein Besuch an der Küste gerade wegen der grandiosen Naturgewalten. Nichts pustet den Kopf besser frei als ein Deichspaziergang bei stürmischem Wetter. Anschließend erwärmt ein heißer Tee mit Schuss oder ein steifer Grog Körper und Seele.

Kurtaxe/Kurbeitrag
Fast alle Nordseebäder erheben von Mitte März bis Oktober einen Kurbeitrag von 2 bis 3 € pro Erwachsenen und rund 1 € pro Kind. Als Gegenleistung erhalten die Besucher eine Gästekarte, die u. a. freien Eintritt zum Strand gewährt. Die Kommunen verwenden die Mittel aus dem Kurbeitrag, um touristische Einrichtungen sauber zu halten und instand zu setzen. Den Kurbeitrag rechnen entweder der Vermieter der Ferienunterkunft oder die Tourist-Infos vor Ort ab.

Öffnungszeiten
Selbst in größeren Städten herrschen keine einheitlichen Öffnungszeiten. Boutiquen schließen oft um 18 Uhr, Discounter und größere Geschäfte um 20 Uhr oder 22 Uhr. In den Kurorten haben viele Geschäfte aufgrund der sogenannten Bäderreglung während der Hauptsaison auch am Sonntag geöffnet. Restaurants servieren mittags von 11 – 14 Uhr und abends ab 17.30 Uhr.

Souvenirs
Die schönsten Mitbringsel sind selbst gefundene Muscheln, von Wellen geschliffene Steine oder ein Stück Bernstein. Souvenirläden bieten Kunsthandwerk und maritime Erinnerungsstücke wie Buddelschiffe oder Bernsteinschmuck an. Ostfriesischer Tee mit Kluntjes sowie hochprozentige Spezialitäten sind ein beliebtes und schmackhaftes Mitbringsel, ebenso Fisch, Krabben oder regionale Köstlichkeiten wie Ammerländer Schinken. Passende regionale Rezeptideen finden die Gäste in den Koch- und Backbüchern der Landfrauen. Tipp: Ungewöhnliche und originelle Erinnerungsstücke entdeckt man in Museumsshops.

Strandkörbe
Urlaubsfreude pur verkörpern die bunten Strandkörbe, die zugleich als Sonnenschutz, Regenschirm und Windabwehr in einem dienen. In der Hochsaison sind die Strandkörbe schnell ausgebucht. Wer nicht früh morgens an den Strand fahren will, reserviert sich seinen Strandkorb für die ganze Woche. Das Vergnügen kostet rund 5 bis 10 € pro Tag oder 40 € die Woche.

Geschichte

Friesische Freiheitsliebe

Bittere Armut und der Kampf gegen die Fluten prägten über Jahrhunderte die Geschicke der Bewohner an der Nordseeküste. Auf gierige Übergriffe auf die wohlhabenden Handelsstädte reagierten die freiheitsliebenden Friesen stets allergisch. Zwischendurch blieb aber genug Zeit, sich gegenseitig zu bekämpfen.

Um 3.500 v. Chr.
Erste Siedlungen entstehen.

2.000 v. Chr.
Ostfriesische Inseln bilden sich.

Ab 12 v. Chr.
Chauken leben auf Wurten an der Nordseeküste zwischen Ems und Elbe.

6. Jh.
Friesen aus den nördlichen Provinzen der Niederlande lassen sich an der Küste nieder.

775 bis 785
Karl der Große gliedert Sachsen und Friesen in das Frankenreich ein.

885
Verleihung der Friesischen Freiheit durch Karl den Dicken nach dem Sieg über die Normannen. Die Friesen regieren sich selbst ohne Organisation zwischen den Stammesgebieten.

Um 1000
Beginn des Deichbaus.

1156 bis 14. Jh.
Abgesandte der Friesenstämme treffen sich jährlich am Uptalsboom in Rahe bei Aurich, um Recht zu sprechen.

Mitte 14. Jh.
Häuptlingsfamilien bestimmen die

Geschicke der Friesen.

1362
Durch die verheerende Marcellussturmflut verlieren rund 100.000 Menschen ihr Leben. Beginn erster Landgewinnungsmaßnahmen.

1454
Häuptling Ulrich Cirksena wird von Kaiser Friedrich III. in den Reichsgrafenstand erhoben, das Land steht unter einheitlicher Herrschaft.

1744
Die Cirksena-Sippe stirbt aus, Friedrich der Große übernimmt die Herrschaft.

1810 – 1813
Nach der Niederlage Preußens gegen Napoleon gerät die Nordseeküste unter französische Herrschaft.

Ab 1813
Die Nordseeküste gehört zum Königreich Hannover.

Ab 1850
Der Bädertourismus setzt ein.

1866
Norddeutsche Gebiete fallen wieder an Preußen.

Ab Mitte 19. Jh.
Wegen großer Armut wandern rund 6 Mio. Deutsche nach Amerika aus, Bremerhaven entwickelt sich zum größten europäischen Auswandererhafen.

KLAUS STÖRTEBEKER

Ende des 14. Jh. begann die große Zeit der Seeräuberei. Da die Freibeuter Handelsschiffe der Hanse kaperten, sympathisierten die Friesenhäuptlinge mit den Piraten und gewährten ihnen Unterschlupf. Um Klaus Störtebeker ranken sich viele Legenden, historisch überliefert ist jedoch nicht einmal sein Name. Der Nachname bezieht sich wohl auf seine Trinkfestigkeit: Er stürzte den Becher in einem Zug. Seinen Reichtum pflegte er laut Erzählungen mit Armen zu teilen. 1401 wird Störtebeker bei einer Kapernfahrt gefangen genommen und in Hamburg öffentlich hingerichtet.

1978
Ostfriesland verliert seine Eigenständigkeit und wird mit Friesland zum Regierungsbezirk Weser-Ems zusammengeschlossen.

1986
Schutz der Nordseeküste durch den Nationalpark Niedersächsisches Wattenmeer.

2009
Inbetriebnahme des ersten deutschen Offshore-Windparks Testfeld alpha ventus nordwestlich von Borkum.

2009
UNESCO erkennt das deutsch-niederländische Wattenmeer als Weltnaturerbe an.

2012
Eröffnung des größten Tiefwasser-Containerhafens Europas, dem Jade-WeserPort in Wilhelmshaven.

Kunst & Kultur

Kirchen, Mühlen und Brauchtum

Obwohl modern und weltoffen, bewahren die Norddeutschen liebevoll ihre Traditionen und ihr kulturelles Erbe, indem sie Plattdeutsch sprechen, Shantys singen oder Baudenkmäler bewahren. Besonders eindrucksvoll sind die alten Kirchen, die wertvolle kunsthistorische Schätze bewahren.

Architekturgeschichte

Die wuchtigen romanischen Feldsteinkirchen entstanden im 12. Jh. aus Findlingen und unbehauenen Granitquadern. Auf hohen Wurten gelegen, boten sie bei Stürmen Mensch und Tier Zuflucht und dienten Schiffern als Seezeichen. Die Bedeutung der Kirchen für die Bewohner zeigt sich in der kostbaren Innenausstattung. Kunsthistorisch bemerkenswert sind die Altarschnitzereien aus der Werkstadt Ludwig Münstermanns (um 1560-1638) sowie die berühmten Orgeln von Arp Schnitger (1648-1719).
Ab dem 14. Jahrhundert demonstrierten Häuptlingsstämme ihre Macht durch den Bau wehrhafter Steinburgen (Manningaburg in Pewsum). Überstanden die Burgen die zahlreichen Fehden, wurden sie nicht selten zu prachtvollen Wohnschlössern umgebaut (Jever, Dornum, Leer).
Der Wohlstand des Bürgertums im 16. und 17. Jahrhundert zeigt sich in repräsentativen Rats- und Bürgerhäusern. Typisch in Ostfriesland sind die reich verzierten Giebelhäuser im Stil der niederländischen Renaissance (Leer, Greetsiel).
Prägend für das Dorfbild sind die oft reetgedeckten Bauernhäuser aus Backstein oder Fachwerk. Das Haupthaus dient als Wohn- und

Wirtschaftsgebäude und bietet im Stall Platz für wertvolles Vieh.

Windmühlen

Fast zu jedem Ort gehörte auch eine Windmühle, die allerdings im Lauf der Zeit häufig durch Brände zerstört wurde. Die erhaltenen Mühlen stammen meistens aus dem 19. Jahrhundert. Es handelt sich um hohe Holländer- bzw. Kappenwindmühlen, deren Flügel über die obere Kappe gedreht werden. Seltener ist die Bockwindmühle, deren gesamter Mühlenkörper in den Wind gedreht wird. Den stetig wehenden Wind nutzen heute moderne Windräder zur regenerativen Energiebeschaffung. Da sich immer wieder kritische Stimmen gegen diese weißen Riesen erheben, entstehen in der Nordsee die ersten Offshore-Windparks.

Traditionelle Teetied

Die Teezeremonie nach Ostfriesenart: ein Kluntje (Kandiszucker) mit der Kluntjezange in eine dünnwandige Porzellantasse geben, dann Tee aufgießen. Es ertönt ein geheimnisvolles Knistern. Sahne kreisförmig auf dem Tee verteilen und nicht umrühren, damit die „Wulkjes" (Wolken) aufsteigen können. Jetzt ist der richtige Zeitpunkt zum Entspannen und Genießen. Der nicht umgerührte Tee schmeckt erst sanft, dann bitter und die letzten Schlucke sind zuckersüß. Ein guter Gast trinkt mindestens drei Tassen. Wer genug Tee getrunken hat, steckt als Zeichen seinen Löffel in die leere Tasse.

REGIONALER SPRACHFÜHRER

Platt – Deutsch

- Moin – Guten Tag/Hallo
- Kiek mol wedder in – Schau mal wieder vorbei
- Deern – Mädchen
- Jung – Junge
- Kinners – Kinder
- Döntje – Anekdote/Geschichte
- Klönschnack – Unterhaltung
- Ik hebb di leev – Ich habe dich lieb
- Schnacken – unterhalten
- Kabbeln – streiten
- Lütt – klein
- Plietsch – gescheit/aufgeweckt
- Plünn – Lumpen, schlechte Kleidung
- Dwarslöper – Krebs
- Dösbaddel – Dummkopf
- Schiet – Mist

Boßeln

Vorzugsweise im Winter versammeln sich an der Nordseeküste größere Menschengruppen auf einsamen Straßen und werfen eine Kugel durch die Gegend. Beim Boßeln gewinnt die Gruppe, die die Strecke mit den wenigsten Würfen überwindet. Dank der hochprozentigen Getränke aus dem mitgeführten Bollerwagen gewinnen letztendlich alle.

▶ *Teetied nach Ostfriesenart.*

Feste & Feiern

Hafenromantik, Kultur und Nonsens

Die Palette der norddeutschen Festveranstaltungen reicht vom niveauvollen Kulturfestival über das Hafenfest mit historischen Schiffen bis zu nicht so ernst gemeinten Spaßveranstaltungen. Außerdem finden in jeder Region jährlich wiederkehrende Feiern rund um traditionelles Brauchtum statt.

Feste rund ums Jahr

Die traditionsbewussten Norddeutschen pflegen ihre Sitten und Gebräuche in jährlich wiederkehrenden Feiern. Der Reigen beginnt mit dem Osterfeuer, das am Ostersamstag oder seltener Ostersonntag hell lodernd den Winter vertreibt. Am 30. April wird der mit einem Kranz aus Tannengrün gekrönte Maibaum aufgestellt. Ab Juni fällt der Startschuss für die zahlreichen Schützenfeste, erkennbar an den mit Fähnchengirlanden geschmückten Orten.

Im Sommer veranstaltet fast jeder Küstenort ein zünftiges Strandfest mit Tanz und Feuerwerk. In manchen Orten wie in Dorum und Wremen steigt Neptun aus dem Wattenmeer und tauft in einer rustikalen Zeremonie Urlauber wie Einheimische, die sich dann Neunauge oder Zitteraal nennen dürfen.

Einen traditionellen Hintergrund haben die über das Jahr stattfindenden Jahrmärkte. Sie entwickelten sich aus mittelalterlichen Vieh- und Krammärkten, auf denen Händler ihre Waren feilboten. Eines der größten Volksfeste im Nordwesten, der Kramermarkt in Oldenburg, besteht seit über 400 Jahren. Der Gallimarkt in Leer, das größte Volksfest in Ostfriesland, beginnt immer noch mit einem öffentlichen

Viehauftrieb, wo der Kauf mit Handschlag besiegelt wird.

Hafenfeste

Alte Segelschiffe, historische Schiffstypen, Koggenachbauten und viele Freizeitsegler sind der stimmungsvolle Rahmen für die Hafenfeste in den Küstenstädten. Das atmosphärisch schönste und größte Fest ist die nur alle 5 Jahre stattfindende SAIL in Bremerhaven. Fernweh liegt in der Luft, wenn die größten Rahsegler aus allen Nationen beim Open-Ship ihre Gangway für Besucher öffnen. Viele Segelschiffe bieten Segelausflüge an. An den Emder Matjestagen dreht sich zwar alles um den Hering, aber auch hier laden Traditionsschiffe zum Sehen und Staunen ein.

► *Matjestage in Emden.*

FESTE IM JAHRESKREIS

Mai

- ► Emder Matjestage am letzten Wochenende im Mai, Volksfest mit Schiffen und Matjesspezialitäten am Ratsdelft
- ► RHODO in Westerstede – die größte Rhododendronschau Europas findet nur alle vier Jahre statt, nächster Termin 2014

Mai/Juni

- ► Internationales Norddeicher Drachen- und Windspielfest mit Nachtflugshow
- ► Krummhörner Orgelfrühling, Festival geistlicher Musik

Juli

- ► Bremerhavener Festwoche mit Seglertreffen
- ► Wochenende an der Jade, Stadt- und Hafenfest in Wilhelmshaven
- ► Duhner Wattenrennen, Pferderennen auf dem Meeresboden
- ► Germanischer Fünfkampf in Otterndorf
- ► Schützenfest in Esens am 2. Wochenende im Juli, eines der größten Schützenfeste Deutschlands

Juni/Juli/August

- ► Wältmeisterschaften im Schlickschlittenrennen in Krummhörn
- ► Greetsieler Woche, überregionale Kunstausstellung in den Sommerferien
- ► Lange Nacht der Kreuzfahrt in Papenburg mit Programm im Besucherzentrum der Meyer Werft
- ► Störtebeker Freilichtspiele in Marienhafe, nächster Termin voraussichtlich 2014
- ► Ritterfest zu Dornum

FESTE IM JAHRESKREIS

Juli/August

- Kutter-Korso mit Hafenfest in Greetsiel, Mitfahrgelegenheit auf dem Kutter
- Internationales Norddeicher Wikingerfest mit Mittelaltermarkt und Schaukämpfen
- Regatta der Krabbenkutter in Neuharlingersiel mit Mitfahrgelegenheit auf den Kuttern
- Lichter- und Brückenfest in Bensersiel mit Laternelaufen für Kinder
- Hooksieler Renntage, Galopp- und Trabrennen in Hooksiel

August

- SAIL Bremerhaven vom 12. bis 16. August 2015
- WattenSail in Carolinensiel mit historischen Plattbodenschiffen
- Bad Zwischenahner Woche, buntes Unterhaltungsprogramm mit Lichterzauber
- Lagune in Flammen, Lichtermeer über der Nordsee-Lagune in Burhave

August/September

- Hafenfest in Papenburg mit Traditionsseglern und altem Handwerk, findet nur in Jahren mit gerader Zahl statt
- Holk-Fest, Kulturfest in Stade
- Sommerabend am Meer in Cuxhaven mit Feuerwerk

September

- Blütenfest in Wiesmoor mit Blütenkorso und Lichterspielen
- Kramermarkt in Varel, buntes Jahrmarkttreiben
- Roonkarker Mart, Jahrmarkt in Rodenkirchen

Kulturelle Höhepunkte

In den Kirchen sind viele historische Orgeln noch weitgehend im Originalzustand erhalten. Besonders wertvolle Instrumente sind die Barockorgeln von Arp Schnitger, die im Rahmen von Konzerten ihren wundervollen Klang entfalten (Cappeln, Norden). Ein Kulturgenuss für Kirchenmusik-Liebhaber ist der Krummhörner Orgelfrühling. Bis zu 500 Jahre alte Klangkörper verzaubern die Zuhörer.
Sehr beliebt bei den Zuschauern sind die alle drei Jahre stattfindenden Freilichtfestspiele in Marienhafe, die das Leben und Wirken des legendären Freibeuters Klaus Störtebeker lebendig werden lassen.

Aktionstage im Heimatmuseum

Liebevoll restaurierte Heimatstuben in historischen Gebäuden oder Windmühlen zaubern die gute alte Zeit zurück. An den zahlreichen Aktionstagen wird altes Handwerk vorgeführt oder es duftet köstlich nach frisch gebackenem Steinofenbrot und Butterkuchen.

Spaßveranstaltungen

Ihren ganz eigenen Humor beweisen die Küstenbewohner mit originellen Feiern, die durch liebevolle Details begeistern. Ein Riesenspaß für Zuschauer und Teilnehmer ist das Schlickschlittenrennen in Krummhörn, bei dem sich die fantasievoll kostümierten Wettkämpfer von oben bis unten mit Schlick bekleckern.

Barbarenüberfall heißt es in Otterndorf beim Germanischen Fünfkampf. Hier messen sich nicht nur die in Felle gehüllten Germanen, sondern auch die Zuschauer erproben ihre Stärke und Geschicklichkeit in originellen Übungen.

Zugvogelfest

Eine außergewöhnliche Veranstaltung sind die 2013 zum 5. Mal stattfindenden Vogelflugtage. Im Oktober dreht sich an der niedersächsischen Nordseeküste und auf den Ostfriesischen Inseln alles um die Zugvögelschwärme. Organisierte Vogelexkursionen per Bus oder Schiff, Vorträge und spezielle Kinderprogramme informieren über die rund 160 Vogelarten, die im Nationalpark Wattenmeer rasten oder auch überwintern. Es ist ein unvergessliches Erlebnis, die durch die Lüfte wirbelnden, kreischenden Schwärme zu beobachten.

FESTE IM JAHRESKREIS

September/Oktober

- Kramermarkt in Oldenburg, Jahrmarkt

Oktober

- Gallimarkt in Leer, einst Viehmarkt, jetzt Volksfest mit Jahrmarkt
- Strohballen-Rollmeisterschaft in Dornumersiel

Dezember

- Stimmungsvolle Weihnachtsmärkte in Greetsiel, Stade
- Lamberti-Markt Oldenburg, vor dem Oldenburger Schloss
- Lichtermeer in Carolinensiel

▶ *Oldenburger Kramermarkt.*

Natur & Umwelt

Wattenmeer, Marsch und Geest

Seit jeher formen und verformen Naturgewalten trotz aller Anstrengungen der Menschen die Landschaft an der Nordseeküste. Einige Regionen wie die Ostfriesischen Inseln entstanden vor gar nicht so langer Zeit, während ganze Inseln und Dörfer für immer von den Fluten verschluckt wurden.

Marsch und Geest

Typisch für Norddeutschland sind die Landschaftsformen Marsch und Geest. Durch das Abschmelzen der Gletscher in der Saaleeiszeit formten Endmoränen und Sandablagerungen den Boden der Geest, was soviel wie trocken oder unfruchtbar bedeutet. Frühgeschichtliche Funde wie Großsteingräber beweisen, dass die höher gelegene Geest schon in der Steinzeit besiedelt wurde.

Der Marschboden entstand vor rund 6000 Jahren. Durch den Anstieg des Meeresspiegels während der letzten Eiszeit lagerten sich Schlick-, Pflanzen- und Tierreste vor dem Geestrand ab. Nach Absinken des Wasserspiegels blieben das leicht erhöhte Marschland und das Wattenmeer zurück. Dank der Mineralien in den Ablagerungen sind Marschböden besonders nährstoffreich und wurden deshalb durch Eindeichung dem Meer entrissen.

Nordsee und Ostfriesische Inseln

Die Nordsee ist ein Schelfmeer am Rand des Atlantischen Ozeans. Erst durch das Schmelzwasser der letzten großen Eiszeit bildete sich zwischen den britischen Inseln und dem europäischen Festland ein durchgehender Wasserspiegel. Wahrscheinlich sind die Ostfriesischen Inseln nicht, wie lange Zeit vermutet, vom Festland abgetrennt, sondern entstanden durch Sandablagerungen, die durch die Gezeiten und Meeresströmungen stetig anwuchsen. Auch jetzt „wandern" die Inseln und verändern sich ohne entsprechende Schutzmaßnahmen.

Gezeiten

Ebbe und Flut entstehen durch die Anziehungskraft von Mond und Erde sowie durch die Fliehkraft der Erde. Der zeitliche Abstand zwischen den jeweiligen Hoch- bzw. Niedrigwasserabständen beträgt jeweils 12 Stunden und 25 Minuten. Das Wasser steigt im Durchschnitt um rund 3 m, daher ist es wichtig, bei Wattwanderungen immer die Tidezeiten zu beachten.

Weltnaturerbe Nationalpark Wattenmeer

Das Wattenmeer erstreckt sich entlang der Küste mit einer Länge von rund 400 km. Schon 1982 verfassten Deutschland und die Anrainerstaaten eine gemeinsame Erklärung zum Schutz dieser einzigartigen Naturlandschaft und vier Jahre später erklärte Niedersachsen einzelne Gebiete zum Nationalpark. Seitdem sind landesübergreifende Naturschutzgebiete entstanden, um die artenreiche Flora und Fauna zu schützen. Der Lebensraum für mehr als 10.000 Tier- und Pflanzenarten erhielt 2009 das Prädikat UNESCO-Weltnaturerbe und steht damit auf einer Stufe mit dem Grand Canyon. Zahlreiche Nationalparkhäuser an der Küste informieren anschaulich über diesen unvergleichlichen Lebensraum, der sich am eindringlichsten auf einer geführten Wattwanderung erleben lässt.

Flora und Fauna

Pflanzen wie Queller oder Stranddreizack haben sich dem hohen Salzgehalt auf den Deichvorlandwiesen angepasst. Viele Tiere leben verborgen im Wattenmeer, ein lecker gedeckter Tisch für Möwen und zahlreiche andere Vogelarten. Dank ihrer unterschiedlichen Schnabellängen machen sich die Vögel ihre Mahlzeit nicht gegenseitig streitig. Für Zugvögel ist die deutsche Nordseeküste ein beliebter Zwischenstopp. Im Frühjahr und Herbst zeigen sich atemberaubende Vogelschwärme am Himmel. Der beliebteste Küstenbewohner sonnt sich am liebsten auf einsamen Sandbänken. Seehunde und Kegelrobben sind besonders gut von den Ostfriesischen Inseln aus zu beobachten. Aber auch die Moore und Heideflächen in der Geest verblüffen mit seltenen Pflanzen wie dem geschützten Sonnentau oder der vom Aussterben bedrohten Kreuzotter.

► *Ruhezone Nationalpark Wattenmeer.*

Zwischen Weser und Elbe

Wasser satt heißt es in dem von Nordsee, Weser und Elbe umschlossenen „nassen Dreieck". Die Küsten- und Uferabschnitte mit Grün- oder Sandstrand sowie das weite Hinterland bieten viel Platz für Erholungssuchende, Familien und Aktivurlauber. Weiterer Anziehungsmagnet sind die maritimen und kulturellen Attraktionen in den Hafenstädten.

▶ STADE

46.000 Einwohner (S. 185, E4)

Die vom Wasser umschlossene Altstadt mit ihren liebevoll restaurierten Fachwerk- und Backsteinhäusern und dem alten Hafen erinnert an die maritime Vergangenheit der Hansestadt. Seinen Wohlstand verdankte Stade der langjährigen Zugehörigkeit zur Hanse. Ebenfalls prägend war der Ausbau Stades zur Landesfestung und Garnisonsstadt unter schwedischer Flagge Mitte des 17. Jh.

Altstadt

1

Der historische Stadtkern stammt überwiegend aus der Zeit nach dem Großbrand 1659 und ist wie im Mittelalter von Burggräben und der Schwinge umgeben. Romantisches Herzstück ist der Mitte des 13. Jh. als Hansehafen angelegte **Alte Hafen**. Zum historisch beeindruckenden Gesamtensemble gehören die beiden geschlossenen Straßenzüge mit Wohn- und Speicherhäusern aus dem 17. Jh. In den prachtvollen Häusern auf der Westseite wohnten reiche Kaufleute und Bürger, in den schlichteren Gebäuden auf der Ostseite lebten Kapitäne und Fährschiffer. Die zahlreiche Cafés und Restaurants fügen sich harmonisch

in das historische Stadtbild und laden zum Verweilen ein.
An der Hafeneinfahrt sticht der mächtige **Schwedenspeicher** heraus. Das als Provianthaus der schwedischen Garnison 1705 errichtete Gebäude steht zur Wasserseite hin auf Pfählen. In dem vierstöckigen Gebäude präsentiert ein unterhaltsames Museum sowohl archäologische Funde nebst Moorleiche als auch Stadtgeschichte sowie das Thema Hanse (Wasser West 39, Tel.: 0 41 41 / 79 77 30, www.museen-stade.de, Di bis Fr 10 – 17 Uhr, Sa/So und Feiertage 10 – 18 Uhr, 6 €, Kinder und Jugendliche Eintritt frei).
Die beeindruckende Sandsteinfassade im Stil der Weser-Renaissance gehört zum **Bürgermeister-Hintze-Haus** von 1621, dem Wahrzeichen der Stadt. Einige Schritte weiter fällt das Auge auf das große Fachwerkhaus von 1667. In dem typischen Kaufmanns- und Speicherhaus mit Kranbalken und Speichertoren zeigt das **Kunsthaus Stade** wechselnde Ausstellungen namhafter Künstler von Pablo Picasso bis Jörg Immendorff. (Wasser West 7, Tel.: 0 41 41 / 7 97 73 20, www.museen-stade.de, Di/Do/Fr 10 bis 17 Uhr, Mi 10 – 19 Uhr, Sa/So und Feiertage 10 – 18 Uhr, 5 €, Kinder und Jugendliche Eintritt frei).
Gegenüber dem Schwedenspeicher steht das ehemalige Dienstgebäude des Baumschließers von 1774/75. Er öffnete Frachtschiffen nach Zahlung einer Gebühr die

▶ *Romantischer Alter Hafen in Stade.*

mit einem Holzstamm verschlossene Hafeneinfahrt. Im **Baumhaus** befindet sich eine kuriose, liebevoll zusammengetragene Sammlung von Alltagsgegenständen, „Stadensien" wie Postkarten, Bierflaschen oder Firmenschilder (Wasserseite Ost 28, Tel.: 0 41 41 / 4 54 34, April bis Okt. Sa 15 – 18 Uhr, So 14 – 18 Uhr, Nov. – März So 15 – 17 Uhr, Eintritt frei).
Beim Bummel durch die engen Gassen der Altstadt lohnt der Gang durch die Salzstraße zum ehemaligen **Franziskanerkloster St. Johannis** aus dem 13. Jh. mit dem verträumten Klostergarten. Musikliebhaber schätzen in der spätromanischen Saalkirche **St. Cosmae** den Klang der von Berendt Hus und seinem Gesellen Arp Schnitger erbauten Orgel aus dem 17. Jh.
Vom Kirchplatz geht der historische Reigen weiter entlang der Hökerstraße mit dem alten Rathaus von 1667/68. Nur wenige Gehminuten entfernt, lädt das **Freilichtmuseum auf der Insel** zu einem Spaziergang auf der ehemaligen schwedischen

OBSTBAUGEBIET ALTES LAND

Ein beeindruckendes Schauspiel bietet der Obstgarten Altes Land im Frühjahr, wenn rund 15 Millionen Obstbäume die Region in ein Blütenmeer verwandeln. Zwischen Hamburg und Stade erstreckt sich Nordeuropas größtes zusammenhängendes Obstanbaugebiet. Außer leckeren Kirschen und Pflaumen tragen rund 95 Prozent der Obstbäume knackige Apfelsorten, die zusammen mit verführerischen Kostbarkeiten wie Apfelkuchen oder Obstler an Straßenständen und in urigen Hofläden verkauft werden.

Festungsanlage ein. Zu den sehenswerten Schmuckstücken gehören das Altländer Bauernhaus mit Museum, eine Bockwindmühle und eine typische Altländer Prunkpforte (Auf der Insel 2, Tel.: 0 41 41 / 7 97 73 30, Mai – Sept. Di bis So 10 – 13 Uhr und 14 – 17 Uhr, 2 €, Kinder und Jugendliche Eintritt frei).

ESSEN &TRINKEN

In Stade gibt es eine Vielzahl gemütlicher Restaurant und Cafés, zum Teil direkt am historischen Alten Hafen.

Gut bürgerlich

Stader Ratskeller
Hökerstraße 10
Tel.: 0 41 41 / 78 72 28
www.ratskeller-stade.de
Das Brauhaus, Biergarten und Restaurant serviert frisch gezapftes, selbst gebrautes Bier im urgemütlichen historischen Kellergewölbe. Tgl. geöffnet.

SPORT & FREIZEIT

Erlebnis- und Solebad Stade und Freibad Solemio
Am Exerzierplatz
Tel.: 0 41 41 / 4 03 30
www.solemio-stade.de
Freibad und überdachte Schwimmbecken mit Strömungskanal und 67-m-Rutsche begeistern alle Wasserratten. Finnische Sauna und Dampfbad sorgen bei den Erwachsenen für Entspannung. Tarife und Öffnungszeiten je nach Aktivität.

Tidenkieker-Fahrten
Anleger Stader Stadthafen
Tel.: 0 41 41 / 40 91 70
Mit dem Flachbodenschiff Tidenkieker auf der Elbe Frachter, Containerschiffe und Sportboote begleiten und die herrlichen Naturparadiese der Niederelbe hautnah miterleben. Wechselnde Abfahrtszeiten.

Moorexpress
www.moorexpress.de
Haltestelle Stade, Am Bahnhof
Tel.: 0 42 81 / 94 40
Die nostalgische Fahrt mit dem Moorexpress führt von Stade durch das Teufelsmoor bis nach Bremen durch eine idyllische, abwechslungsreiche Landschaft. Sommer- und Winterfahrplan.

SERVICEINFO

STADE Tourismus-GmbH
Tourist-Information am Hafen
Hansestraße 16, 21682 Stade
Tel.: 0 41 41 / 40 91 70
www.stade-tourismus.de

► OSTEN

1.900 Einwohner (S. 185, D3)

Das stille Osten liegt verträumt am Ostedeich und beeindruckt mit zwei außergewöhnlichen Sehenswürdigkeiten.

Die **St. Petri Kirche** von 1746/47 ist eine der wenigen stilechten Barockkirchen in Norddeutschland. Der Kanzelaltar mit der 10 m hohen Westwand, die zweigeschossige Westempore und die üppigen ornamentalen Verzierungen präsentieren sich einheitlich im spätbarocken Stil.

Im Mittelalter herrschte auf dem längsten Nebenfluss der Elbe reger Handelsverkehr und schon damals führte eine Fähre von Osten nach Hemmoor. Die älteste **Schwebefähre** Deutschlands fährt seit 1909 über die Oste. Direkt neben dem beeindruckenden technischen Denkmal informiert das kleine Museum **De FährStuv** über die Geschichte des Fährbetriebs (Deichstraße 1, Tel.: 01 75 / 6 09 12 25, www.schwebefaehre-osten.de, April – Okt. tgl. stündlich. 11 – 17 Uhr ab Osten, 1,50 €, Kinder 6 – 16 Jahre 1 €).

SERVICEINFO

Tourist-Info Hemmoor
Bahnhofsweg 4
21745 Hemmoor
Tel.: 0 47 71 / 6 86 97 68
www.hemmoor.de

► WINGST

3.400 Einwohner (S. 184, C3)

Nur 35 km von der Elbmündung entfernt, erhebt sich mitten in der flachen Landschaft ein kleiner Höhenzug, deren höchste Erhebung, der Silberberg, die stattliche Höhe von 74 m ü. NN erreicht.

Die ausgedehnten Mischwälder in dem staatlich anerkannten Erholungsort Wingst sind ein beliebtes Ausflugsziel. Viele Wanderungen führen zum 61 m hohen **Deutschen Olymp** mit seinem 23 m hohen Betonaussichtsturm. Der Blick reicht bei gutem Wetter über die Elbe bis nach Cuxhaven (voraussichtlich 2013 wieder geöffnet).

Star im **Zoo in der Wingst** ist der weiße Tiger Tamuti. Aber auch in dem als vorbildlich geltenden, weitläufigen Wolfs- und Bärenwald oder im urwüchsigen Affengehege der Japanmakaken gibt es viel

MORD AN DER SCHWEBEFÄHRE

Die gesunde Luft scheint die Fantasie der Autoren zu beflügeln, denn nirgendwo sonst werden angeblich mehr Krimis und Krimi-Drehbücher geschrieben als im Krimiland Kehdingen Oste. Über 30 Regionalkrimis führen den Leser zu den Originalschauplätzen in der Region und bieten spannenden Lesestoff für den Urlaub (www.krimiland.de).

zu entdecken (Zoo in der Wingst, Am Olymp 1, Tel.: 0 47 78 / 2 55, www.wingstzoo.de, tgl. ab 10 Uhr, 6,50 €, Kinder von 3 – 14 Jahren 4,50 €).
Gartenfreunde begeistern sich für die Blütenpracht des botanischen Gartens **Kamelienparadies Wingst** oder kehren im Kameliencafé ein (Höden 16, 21789 Wingst, Tel.: 0 47 78 / 2 63, www.kamelie.de, Feb. – Nov. Mi bis Fr tgl. 10 – 18 Uhr, Sa, So und Feiertage 14 – 18 Uhr, 3,50 €, Kinder ab 12 Jahren 2 €).

MIT KINDERN UNTERWEGS

Spielpark Wingst
Schwimmbadallee 10 a
Tel.: 0 47 78 / 6 60
www.spielpark-wingst.de
In dem schönen Naturpark bieten Wasserkarussell, Baumseilpfad oder Sommerrodelbahn Spaß für die Familie. März - Okt ab 10 Uhr, Eintritt frei, Sommerrodelbahn 3 €, Baumseilpfad 8,50 €, Kinder bis 16 Jahren 7,50 €.

► *Tiger Tamuti, Star im Zoo in der Wingst.*

SERVICEINFO

Tourismuszentrale Wingst der Samtgemeinde Am Dobrock
Hasenbeckallee 1
21789 Wingst
Tel.: 0 47 78 / 8 12 00
www.wingst.de

► NEUHAUS (OSTE)

1.100 Einwohner (S. 184, C2)

Zwischen Oste und Aue liegt der verträumte Flecken Neuhaus. Die Oste war im Mittelalter ein wichtiger Handelsweg. An die Zeiten des Wohlstands erinnert die **Emmauskirche** von 1729 im Stil des norddeutschen Backsteinbarocks. Die Konzerte auf der berühmten Barockorgel des Stader Orgelbauers Dietrich Christoph Gloger sind weithin bekannt und beliebt.

Direkt neben dem 1964-68 nach einer schweren Sturmflut errichteten Ostesperrwerk liegt der Elbe-**Küsten-Park** und das **Natureum Niederelbe**. Die neue Dauerausstellung des Naturkundemuseums wird voraussichtlich März 2013 eröffnet werden und konzentriert sich auf die Tier- und Pflanzenwelt der von den Gezeiten beeinflussten Elbemündung. In dem Freiluftbereich des Elbe-Küsten-Parks unterhalten und begeistern spannende Naturlehrpfade mit vielen Mit-Mach-Stationen. Schiffstouren führen zu aufregenden Begegnungen mit seltenen Wildvögeln oder mit auf Sandbänken sonnenden Seehunden. (Neuenhof 6, 21730 Balje/Neuhaus, Tel.: 0 47 53 / 8 42 10, www.natureum-niederelbe.de).

ESSEN & TRINKEN

Regionale Küche

Balje-Hörne

»Zwei Linden« – Das feine Gasthaus

Itzwördener Strasse 4
21730 Balje-Hörne
Tel.: 0 47 53 / 8 43 0 - 0
www.hotel-zwei-linden.de

In gemütlicher Atmosphäre werden hervorragende Fisch- und Fleischgerichte mit saisonalen Extras serviert. Mo bis 17 Uhr Ruhetag.

SPORT & FREIZEIT

Wasserskianlage Neuhaus

Seestraße 64
Tel. Lift: 0 47 52 / 12 61
www.wasserski-neuhaus.de

An dem Wasserski-Lift mit 12 m hohen Masten sind Anfänger und Profis willkommen. Fast noch mehr Laune macht das Zuschauen vom Bistro aus. April – Sep. tgl., März und Okt. Sa und So.

SERVICEINFO

siehe Tourismuszentrale Wingst der Samtgemeinde Am Dobrock

▶ OTTERNDORF

7.100 Einwohner (S. 184, B2)

Mit verwinkelten Gassen in der kleinen Fachwerk-Altstadt und dem Grünstrand direkt am Weltschifffahrtsweg Elbe begeistert das beschauliche Nordseebad Otterndorf in der Samtgemeinde Land Hadeln. Der Strand und der kleine Hafen liegen 2 km außerhalb des Ortskerns. In dem See **Achtern Diek** finden auch Kinder optimale Bedingungen für Wasserspaß.

Nach dem Erhalt der Stadtrechte im Jahr 1400 zeigte sich der Wohlstand der Einwohner vor allem in prunkvollen Schmiedearbeiten. Von 1550 bis 1900 gab es in Otterndorf 45 Gold- und Silberschmiedewerkstätten. Bedeutende Exemplare sind im wunderschönen **Kranichhaus** ausgestellt. Das eindrucksvolle Baudenkmal mit der barocken Fassade und der Kranichfigur auf dem Giebel stammt aus dem späten 16. Jh. und beherbergt die Sammlung kulturhistorischer Objekte zur Wohnkultur sowie erlesene Stücke Otterndorfer Silbers aus den Werkstätten des 17. Jh. (Reichenstraße 3, Tel.: 0 47 51 / 91 48 0, www.kranichhaus.de, April – Mitte Sep. Mi bis Fr 10 – 12 Uhr, Mi bis So 14:30 – 16:30 Uhr, Mitte Sep. – März So 14:30 – 16:30 Uhr, 3 €).

Gegenüber dem Kranichhaus steht das **Historische Rathaus** von 1583.

GERMANISCHER FÜNFKAMPF

Jedes Jahr ziehen am letzten Samstag im Juli Barbaren in Fellkluft durch die Stadt. Am Strand duellieren sich die ungehobelten Gesellen in Wettkämpfen wie Sackschlagen oder Häuptlingstragen. Die Zuschauer testen ihr Barbarengeschick in den 5 Disziplinen des Germanischen Fünfkampfs: Germanen-Weitsprung aus dem Stand, Diek'n, Angelsachsenpfad, Keulenzielwurf und Steinstoßen. Ein toller Spaß auch für Kinder.

Bei Sanierungsarbeiten des Backsteingebäudes wurden im barocken Anbau wertvolle Deckengemälde freigelegt. In der abzweigenden Marktstraße fällt das rote Backsteingebäude von 1792 auf. Das **Hadler Haus** (Nr. 21) ist ein ehemaliges Kaufmannshaus mit Speicher. Ein Durchgang führt zur Stadtscheune, in der kulturelle Veranstaltungen stattfinden. Überraschend modern zeigt sich das **Museum gegenstandsfreier Kunst** im historischen Stadtkern. Die wechselnden Ausstellungen präsentieren alle Richtungen zeitgenössischer Kunst (Marktstraße 10, Tel.: 0 47 51 / 97 99 99, www.studio-a.de, Di bis Fr 10 – 13 Uhr, Di bis So 15 – 18 Uhr, 3 €, Kinder 1,50 €).
Nostalgiker begeistern sich für die **Puppenstube** mit mehr als tausend Exponaten. Die Käthe-Kruse- oder Schildkröt-Puppen wecken schöne Erinnerungen an die Kindheit (Marktstr. 12, Tel.: 0 47 51 / 91 28 91, April – Okt. Mi, Do, Fr, So 14.30 – 17 Uhr, Nov. – März Mi und So 14.30 – 17 Uhr, 1 €, Kinder 0,50 €). Über die Reichenstraße führt der Stadtbummel vorbei an der **St. Severi-Kirche** aus dem 16. Jh. In der größten Kirche des Landes Hadeln prunkt eine barocke Innenausstattung sowie eine Orgel von dem berühmten Stader Orgelbauer Dietrich Christoph Gloger. Das eindrucksvolle Fachwerkhaus hinter der Kirche ist die **alte Lateinschule** von 1614. Hier unterrichtete Johann Heinrich Voß, anerkannter Übersetzer von Homers Odyssee. Zu Ehren des Lehrers befindet sich in seiner ehemaligen Wohnung ein Museum. Das Voß-Haus, ein Fachwerkgebäude aus dem 17. Jh., stellt Bilder, Dokumente und Werke des Dichters aus (Johann-Heinrich-Voß-Straße 8, Tel.: 0 47 51 / 91 91 02, Mitte Feb. bis Okt. Mi und So 10 bis 18 Uhr).

ESSEN & TRINKEN

✕ *Internationale & regionale Küche*
Hotel am MedemUfer
Restaurant Leuchtfeuer
Goethestraße 15
Tel.: 0 47 51 / 9 99 90
www.hotel-am-medemufer.de
Das modern eingerichtete Restaurant liegt direkt an der Medem. Empfehlenswert sind die Spezialitäten-Abende wie „Asien trifft Nordsee". Tgl. geöffnet.

SPORT & FREIZEIT

Sole-Therme Otterndorf
Goethestraße 12
Tel.: 0 47 51 / 36 68

▶ *Kranichhaus in Otterndorf.*

4 Innenbecken mit Strömungskanal, Schwallbrausen und Massagebänken mit Blubberblasen sowie Außenbecken und Saunalandschaft laden zum Schwimmen, Toben und Entspannen ein. Tgl. geöffnet, Zeiten und Preise entsprechend der Aktivitäten.

MIT KINDERN UNTERWEGS

Spiel- & Spaß-Scheune mit Satz & Spiel
Norderteiler Weg 2a
Tel.: 0 47 51 / 91 96 76
Indoorspielplatz für Kinder bis 16 Jahren mit Elektroautos, Kletterpartien auf dem Berg oder Trampolinspringen. Di bis Fr 14:30 – 19 Uhr, Sa, So, Feiertage und in den Ferien 10 – 19 Uhr, 2,50 €, Kinder von 1 – 3 Jahren 3 €, Kinder ab 4 Jahren 4 €. Satz & Spiel (saisonal) 5 € mit Bungee-Trampolin.

SERVICEINFO

Tourist-Information
Historisches Rathaus
21762 Otterndorf
Tel.: 0 47 51 / 91 91 31
www.otterndorf.de

▶ CUXHAVEN

50.000 Einwohner (S. 183, F1)

Das größte Kurbad an der deutschen Nordseeküste und der Elbmündung begeistert mit ausgedehnten Stränden, turbulentem Hafenflair und viel frischem Seewind. Faszinierend ist der Blick auf die Ozeanriesen, die in greifbarer Nähe auf der Elbe vorbeiziehen.

Geschichte

Im Mittelalter besserten die Ritter von Lappe ihr Einkommen mit Piraterie auf. Angesichts der herben finanziellen Verluste eroberten Hamburger Kaufleute zusammen mit Wurster Friesen Ende 1394 deren Stammsitz Schloss Ritzebüttel. Unter Hamburger Herrschaft entstand im 16. Jh. Koogshafen, Cuxhaven. Durch die Fischerei und das 1816 gegründete Seebad blühte die Hafenstadt auf. Anfang des 20. Jh. entstanden der Fischereihafen und der Überseehafen.

Hafengebiet

Besuchermagnet für Touristen und Einheimische ist die Besucherplattform **Alte Liebe**. 2 Hinter dem Namen verbirgt sich keine tragische Liebesgeschichte sondern der harte Kampf mit dem Meer. Als Bollwerk gegen die stürmische See diente ein mit Steinen gefüllter Schiffsrumpf namens Olivia. Aus dem plattdeutschen „Ol Liev" entstand wohl der Name „Alte Liebe". Die zweistöckige, hölzerne Plattform ist der beste Platz, um „Dicke Pötte" zu beobachten.

Ein Schiffsmeldedienst begrüßt im Sommer die Schiffe und informiert die Seeleute über die wichtigsten Informationen. Bei über 30.000 Schiffen jährlich gibt es auf der viel befahrenen Wasserstraße ständig Neues zu entdecken.

Direkt vor der „Alten Liebe" signalisierte das **Semaphor** von 1889 in Zeiten ohne Funk und Computer den Schiffsbesatzungen die Windverhältnisse an der Küste. Nur wenige Schritte weiter steht der älteste zylindrische **Backstein-Leuchtturm** Deutschlands, der vor über 200 Jahren unter Hamburger Regie entstand. Gegenüber im Alten Hafen tummeln sich zahlreiche Ausflugsschiffe für Hafenrundfahrten, Fahrten zu den Seehundbänken oder nach Helgoland und Neuwerk.

Roter Blickfang ist das **Museumsschiff „Elbe 1"**. Es wurde 1988 als eines der letzten bemannten Feuerschiffe aufgegeben und verdeutlicht auf einem Rundgang durch die Mannschaftsunterkünfte bis zur Kombüse das harte Leben auf dem schwimmenden Seezeichen (Liegeplatz Alte Liebe, Tel.: 0 47 21 / 4 96 15, www.feuerschiff-elbe1.de, April - Anfang Nov. Di bis So 11 – 16 Uhr, 3 €, Kinder von 6 – 14 Jahren 2 €).

In den Backsteinhallen des **Alten Fischereihafens** befinden sich ausgezeichnete Restaurants, Geschäfte

▶ *Blick auf die Alte Liebe mit Semaphor und Leuchtturm.*

und natürlich auch Fischgeschäfte. Moderne Hochseetrawler laufen den Neuen Fischereihafen mit seinen Umschlagkais, Tiefkühlhäusern und Fischverarbeitungshallen an. Zwischen den beiden Fischereihäfen findet der **bunte Fischmarkt** statt, wo neben Fisch so ziemlich alles angeboten wird. Ein spannendes neues Museumsareal, **„Windstärke 10“**, präsentiert ab 2013 in der Ohlroggestraße die Sammlungen des Fischereimuseums und des Stickenbütteler Wrackmuseums. Über die Schleuse des Fischereihafens gelangt man zu den geschichtsträchtigen **Hapag-Hallen** und dem **Kai Steubenhöft**. Schon 1889 legten hier die großen Amerikadampfer an und nahmen Auswanderer an Bord, die in der Neuen Welt ihr Glück suchten. Die Abfertigung der Reisenden erfolgte in den zwischen 1900 und 1902 errichten Hallen der HAPAG (Hamburg-Amerikanische-Paketfahrt-Aktiengesellschaft). Der Auswandererbahnhof ist vollständig erhalten und kann im Rahmen einer Führung besichtigt werden (Tel.: 0 47 21 / 50 01 81, www.hapaghalle-cuxhaven.de, wechselnde Termine, 11 Uhr, 3 €, Kinder bis 14 Jahre frei).

Zentrum

Der Weg durch die Fußgängerzone Nordersteinstraße führt zum südlichen Stadtzentrum und dem **Schloss Ritzebüttel**. Die früheste Bausubstanz stammt aus dem 14. Jh., aber im Lauf der Zeit erlebte das Backsteinschloss zahlreiche Umbauten. Sehenswert ist der idyllische Schlossgarten mit altem Baumbestand und modernen Skulpturen. Gegenüber dem Schloss ehrt das **Joachim-Ringelnatz-Museum** den Dichter, der im Ersten Weltkrieg in Cuxhaven auf einem Minensuchboot seinen Dienst verrichtete. Eine kleine Ausstellung zeigt Dokumente, Bücher und Bilder des humorvollen Poeten (Südersteinstraße 44, www.ringelnatzstiftung.de, Di bis So 10 – 13 Uhr und 14 – 17 Uhr, 3 €, Kinder ab 6 Jahre 1,50 €).

Strände

Nordwestlich der Alten Liebe erstreckt sich die frei zugängliche Grimmershörner Bucht, beliebtes Ziel für Spaziergänger und Schwimmer. Sie endet an der **Kugelbake**, dem Wahrzeichen der Stadt. Das leuchtturmähnliche Gebilde markiert als Orientierungshilfe für Seefahrer das Ende der Elbe und den Beginn der Nordsee.

Hauptattraktion Cuxhavens sind die ca. 6,5 km langen Sandstrände der Stadtteile Döse, Duhnen und Sahlenburg. Die **Jan-Cux-Strandbahn** fährt von der Alten Liebe bis zur FKK-Düne in Duhnen oder vom Ahoi-Bad! nach Sahlenburg mit der Dünenbahn (April bis Sep.). Hier lohnt ein Besuch des **UNESCO-Weltnaturerbe Wattenmeer-Besucherzentrums**. Das anschauliche Wattbodenmodell, die Vogelvitrinen und die Aquarien vermitteln Eindrücke von der weltweit einzigartigen

▶ *Blick von Cuxhaven auf Neuwerk.*

Naturlandschaft (Hans-Claussen-Straße 19, Tel.: 0 47 21 / 2 86 81, April – Okt. Mo bis Fr 10 – 18 Uhr, Sa, So und Feiertage 12 – 18 Uhr, Nov. – März Mo bis Fr 10 – 15 Uhr, So und Feiertage 13 – 17 Uhr, Sa geschlossen).

ESSEN & TRINKEN

In Cuxhaven gibt es vor allem an den Strandpromenaden eine Vielzahl von Restaurants und Cafés unterschiedlicher Qualität.

Tolle Aussicht

Frankes Seestern
Albert-Ballin-Platz 1
Tel.: 0 47 21 / 66 66 15
www.frankes-seestern.de
Das Restaurant ist im 2. Stock des Steubenhöfts und bietet eine wundervolle Aussicht auf die Elbe und den Anleger am Kai. Die Gerichte auf der Speisekarte wechseln regelmäßig und bieten neben klassischen Fischgerichten auch leckere ausgefallene Kreationen. Tgl. geöffnet.

Gehobene Küche

Schloss Restaurant
Schlossgarten 8, 27472 Cuxhaven
Tel.: 0 47 21 / 50 05 90
www.schloss-restaurant-cuxhaven.de
Beeindruckend ist das romantische Ambiente in dem historischen Barock-Schloss. Die Deutsch-Mediterrane, prämierte Küche bietet frische Produkte aus der Region. Mo Ruhetag.

Restaurant & Café

Am Pier
Am Alten Hafen 4
Tel.: 0 47 21 / 50 08 27
www.ampier.de
Super Lage direkt an der Alten Liebe mit Blick auf die vorbeifahrenden Schiffe. Empfehlenswert ist das tolle Frühstücksbuffet – unbedingt vorher reservieren. Tgl. ab 9 Uhr

geöffnet, Nov. bis Feb. Di Ruhetag.

SPORT & FREIZEIT

Thalassozentrum ahoi!
Wehrbergsweg 32
Tel.: 0 47 21 / 40 45 00
www.ahoi-cuxhaven.de
Direkt am Meer liegt das große Meerwasser-Wellenbad mit Riesenrutsche sowie Außenbecken und Saunalandschaft. Tgl. geöffnet, Ende Nov. bis Anfang Dez. geschlossen. Zeiten und Preise je nach Aktivität.

Kitesurfen
In Sahlenburg und an der Kugelbake können Anfänger die Trendsportart Kitesurfen erlernen. Auch für Fortgeschrittene und Wiedereinsteiger gibt es das passende Training.

Cuxkite
Tel.: 01 70 /7 51 70 80
www.cuxkite.de

Kitesurfschule Cuxhaven
Tel.: 01 71 / 8 35 65 83
www.surfschule-cuxhaven.de

MIT KINDERN UNTERWEGS

Eine Fahrt mit den von Pferden gezogenen Wattwagen durch das Wattenmeer zur Insel Neuwerk ist ein unvergessliches Erlebnis und gehört ganz einfach zu einem Urlaub in Cuxhaven. Hin- und Rückweg dauern ca. 4 Stunden, der Aufenthalt auf der Insel beträgt eine Stunde (Liste der Anbieter bei der Tourist-Information erhältlich).

DUHNER WATTRENNEN

Ein im wahrsten Sinne des Wortes spritziges Spektakel ist das weltweit einzigartige Wattrennen in Cuxhaven-Duhnen. Schon seit 1902 finden im Juli Galopp- und Trabrennen auf dem Meeresboden statt. 12 Rennen und ein abwechslungsreiches Rahmenprogramm sorgen für Kurzweil, und natürlich kann auch auf die Sieger gewettet werden (www.duhner-wattrennen.de).

SERVICEINFO

CUX-Tourismus GmbH
Cuxhavener Str. 92, 27476 Cuxhaven
Tel.: 0 47 21 / 40 42 00
www.cuxhaven-tours.de

▶ NEUWERK

36 Einwohner (S. 183, E1)

10 km von Cuxhaven entfernt, liegt mitten im Wattenmeer die hamburgische Insel Neuwerk. Im Mittelalter löste eine Sturmflut das nur 3 qm große Eiland vom Festland ab. 1310 entstand der 45 m hohe **Leuchtturm**, eines der ältesten noch erhaltenen Seezeichen der Welt. Wer die 138 Stufen erklimmt, blickt über das Wattenmeer bis zur Festlandküste. In Fernsehproduktionen wie dem Tatort mit Kommissar Stöver alias Manfred Krug war der einstige Wehrturm schon zu sehen. Für die Verpflegung und Unterhaltung der zahlreichen Wattwanderer von Cuxhaven sorgen 5 Gaststätten sowie ein uriger Kaufmannsladen. Wer es rustikal mag, übernachtet im Heuhotel.

Seit 1905 ist die kleine verträumte Insel Erholungsort und Seebad. Rund eine Stunde dauert die Inselumwanderung auf dem Hauptdeich. Die Insel hat zwar keinen Sandstrand, aber mit etwas Glück findet der Wattwanderer Bernstein. Schöne Steine zeigt die Schausammlung im **Haus Bernstein**. Empfehlenswert ist ein Besuch im **Nationalpark-Haus**, das multimedial über den Nationalpark Hamburgisches Wattenmeer informiert. An die Gefahren auf dem Meer erinnert der **Friedhof der Namenlosen**, wo die von der Flut angespülten Körper unbekannter Leichen bestattet wurden. Die Insel Neuwerk ist zu Fuß von Cuxhaven-Sahlenburg oder Cuxhaven-Duhnen über einen mit Pricken und Rettungsbaken markierten Wattweg zu erreichen, den auch die Pferdekutschen befahren. Außerdem steuert die MS Flipper von der Alten Liebe aus das Eiland an. Der Fußmarsch durch das Watt dauert 2 bis 3 Stunden. Es empfiehlt sich für die Rückreise eine der anderen Reisearten zu wählen.

FÄHRVERBINDUNG VON CUXHAVEN

Reederei Cassen Eils GmbH & Co. KG
Bei der Alten Liebe 12, Cuxhaven
Tel.: 0 18 05 / 22 86 61
www.cassen-eils.de, April bis Okt.

SERVICEINFO

Hamburg Tourismus GmbH
Steinstrasse 7, 20095 Hamburg
Tel.: 0 40 / 30 05 13 00
www.hamburg-tourism.de

▶ HELGOLAND

1.400 Einwohner

Deutschlands einzige Hochseeinsel, der rote Sandsteinfelsen Helgoland, lockt vor allem Tagesausflügler an. Dabei fällt es schwer, die vielen Attraktionen des romantischen Nordseebades an einem Tag zu besichtigen.

In seiner wechselhaften Geschichte war Helgoland Seefestung, Seeräuberhochburg und Anfang des 18. Jh. größtes Warenumschlagszentrum Europas. Unter britischer Krone wurde 1826 das Seebad gegründet. Seit 1890 gehörte Helgoland mit Unterbrechungen zu Deutschland. Nachdem die Insel im 2. Weltkrieg durch Bombenangriffe fast vollständig zerstört wurde, begann 1952 der Wiederaufbau der zu Schleswig-Holstein gehörenden Insel.

Der bis zu 61 m hohe, rote Buntsandsteinfelsen teilt sich in Unter-, Ober- und Mittelland. Ein Geheimtipp für ruhige Stunden ist die vorgelagerte Badeinsel. Ein Fährverkehr führt zur 1 km vor Helgoland liegenden **Düne** mit den feinkörnigen Sandstränden.

Bei der Anfahrt von Helgoland mit einem Seebäderschiff beginnt schon die Ankunft auf der Insel mit einem Abenteuer, dem Ausbooten. Die Besucher steigen von den Schiffen in kleine, schwankende **Börteboote** um. Im Südhafen fallen sofort die bunten Hummerbuden auf, kleine im skandinavischen Stil erbaute Holzhäuser. In den früheren Fischerschuppen bieten Galerien und Lä-

▶ *Helgolands Wahrzeichen „Lange Anna".*

den Kunst und Kunsthandwerk an. An der Hauptstraße von Helgoland, der Lung Wai, reihen sich Geschäfte für den zoll- und mehrwertsteuerfreien Einkauf neben Restaurants und Imbissständen. Weiter nördlich liegt das Kurzentrum mit dem Meerwasserschwimmbad und dem Kurpark. Das **Nordseemuseum** in der Nordseehalle gewährt mit liebevoll zusammengestellten Inszenierungen Einblicke in die Geschichte und das Leben auf der Nordseeinsel. Eine der Hummerbuden auf dem Museumshof erinnert mit Bildern und Büchern an den auf Helgoland geborenen Kinderbuchautor James Krüss. Spannend und etwas beklemmend ist die einstündige Bunkerführung durch die Stollenanlage tief unter der Erde (Kurpromenade, Tel.: 0 47 25 / 12 92, www.museum-helgoland.de, Di bis So 10 – 14:30 Uhr, 4 €, Kinder 2,50 €, Bunkerführungen bei der Touristinformation buchen, Tel.: 0 47 25 / 8 08 13).
Publikumsmagnet in Unterland ist das **Aquarium Helgoland**, das Forschungs-, Lehr- und Schauaquarium der Biologischen Anstalt Helgoland. 19 große Becken bieten Haien, Rochen und einem der letzten Nordseestöre einen naturnahen Lebensraum. Ein spezielles Forschungsprojekt ist die Aufzucht und Auswilderung des Helgoländer Hummers, für die sogar Hummer-Patenschaften vergeben werden (Kurpromenade 201, Tel.: 0 47 25 / 7 91, www.awi.de, April bis Okt. Mo bis Fr 10 – 17 Uhr, Sa, So und Feiertage 13 – 16 Uhr, Nov – März auf Anfrage, 4 €, Kinder bis 16 Jahre 2 €).
Auch wer wenig Zeit hat, der Rundgang auf dem rund 3 km langen Klippenweg gehört einfach zu einem Helgolandbesuch. Im

Norden erhebt sich das Wahrzeichen der Insel, die **Lange Anna**. Trotz Schutzmaßnahmen ist die fragile, 47 m hohe Felsnadel stark vom Einsturz bedroht. Nur wenige Gehminuten südlich ist der **Helgoländer Lummenfelsen**, das kleinste Naturschutzgebiet der Welt mit der größten Brutvogeldichte von Lummen, Basstölpeln oder Tordalken.

ESSEN & TRINKEN

Frisch auf den Tisch

Atlantis
Hingstgars 444
Tel.: 0 47 25 / 64 07 16
www.atlantis-helgoland.de
Eine leckere Delikatesse sind der Helgoländer Hummer frisch aus dem Bassin oder Helgoländer Knieper, die Scheren vom Taschenkrebs. Tgl. geöffnet, Nov – März Di Ruhetag.

FÄHRVERBINDUNG NACH HELGOLAND

Von Cuxhaven aus besteht das ganze Jahr über eine Schiffsanbindung.
Reederei Cassen Eils GmbH & Co. KG
Bei der Alten Liebe 12
27472 Cuxhaven
Tel.: 0 18 05 / 22 86 61
www.cassen-eils.de

SERVICEINFO

Kurverwaltung Helgoland
Lung Wai 28
27498 Deät Lun / Helgoland
Tel.: 0 47 25 / 8 14 30
www.helgoland.de

▶ WURSTER KÜSTE

Der Landstrich zwischen Cuxhaven und Bremerhaven heißt nach den Wurtsassen, den einst auf Wurten lebenden Küstenbewohnern. Bis ins Mittelalter bewahrte die Bauernrepublik ihre Friesische Freiheit und schickte jährlich Vertreter zum Thing am Upstalsboom. Die landwirtschaftlich geprägte Region mit den kleinen Sielhäfen und den Grünstränden bietet vor allem Familien ideale Urlaubsvoraussetzungen. Bei auflaufender Flut beeindruckt die Rückkehr der kleinen Krabbenkutterflotten in den Hafen, wo Granat und Fisch ganz frisch verkauft werden.

Ein sehenswertes Museum ist das direkt neben dem Marinefliegerstützpunkt gelegene **Deutsche Luftschiff- und Fliegermuseum Aeronautikum** in Nordholz. Eindrucksvolle Exponate vermitteln einen lebendigen Eindruck von der spannenden Geschichte der Zeppelin- und der Marinefliegerei. Stars der Ausstellung sind 17 originale Flugzeuge und Hubschrauber auf dem Freigelände. In der VFW 614, der sogenannten Kanzler-Maschine, finden sogar Trauungen statt (Peter-Strasser-Platz 3, Tel.: 0 47 41 / 18 19 0, www.aeronauticum.de, März – Nov. 10 – 18 Uhr, Jan – Feb. Fr, Sa, und So 10 – 16 Uhr, 9,50 €, Kinder ab 6 Jahren 4,50 €).

Eine kunsthistorische Rarität verbirgt sich in der kleinen **St. Peter und Paul Kirche** im beschaulichen Cappel. Die Barockorgel von 1680 gilt als eine der am besten erhaltenen Orgeln des berühmten Orgelbauers Arp Schnitger, auf der im Juli und August Orgelvorführungen und im Lauf des Jahres drei Meisterkonzerte stattfinden (Tel.: 01 62 / 6 40 26 70, www.arp-schnitger-orgel-cappel.de).

▶ DORUM

3.500 Einwohner (S. 183, E3)

Dorum ist der Hauptort des Landes Wursten mit zahlreichen Einkaufsmöglichkeiten. Mitten im Ort erhebt sich auf einer Wurt die **St. Urbanus Kirche** aus dem 13. Jh. mit einer schönen Innenausstattung wie dem filigranen spätgotischen Sakramentshäuschen oder den Gewölbemalereien. Ein ganzes Museum widmet sich den Themen Deichbau, Landgewinnung und Gefahren durch Sturmfluten. Die ausgestellten Exponate, Bilder und Modelle im **Niedersächsischen Deichmuseum** beschreiben eindringlich die Bedeutung des Küstenschutzes für die Region (Poststraße 16, Tel.: 0 47 42 / 87 57, www.nds-deichmuseum.de, Mai – Okt. tgl. 14 – 17 Uhr, 1,50 €, Kinder 0,50 €).
Im lebhaften, 6 km entfernten Sielhafen Dorum-Neufeld fahren regelmäßig 6 Krabbenkutter ins Wattenmeer und kehren mit frischem Granat und Fisch zurück. Am besten gleich ein paar Krabben für den Verzehr mitnehmen oder auf den Hafenterrassen ein leckeres Fischbrötchen verspeisen. Neben dem Kinderspielhaus und der Kurverwaltung befindet sich im unteren Bereich der Strandhalle das **Nationalpark-Haus Wurster Nordseeküste**. Schaukästen und Aquarien erläutern für die großen und kleinen Gäste, wie viele unterschiedliche Tiere und Pflanzen im Watt leben. Im Außenbereich führt ein Steg durch das Salzwiesen-Biotop (Am Kutterhafen 3, Tel.: 0 47 41 / 96 02 90, www.nationalparkhaus-wursternordseekueste.de, Mai – Nov. 11 – 18 Uhr, Dez. – April 11 – 17 Uhr, Eintritt frei).
Neben dem Campingplatz steht der 1886 erbaute **Leuchtturm Obereversand**. Das Seezeichen stand bis 1923 in der Außenweser und wurde 2003 am Strand als Touristenattraktion wieder aufgebaut. Der 37 m hohe Turm hat eine offene Aussichtsplattform, die Innenräume sind im Rahmen von Führungen zu besichtigen.

SERVICEINFO

Kurverwaltung Land Wursten
Am Kutterhafen 3, 27632 Dorum
Tel.: 0 47 41 / 96 01 20
www.wursternordseekueste.de

▶ WREMEN

2.000 Einwohner (S. 183, E4)

Einen verträumt-ursprünglichen Charme strahlt der älteste Badeort an der Küste aus. Das Nordseebad Wremen und der 1,5 km entfernte Kutterhafen mit dem **Leuchtturm Kleiner Preuße** sind ein beliebtes Ziel für ruhige Spaziergänge am Nationalpark Wattenmeer. An-

schließend gibt es in den Buden am Hafen oder dem Siebhaus Fischbrötchen und Erfrischungen oder man genießt die Ruhe am schönen Grünstrand.
Die wuchtige Tuffsteinkirche **St. Willehadi** aus der Zeit um 1200 ist das älteste Gotteshaus in Land Wursten. Schräg gegenüber weist ein Krabbenkutter auf das **Museum für Wattenfischerei** hin. Das alte Fischerhaus zeigt eine Sammlung zum Fischfang sowie die Verarbeitung von Granat und verdeutlicht die oft schwierigen Lebensbedingungen der Nordseefischer (Wurster Landstr. 118, www.museum-wremen.de, Tel.: 0 47 05 / 81 06 06, Di bis So 14 – 17 Uhr, 2 €, Kinder von 6 – 14 Jahren 1 €).
Die kleine Museumsinsel komplettiert das **Kuriose Muschel-Museum** im Gebäude der Kurverwaltung. Die Schaukästen enthalten rund 4000 Muschel- und Schneckengehäuse, die mit kuriosen Untertiteln wie „Rosa Unterwäsche" unterhalten (Rosenstr. 4 / Dorfplatz, Tel.: 0 47 05 / 2 10, April – Okt. 11 – 17:30 Uhr, Nov – März 14 – 17 Uhr).

ESSEN & TRINKEN

Regionales trifft Zeitgeist

Restaurant Zur Börse
Lange Straße 22
Tel.: 0 47 05 / 12 77
www.zur-boerse.de
Der Küchenchef garniert regionale Lebensmittel von Fisch über Wild bis zu Waldpilzen mit modernem Pfiff. Eine Besonderheit ist der in den Salzwiesen gestochene Röhrkohl. Di Ruhetag.

SERVICEINFO

Verkehrsverein Nordseebad Wremen e. V.
Gästezentrum Wremen
Rolf-Dircksen-Weg 33
27638 Wremen

► *Wremer Krabbenkutter passiert Leuchtturm Kleiner Preuße.*

Tel.: 0 47 05 / 2 10
www.nordseebad-wremen.de

▶ BAD BEDERKESA

5.000 Einwohner (S. 184, A4)

Mitten im Elbe-Weser-Dreieck liegt Bad Bederkesa, auf plattdeutsch Beers. Der idyllische Ferienort hat dank des **Bederkesaer Sees** und des Schifffahrtswegs Elbe-Weser von Otterndorf bis nach Bremerhaven einen hohen Freizeitwert für Segler und Bootsfahrer. Erholsame Rundwanderwege führen durch die abwechslungsreichen Naturschutzgebiete des Moorsees und des Holzurburger Waldes.

Die Geschichte Bederkesas ist eng mit der **Bederkesaer Burg** verbunden. Wahrscheinlich errichteten die Ritter von Bederkesa die erste Holzburg 1200 am Rand des Sees. Mit einem umfassenden Sanierungskonzept wurde die Steinburg aus dem 15. Jh. entsprechend historischer Vorlagen rekonstruiert. Im Burghof wacht der **Roland** von 1602 als Zeichen der bremischen Macht über die Anlage. Bedeutende Exponate im **Museum Burg Bederkesa** sind neben der gruseligen Moorleiche die Funde aus der Feddersen Wierde, dem bei Wremen ausgegrabenen Troja des Nordens. Zu den in Europa einmaligen Grabbeigaben aus der Zeit um Christi Geburt gehören Dinge des täglichen Lebens wie Schmuck oder Möbel (Amtsstraße 17, Tel.: 0 47 45 / 73 02, www.burg-bederkesa.de, Mai – Sep. Di bis So 10 – 18 Uhr, Okt. – April Di bis So 10 – 17 Uhr, 3 €, Kinder 0,50 €).

Gegenüber der Burg liegen das historische **Amtshaus** von 1740 und die **Amtsscheune**. In dem schönen Fachwerkbau wird jeden 1. Sonntag im Monat selbstgebackener Kuchen aufgetischt.

Die **St. Jakobi Kirche** im neugotischen Stil stammt von dem bekannten bremischen Baumeister Simon Loschen. Auf dem höchsten Punkt eines Geeströckens, dem

MOORERLEBNISPFAD UND MOORIZ

Wie entsteht Moor und welche Pflanzen und Tiere überleben in dieser kargen Natur? Diese und viele andere Fragen beantwortet der 2 km lange Moorerlebnispfad durch das wunderschöne Ahlenmoor. Die Schautafeln und Rätsel entlang des Holzbohlenweges richten sich besonders an Kinder. Der Ausgangspunkt ist an der Info-Tafel gegenüber des Flögelner Campingplatzes. (Hinterm See (am Campingplatz), 27624 Flögeln). Wissenswertes über die Kultur- und Naturlandschaft des Moores veranschaulicht das Moorinformationszentrum MoorIZ im alten Torfwerk (Am Hohen Kopf 3, 21776 Wanna, Tel.: 0 47 57 / 8 18 95 58, www.ahlenmoor.de, tgl. 10 – 18 Uhr, 3 €, Kinder bis 16 Jahre und Schüler 1,50 €). Eine alte, umgebaute Torfbahn fährt durch die einmalige Landschaft und sachkundige Führer erzählen von dem Lebensraum Hochmoor. Empfehlenswert ist die verzaubernd-bezaubernde Hexen-Erlebnis-Tour, auf der eine Moorhexe Geschichten von Rittern, Moorleichen und Irrlichtern erzählt (Zeiten und Preise je nach Tour).

30 m hohen Mühlenberg, thront die **Kornwindmühle** von 1881. Von der Aussichtsplattform des voll funktionsfähigen Erd- und Galerieholländers bietet sich ein toller Rundblick über den See und die Naturschutzgebiete (Mühlenweg, Tel.: 0 47 45 / 4 58, www.windmuehle-bederkesa.de, April bis Okt. Mi 15 bis 17 Uhr, im Sommer Fr 15 bis 17 Uhr Backtag sowie Sonderöffnungszeiten, 1 €, Kinder 0,50 €).
Ein kleines **Museum des Handwerks** rundet das museale Angebot des Städtchens ab. Komplett eingerichtete Werkstätten sowie originale Gerätschaften informieren über rund 26 Handwerksberufe. Eindrucksvoll sind die Vorführungen an Aktionstagen (Heubruchsweg 8, Tel.: 0 47 45 / 18 19, www.handwerksmuseum-bederkesa.de, Di und So 11 – 17 Uhr, Do 14 – 17 Uhr, 3 €, Kinder ab 7 Jahren 1 €).

ESSEN &TRINKEN

Gehobenes Niveau

Bösehof
Romantik Hotel und Restaurant
Hauptmann-Böse-Str. 19
Tel.: 0 47 45 / 94 80
www.boesehof.de
Das Romantik Hotel mit dem über die Region bekannten, vielfach ausgezeichneten Restaurant serviert frische, auf den Punkt zubereitete Köstlichkeiten. Tgl. geöffnet.

SPORT & FREIZEIT

Moor-Therme Aqua Vitales
Berghorn 13
Tel.: 0 47 45 / 9 43 30
www.moor-therme.de
Wohlig temperierte Innen- und Außenwasserbecken, 6 unterschiedliche Saunen und der Wellness- und Moorbäderbereich bieten für Kinder und Erwachsene das passende Freizeitangebot. Tgl. geöffnet, Preise je nach Aktivität.

Museumsbahn Bremerhaven - Bederkesa e. V.
Bahnhofstraße 18
Tel.: 0 47 45 / 71 69
www.museumsbahn-bremerhaven-bederkesa.de
Seit 2000 fährt die Museumsbahn aus den 1950er Jahren die rund 17 km lange, landschaftlich schöne Strecke bis nach Bremerhaven. Im Bahnhofsgebäude von 1896 befindet sich eine Bahnhofsgaststätte aus den 1950ern (Anfang Mai – Okt. Betriebstage So und Feiertage, ab 4,50 €, Kinder 50% Ermäßigung).

SERVICEINFO

Touristinformation Bad Bederkesa
Berghorn 13, 27624 Bad Bederkesa
Tel.: 0 47 45 / 9 43 35
www.bad-bederkesa.de

▶ BREMERHAVEN

113.000 Einwohner (S. 183, F4)

3

Durch die **Havenwelten Bremerhaven** hat sich das Gesicht der einst von der Werftenkrise gebeutelten Seestadt positiv verändert. Um den Alten und Neuen Hafen entstand ein attraktives Zentrum mit zahlreichen, zu Fuß erreichbaren Sehenswürdigkeiten. Ein gelungener Rahmen auch für die alle 5 Jahre stattfindende SAIL (nächster Termin 2015). Das Windjammertreffen ist ein atemberaubendes Großereignis mit maritimem Volksfestcharakter. Es ist ein unvergessliches Erlebnis, die schönsten und größten Rahsegler beim „Open Ship" zu besichtigen.

Geschichte

Weil große Schiffe aufgrund der zunehmenden Versandung der Weser Bremen nicht mehr anlaufen konnten, erwarb Bürgermeister Johann Smidt ein Stück Land an der Geestemündung und gründete 1827 Bremerhaven. Im 19. und Anfang 20. Jh. boomte die Hafenstadt durch die Fischereiwirtschaft, den Schiffbau und nicht zuletzt durch die Auswanderungswelle. In den 1970er Jahren erlebte die Stadt eine heftige Strukturkrise und das Ende des Schiffbaus. Inzwischen besitzt die einzige deutsche Großstadt an der Nordsee einen der bedeutendsten Containerhäfen in Europa mit der längsten Stromkaje der Welt. Die Werften im Hafengebiet konzentrieren sich vor allem auf Umbau und Reparaturen von Passagier- und Spezialschiffen.

Tour durch Bremerhaven

Der optimale Start durch die mit Sehenswürdigkeiten gespickte Seestadt beginnt im **Historischen Museum Bremerhaven.** Mit anschaulichen Exponaten, wunderschönen Dioramen und liebenswerten Inszenierungen wie der Werft oder dem Luftschutzkeller erzählen die einzelnen Ausstellungsbereiche die Geschichte der Region von den Siedlungsanfängen über Fischfang und Schiffbau bis zu den 50er Jahren. Bezaubernd ist auch die Lage des Museums direkt an der Geeste, die man über die Kennedy-Brücke überquert. Das braune, schiffsförmige Gebäude an der Hauptstraße ist der Sitz des renommierten **Alfred-Wegener-Instituts für Polar- und Meeresforschung**. Am Weserdeich befindet sich das Weser-Strandbad aus dem Jahr 1926 mit kleinem Sandstrand. Das Baden in der Weser ist allerdings nicht erlaubt.
Zwischen Deich und Altem Hafen liegt das **Deutsche Schiffahrtsmuseum**, ein anerkanntes Forschungsmuseum. In dem von dem berühmten Architekten Hans Scharoun 1975 erbauten Gebäude sind unzählige maritime Ausstellungsstücke untergebracht. Sehenswert sind der Raddampfer Meissen und die im Weserschlick gefundene Kogge von 1380. Im und am **Museumshafen** liegen weitere Attraktionen des Museums, zum Teil begehbare Schiffe wie der Hafenschlepper Stier.
Auf der schmucken Dreimast-Bark **„Seute-Deern"** von 1919 mit der fotogenen Gallionsfigur befindet sich ein Restaurant. Das **Technikmuseum U-Boot "Wilhelm Bauer"** liegt ebenfalls im Museumshafen. Ein Gang durch das einzige noch erhaltene U-Boot des Typs XXI von

1943/44 vermittelt spannende, aber auch nachdenkliche Einblicke in das Leben am Bord.

Nach so vielen Informationen entspannt eine Shoppingtour mit mediterranem Flair im **Mediterraneo**. Auf dem Weserdeich bildet das Einkaufscenter zusammen mit dem Klimahaus und dem sich in den Himmel schraubenden SAIL City ein auffälliges Gebäudeensemble. Auf dem höchsten Gebäude der Stadt, in dem auch ein Hotel ist, befindet sich eine offene Plattform mit grandiosem Ausblick (April – Sept. tgl. 9 – 21 Uhr, Okt. – März tgl. 10 – 17 Uhr, 3 €, Kinder bis 12 Jahre 2 €).

Zu einer spannenden Reise auf dem 8. Längengrad von Bremerhaven über die Schweiz, Afrika und die Antarktis lädt das 2009 eröffnete **Klimahaus Bremerhaven 8° Ost** ein. Der Besucher erlebt die unterschiedlichen Klimazonen hautnah und schwitzt im Beduinenzelt oder fröstelt auf dem Eis. Besonders beeindruckend ist der Regenwald bei Nacht oder der Sternenhimmel. Kinder erhalten für 1 Euro einen Reisepass zum Abstempeln. Im Anschluss an die Weltreise bieten vier Ausstellungsbereiche die Möglichkeit, sich in interaktiven Experimenten mit Fragen rund um das Thema Klima und Klimaschutz auseinanderzusetzen. Für den Besuch des Klimahauses sollte man mehrere Stunden einplanen.

Schiffe schauen und eine frische Seebrise tanken heißt es auf der neuen Deichpromenade des 2012 erhöhten Weserdeichs. Von der **Seebäderkaje** gegenüber der Strandhalle starten Ausflugsfahrten zu den Seehundbänken oder nach Bremen und Helgoland. Ein weiteres einzigartiges Ausflugsziel ist der Leuchtturm Roter Sand, auf dem man auch übernachten kann. Zudem werden regelmäßig Schifftörns mit Segelschiffen wie der „Alexander von Humboldt II" angeboten. Wie auf einer Klippe thront der kleine **Zoo am Meer** auf dem Deich. Dank der Unterwasserfenster können die Tauchgänge von Eisbären, Robben und Pinguinen hautnah beobachtet werden.

An der Einfahrt zum Neuen Hafen fällt der wunderschöne **Leuchtturm** von 1853 auf, eines der Wahrzeichen Bremerhavens. Der älteste Festland-Leuchtturm an der Nordseeküste ist noch in Betrieb und wurde wie die Bürgermeister-Smidt-Gedächtniskirche in der Fußgängerzone von Simon Loschen im Stil der Backsteingotik erbaut. Das **Semaphor** an der Schleuseneinfahrt zeigt die aktuelle Windstärke und die Windrichtung auf Borkum und Helgoland an.

Der Neue Hafen ist ein attraktiver Liegeplatz für Jachten und Freizeitboote. Empfehlenswert sind die Hafenrundfahrten. An die große Auswanderungswelle im 19. bis 20. Jh. erinnert das sehenswerte **Deutsche Auswandererhaus**. Die Besucher schlüpfen in die Identität eines Auswanderers und erleben die Strapazen der Reise von Bremerhaven

MUSEEN IN BREMERHAVEN

Historisches Museum Bremerhaven
An der Geeste, Tel.: 04 71 / 30 81 60
www.historisches-museum-bremerhaven.de
Di bis So 10 – 18 Uhr, 4 €,
Kinder 2,50 €.

Deutsches Schiffahrtsmuseum
Hans-Scharoun-Platz 1
Tel.: 04 71 / 48 20 70
www.dsm.museum
Mitte März – Okt. tgl. 10 – 18 Uhr (einschl. Museumsschiffe), Nov. – Mitte März Di bis So 10 – 18 Uhr (Museumsschiffe geschlossen), 6 €, Kinder von 6 – 14 Jahren 4 € (einschließlich Museumsschiffe).

Technikmuseum U-Boot „Wilhelm Bauer"
Museumshafen
Tel.: 04 71 / 48 20 70
www.u-boot-wilhelm-bauer.de
Mitte März – Okt. tgl. 10 – 18 Uhr, 3 €, Kinder von 6 – 17 Jahren 2 €.

Klimahaus Bremerhaven 8° Ost
Am Längengrad 8
Tel.: 04 71 /9 02 03 00
www.klimahaus-bremerhaven.de
April – Aug. Mo bis Fr 9 – 19 Uhr, Sa, So und Feiertage 10 – 19 Uhr, Sep. – März Mo bis So und Feiertage 10 – 18 Uhr, 14 €, Kinder ab 5 Jahren 9,50 €.

Zoo am Meer
Hermann-Henrich-Meier-Straße 7
Tel.: 04 71 / 3 08 41 41
www.zoo-am-meer-bremerhaven.de
April – Sep. 9 – 19 Uhr, März und Okt. 9 – 18 Uhr, Nov. – Feb. 9 – 16.30 Uhr, 7 €, Kinder von 4 – 14 Jahren 4 €, Schüler, Studenten 5 €.

Deutsches Auswandererhaus
Columbusstraße 65
Tel.: 04 71 / 90 22 00
www.dah-bremerhaven.de
März – Okt. tgl. 10 – 18 Uhr, Nov. – Feb. tgl. 10 – 17 Uhr, 12,50 €, Kinder von 4 – 16 Jahren 6,90 €.

Kunsthalle/Kunstmuseum
An der Karlsburg 1/4, Tel.: 04 71 / 4 68 38, www.kunstverein-bremerhaven.de
Di bis Fr 11 – 18 Uhr, Sa und So 11 – 17 Uhr, Kunstmuseum 4 €, Kinder ab 6 Jahren 2,50 €, Kunsthalle 2 €, Kinder ab 6 Jahren 1 €.

Atlanticum im Forum Fischbahnhof
Am Schaufenster 6, Tel.: 04 71 / 93 23 30, www.forum-fischbahnhof.de
Tgl. 10 – 18 Uhr, 4,10 €, Kinder ab 4 Jahren 2,60 €.

Museumsschiff Gera
Schaufenster Fischereihafen
Fischkai, Tel.: 04 71 / 30 81 60
www.historisches-museum-bremerhaven.de
Mitte März – Anfang Nov. 10 – 18 Uhr, 2,50 €, Kind von 6 – 16 Jahren 1,70 €.

Phänomenta Bremerhaven e.V.
Hoebelstraße 24, Tel.: 04 71 / 41 30 81
www.phaenomenta-bremerhaven.de
April – Okt tgl. 10 – 18 Uhr, Nov. – März 10 – 17 Uhr, 5 €, Ermäßigt 2,50 €.

Museum der 50er Jahre
Amerikaring 9 (ehemalige US-Kapelle auf dem Carl-Schurz-Gelände)
Tel.: 04 71 / 8 33 05
www.museum-der-50er-jahre.de
April – Okt So 11 – 17 Uhr, 4 €, Kinder bis 10 Jahre freien Eintritt.

nach Amerika hautnah mit. Einen bleibenden Eindruck hinterlassen die Inszenierungen vom Abschied an der Kaje und der Schiffsunterkünfte. Anschließend darf in den Datenbanken nach ausgewanderten Vorfahren gefahndet werden. Zwischen Klimahaus und Mediterraneo führt die drehbare Glasbrücke ins **Columbus-Center**. Die Einkaufspassage mit ihren Geschäften, Restaurants und Cafés liegt im Zentrum Bremerhavens. Über die Fußgängerzone „Bürger" passiert man auf dem Rückweg zur Geeste das **Kunstmuseum** mit Gegenwartskunst aus dem Sammlungsbestand des ambitionierten Kunstvereins Bremerhaven sowie die **Kunsthalle** mit wechselnden Ausstellungen zeitgenössischer Künstler.

Fischereihafen

Um Fisch dreht sich alles in Deutschlands größtem Fischereihafen. Mit dem Schaufenster Fischereihafen entstand rund um die historische Packhalle IV eine abwechslungsreiche, attraktive Meile mit zahlreichen Restaurants und maritimen Sehenswürdigkeiten. Das **Atlanticum im Forum Fischbahnhof** informiert unterhaltsam über das Meer und seine Bewohner. Höhepunkt des musealen Rundgangs ist das 150.000 l fassenden Meerwasseraquarium mit Kaltwasserfischen, die sich um ein Wrack tummeln. Das grüne **Museumsschiff FMS „GERA"** ist eine Außenstelle des Historischen Museums Bremerhaven. Ein Gang durch den noch original eingerichteten Seitentrawler zeigt den anstrengenden und gefährlichen Alltag an Bord eines Hochseetrawlers. Ebenfalls ein beeindruckendes Erlebnis ist der Besuch der **Phänomenta**. Mitmachen, anfassen und selber experimentieren heißt es an über 80 Forschungsstationen, die auf unterhaltsame Weise Einblicke in die Geheimnisse und Gesetze der Naturwissenschaften und der Technik gewähren.

ESSEN & TRINKEN

Frischer Fisch

Natusch Fischereihafen-Restaurant
Am Fischbahnhof 1
Tel.: 04 71 / 7 10 21
www.natusch.de
Das maritim-gemütliche Ambiente begeistert ebenso wie die hervorragenden Speisen von Austern bis zum Rib-Eye-Steak. Mo Ruhetag.

SPORT & FREIZEIT

HafenBus
Start Schaufenster Fischereihafen
Tel.: 04 71 / 41 41 41
Anfang Nov. – Ende März Mo bis So 14 Uhr, Ende März – Anfang Nov. Mo bis Fr 14 und 16.30 Uhr, Sa, So und Feiertage 11, 14 und 16:30 Uhr, 10,50 €, Kinder (4 – 17 Jahre) 9 €.
Die Fahrt mit dem beliebten Doppeldeckerbus vermittelt tolle Einblicke von der Stadt und den teilweise für normalen Verkehr gesperrten Gelände der Überseehäfen mit dem beeindruckenden Containerterminal.

BAD 1
Kurt-Schumacher-Straße 14
Tel.: 04 71 / 3 00 39 10
www.baeder-bhv.de
Mo bis Sa 8 – 21 Uhr, So 8 – 20 Uhr, Grundpreis für 2,5 Std. 4,40 €, Kinder 2,90 €.
Badevergnügen erlebt die Familie auf der 72-m Rutsche, im Strömungskanal oder im beheizten Außenbecken sowie im Dampfbad.

MIT KINDERN UNTERWEGS

Modellstadt Bremerhaven GmbH
Nansenstraße 6-8
Tel.: 04 71 / 4 83 85 05
www.modellstadt-bremerhaven.de
Ende März – Anfang Nov. Di bis So 10 – 18 Uhr, Anfang Dez. – Mitte März Sa, So 11 – 18 Uhr, 6 €, Kinder ab 1m 5 €.
Das beliebte Ausflugsziel begeistert Eltern mit dem detailgetreuen Miniatur-Bremerhaven, während sich die Kids auf die fernlenkbaren Autos, Trucks oder Schiffe stürzen.

Indoor-Spielewelt - Leo´s Krabbenland
Weserstraße 112
Tel.: 04 71 / 17 01 75 37
www.leos-spieleparadies.de
Dschungellabyrinth, Titanic Hüpfburg, Kletterwand oder Soccerfeld halten die Kids auf Trab. Di bis Fr 14:30 – 19 Uhr, 3,50 €, Kinder (2 – 15 J.) 5,90 €, Kinder unter 2 J. 3 €, Sa und So 10 – 19 Uhr, 4,50 €, Kinder (2 – 15 J.) 6,90 €, Kinder unter 2 J. 3,90 €, Ferien und Feiertage auch Mo 10 – 19 Uhr

ABENDGESTALTUNG

Am späten Abend geht die Post ab in dem Szene- und Kneipenviertel der „Alten Bürger", dem nördlichen Teil der Bürgermeister-Smidt-Straße.

SERVICEINFO

Bremerhaven Touristik
H.-H.-Meier-Str. 6
27568 Bremerhaven
Tel: 04 71 / 41 41 41
www.bremerhaven-tourism.de

▶ *Blick auf die Havenwelten in Bremerhaven.*

Rund um den Jadebusen

Endlose grüne Marschwiesen beherrschen die weite Landschaft rund um den Jadebusen. Ob Butjadingen, Wesermarsch oder Wangerland, hier ticken die Uhren noch ein bisschen langsamer. Ein weiteres Plus sind die familienfreundlichen Strände sowie die vielen Freizeitmöglichkeiten an Land und auf dem Wasser.

▶ BUTJADINGEN

Eingebettet zwischen Weser und Jadebusen, ragt die Halbinsel Butjadingen, die als Geheimtipp gilt, in die Nordsee hinein. Aufgrund der geografischen Lage überschwemmten bis zur Eindeichung im 18. Jh. Sturmfluten das Land, zerstörten ganze Dörfer und vergrößerten den Jadebusen. Zwischen Fedderwardersiel und Burhave sorgt die **Nordsee-Lagune** für ein gezeitenunabhängiges Badevergnügen. Der Salzwasserbadesee mit dem feinen Sandstrand bietet für Kinder einen flachen Wasserbereich und tolle Spielmöglichkeiten wie Abenteuer-Spielplatz oder Kletterschiff (Tel.: 0 47 33 / 92 93 40, www.nordseelagune.de, Mai – Sep. 10 – mind. 18 Uhr, ab 4 €, Kinder bis 3 Jahren frei).

MIT KINDERN UNTERWEGS

Spielscheune Butjadingen
Strandallee 57a, 26969 Burhave
Tel.: 0 47 33 / 92 93 71
www.spielscheune.com
Öffnungszeiten: Mo bis Fr 14 – 19 Uhr, Sa/So/Feiertage/Ferien 10 – 19 Uhr.

Neben Bällepool, Kletterberg oder Trampolin begeistert die Fahrt mit Schaufelradbooten oder Elektroautos. Wer es etwas ruhiger mag, geht zum Bowling.

Bowlingbahn „Burhave"
Strandallee 57 a, Burhave
Tel:. 0 47 33 /17 42 92,
Öffnungszeiten: in den Ferien tgl. 10 – 20 Uhr, Fr und Sa 10 – 20 Uhr; sonst: tgl. 14 – 20 Uhr, Fr 14 – 23 Uhr, Sa 10 – 23 Uhr, So 10 – 20 Uhr., Bowling-Preise pro Bahn: 30 Min. 8 €, 60 Min. 15 €, Leihschuhe 2 € je Pers.

Friesengolf Hof Iggewarden
26969 Butjadingen/Iggewarden
Tel.: 0 47 33 / 3 17
www.hof-iggewarden.de
Wer schafft es mit dem Gummistiefel-Schläger den Lederball durch Hindernisse ins Ziel einzulochen? Auf der 12-Topf-Bahn fanden schon Deutsche Meisterschaften statt. Nach dem spaßigen Friesengolf kann man Tiere füttern, sich im Café oder Restaurant stärken oder im Hofladen tolle Souvenirs einkaufen. Di Ruhetag.

SERVICEINFO

Tourismus-Service Butjadingen
Strandallee 61
26969 Butjadingen-Burhave
Tel.: 0 47 33 / 92 93-40
www.butjadingen.de

▶ FEDDERWARDERSIEL

180 Einwohner (S. 183, D4)

Noch 5 Krabbenkutter stechen von dem kleinen reizenden Fischerdorf Fedderwardersiel aus in See, die ihren leckeren Fang aus Granat und Fisch direkt in dem Geschäft „Fisch aus dem Meer" anbieten (www.krabbenausfedsiel.de, Öffnungszeiten in der Saison Mo bis So 9 bis 18 Uhr). Einen Besuch lohnen die Hafenkonzerte und der Bauern- und Handwerkermarkt mit Strandkorbversteigerung. Für Gäste werden Fahrten mit dem **Motorschiff „Wega II"** zu den Seehundbänken angeboten. In dem kleinen Nordseebad lohnt ein Besuch im **Nationalpark-Haus Museum Fedderwardersiel**. Die Ausstellung befindet sich in den Gebäuden des ehemaligen Zollamtes von 1846 direkt am Fischereihafen. Hier gibt es ein Gezeitenmodell, Aquarien mit Krebsen zum Anfassen und die Vogelstimmenvitrine (Tel.: 0 47 33 / 85 17, www.nationalparkhaus-wattenmeer.de, Feb. – Mitte März Di bis So 10 – 17 Uhr, Mitte März – Anfang Nov. tägl. 10 – 18 Uhr, Erw. 4 €, 3,50 € mit Gästekarte,

Kinder 4 – 12 Jahre 2 €. 1,80 € mit Gästekarte, Familienkarte 9 €).

SERVICEINFO
Siehe Tourismus-Service Butjadingen

▶ TOSSENS

700 Einwohner (S. 182, C5)

Auf der grünen Wurt überragt die spätromanische **St. Bartholomäuskirche** aus dem 13. Jh. den kleinen Ort Tossens. Blickfang im Innern sind der Barockaltar, das Taufbecken und der Schalldeckel der Kanzel, die der berühmte Bildschnitzer Ludwig Münstermann Anfang des 17. Jh. fertigte. Am 1,5 km entfernten Sandstrand findet man Kureinrichtungen sowie den **Center Parcs Nordseeküste**, dessen Einrichtungen auch für Tagesbesucher offen stehen. Kinder toben sich am Friesenstrand auf dem Piratenabenteuerspielplatz aus. Ein Spaß für die ganze Familie ist die Schatzsuche mit dem Rad oder Auto. Weitere Infos erteilen die Tourist-Infos Tossens (Strandallee 36) und Burhave (Strandallee 61, Tel.: 0 47 33 / 92 93-40, Mai – Okt. tgl. 9 – 18 Uhr, 5 €).

SPORT & FREIZEIT
Erlebnisbad Aqua-Mundo im Center Parcs Nordseeküste
Strandallee 36
Tel.: 0 47 36 / 92 80
www.tagesausflugcenterparcs.de
Tgl. ab 10 Uhr, 3 Std. 17 €, Kinder von 3 – 12 Jahren 12 €, Familien (2 Erw. u. 2 Kinder) 36 €. Tageskarte Erw. 22 €, Kinder 15 €, Familie 46 €. Preisnachlässe in der Nebensaison für Gäste mit Gästekarte und während der Happy Hour-Zeiten. Im tropischen Erlebnisbad mit Stromschnellen und Rutschen sind Kinder in ihrem Element. Die Erwachsenen entspannen im Saunabereich oder im orientalischen Ruheraum.

Drei neue **Radtouren** „Preußeneck-Tour Butjadingen", „Groden-Tour Butjadingen" (siehe Kapitel VI) und die „Wattenmeer-Tour Butjadingen" laden ein, die Region mit dem Drahtesel zu entdecken.

SERVICEINFO
Siehe Tourismus-Service Butjadingen

▶ ECKWARDEN UND ECKWARDERHÖRNE

240 Einwohner (S. 182, C/D5)

Der beschauliche Ort begeistert mit einigen idyllischen Winkeln rund um die wehrhafte **St. Lamberti-Kirche**. In der Wurtenkirche schuf der bekannte Bildschnitzer Ludwig Münstermann den Altar von 1626, das Taufbecken und ein Gedenkbild, den Epitaph des Vogtes Meent Siassen. Der 2 km entfernte Grünstrand Eckwarderhörne zeichnet sich aus durch sein flach abfallendes Wasser und gilt als ein Geheimtipp unter Surfern. Die außergewöhnliche Sandsteinskulptur „Der Regenbogen" gehört zum Skulpturenpfad „Kunst am Deich" (siehe Dangast).

SERVICEINFO
Siehe Tourismus-Service Butjadingen

Radfahren an Nordsee und Weser

Tagestouren zwischen Butjadingen und Brake

Butjadingen dreht am Elektrorad

- 3 Übernachtungen im Hotel inkl. Kurbeitrag
- 3x Schlemmerfrühstück
- 3x Abendessen
- 2x Elektroräder für zwei Personen
- 1x Wattwanderung
- 1x freier Eintritt ins Nationalpark-Haus Museum Fedderwardersiel
- 1x Entdeckungsmappe Butjadingen mit Info-Paket und Radwanderkarte (1x pro Buchung)

Preis (für 2 Erwachsene):
Nebensaison: **459,00 €**
Zwischensaison: **469,00 €**
Hauptsaison: **469,00 €**
Reisezeit: März bis November
(Anreise täglich)
Dieses Angebot ist ebenfalls für eine Person bzw. nur mit Frühstück buchbar.

Maritimer Erlebnisurlaub Brake

- 4 Übernachtungen
- 1 Tag Leihräder
- 1x Schifffahrt nach Bremerhaven
- 1x Fährtickets nach Harriersand
- 1x freier Eintritt Schiffahrtsmuseum Brake

Preis (für 2 Erwachsene):
ab 298,00 €
Reisezeit: Mai bis September

-Touristikgemeinschaft Wesermarsch-

Brake Tourismus und Marketing e.V
Kaje 9 · 26919 Brake · Tel.: 0 44 01 / 1 94 33
info@brake-touristinfo.de · www.brake-touristinfo.de

Tourismus-Service Butjadingen GmbH & Co. KG
Strandallee 61 · 26969 Butjadingen-Burhave · Tel.: 0 47 33 / 92 93-10
urlaub@butjadingen.de · www.butjadingen.de

▶ BRAKE

15.600 Einwohner (S. 189, E3)

Direkt an der Unterweser liegt das Städtchen Brake mitten in der grünen Wesermarsch, die zu ausgedehnten Fuß- und Radwandertouren einlädt. Wer es schafft, sich von der Uferpromenade mit der fantastischen Aussicht auf den Weserschiffsverkehr loszureißen, findet im Ort sehenswerte alte Handels-, Pack- und Lagerhäuser.

Wichtigster Industriezweig der Stadt ist der 1756 erstmals urkundlich erwähnte Hafen, der durch die Versandung der Weser im 19. Jh. als Warenumschlagshafen aufblühte. Direkt an der Stadtkaje erhebt sich das Wahrzeichen der Stadt, der **Telegraph**. Die optische Telegraphenstation von 1846 empfing und sendete Schiffsnachrichten zwischen Bremen und Bremerhaven. Der Telegraph ist Teil des **Schiffahrts-Museums** und zeigt auf mehreren Stockwerken Schiffmodelle, nautische Geräte und Seekarten. Beeindruckend ist der Blick vom Turm. Weitere Sammlungen zur regionalen Schifffahrtsgeschichte präsentiert das Museum in einem alten Kaufmanns- und Reederhaus mit dem Original-Wohnsalon von Admiral Rudolph Brommy. Er war mit der ersten deutschen Kriegsschiffsflotte in Brake stationiert (Breite Straße 9, Tel.: 0 44 01 / 67 91,www. schiffahrtsmuseum-unterweser.de, April – Okt. Di bis So 10 – 17 Uhr, Nov. – März Di bis Sa 11 – 17 Uhr, So und Feiertage 10 – 17 Uhr, 5 € Kombikarte, Kinder 1 €).

Neben einem Bummel durch die Fußgängerzone lohnt ein Spaziergang durch die Mitteldeichstraße mit ehemaligen Handels- und Wohnhäusern und der Hafenstra-

▶ *Der Braker Binnenhafen in ruhiger Abendstimmung.*

ße mit zahlreichen historischen Packhäusern.
Von der **Stadtkaje** legen Passagierschiffe nach Bremen und Bremerhaven sowie die Fähre zur Insel Harriersand ab. Deutschlands größte Flussinsel mitten in der Weser ist ein Naherholungsgebiet mit langen Sandstränden und alten Bauernhöfen.

SERVICEINFO

Tourist-Information Brake
Kaje 9, 26919 Brake
Tel.: 0 44 01 / 1 94 33
www.brake-touristinfo.de

▶ JADERBERG

3.000 Einwohner (S. 188, C3)

Der Hauptort der Gemeinde Jade ist durch seinen Zoo und Freizeitpark bekannt. Rund 600 zum Teil exotische Tiere befinden sich in den Gehegen wie Pinguine, Affen und Löwen. Die Afrikasteppe kann mit einer kleinen Eisenbahn umrundet werden. In dem dazugehörigen Freizeitpark bieten Fahrgeschäfte wie Holzwurmachterbahn und Wildwasserbahn viel Spaß für Kinder bis 12 Jahren. Wetterunabhängiges Spielen erlaubt die Spielscheune mit einem tollen Kletterlabyrinth (Tiergartenstraße 69, Tel.: 0 44 54 / 9 11 30, www.jaderpark.de, Ende März - Okt. 9 – 18 Uhr, 14,50 €, Kinder von 3 – 12 Jahren 12,50 €, Nov – März ohne Freizeitpark Mo bis Fr 14 – 18.30 Uhr, Sa, So und Ferien 10.30 – 18.30 Uhr, 6,50 €, Kinder 7,50 €).

SERVICEINFO

Jade Touristik
Kirchenstraße 23
26349 Jade-Schweiburg
Tel.: 0 44 55 / 14 58
www.ruhigundgemuetlich.de

SCHWIMMENDES MOOR

Das Sehestedter Außendeichmoor am östlichen Rand des Jadebusens ist das weltweit einzige Außendeichmoor und Teil des Nationalparks Niedersächsisches Wattenmeer. Das Schwimmende Moor entstand Anfang des 18. Jh. durch die Eindeichung des Jadebusens, als die Deichlinie ein Hochmoor trennte. Bei Ebbe unscheinbar, hebt sich das Naturschutzgebiet bei jeder Flut und lässt die Bäume über die Deichkrone wachsen. Das Betreten des Schwimmenden Moores ist nur über den Bohlenweg bis zur Beobachtungsstation möglich.

▶ VAREL

24.667 Einwohner (S. 188, B/C2)

Eingebettet zwischen Wald und Meer, liegt die beliebte Einkaufsstadt Varel. Im 16. Jh. erkoren die Grafen von Oldenburg die Stadt als Sommerresidenz. An den einstigen Glanz erinnert allerdings nur noch der Schlossplatz.

Sehenswürdigkeiten

Die zum Schlosskomplex gehörende **Schlosskirche** wurde um 1144 errichtet. Kunsthistorisch bedeutend ist die Innenraumausstattung des Bildhauers Ludwig Münstermann aus dem 17. Jh. Der fast 10 m hohe Münstermann-Altar von 1614 zählt

► *Imposanter Galerieholländer in Varel.*

zu den Hauptwerken des norddeutschen Manierismus.

Ein Bummel durch die Fußgängerzone führt zum Neumarktplatz mit schönen historischen Gebäuden. Das **Heimatmuseum** befindet sich in einem liebevoll restaurierten Haus aus dem Jahr 1677. Beachtenswert sind das Modell des ehemaligen Schlosses sowie Porträts, Möbel und Dokumente zur Vareler Geschichte (Neumarktplatz 3, Tel.: 0 44 51 / 8 29 47, Mi und So 10 – 12 Uhr).

Wer Richtung Hafen bummelt, kann das Wahrzeichen Varels nicht übersehen. Der 1847/48 gebaute stattliche **Galerieholländer** besitzt fünf Untergeschosse und gilt als Deutschlands zweithöchste Mühle. Spannend sind die Ausstellungsbereiche zu Friesensportarten wie Boßeln oder Klootschießen (Mühlenstraße 52 a, Tel.: 0 44 51 / 86 08 01, Sa 10 – 12 Uhr, Mai – Okt. Mi, Sa und So 10 – 12 Uhr, Eintritt frei).

Vareler Hafen

Attraktiver Anziehungspunkt für Besucher ist der Hafen am Vareler Tief. Fischkutter bringen frischen Granat oder Fisch, der gleich vor Ort geräuchert wird. Urig ist **Deutschlands kleinste Kneipe**, ein nur 5 qm großes Häuschen. Ein weiteres Beispiel für den speziellen Humor der Norddeutschen ist das **Museum Spijöök**. Der Name steht für Jux bzw. Flunkereien und dementsprechend zeigt die Ausstellung einen skurrilen Mix aus historischen Exponaten und selbstgebastelten Kuriositäten. Empfehlenswert sind die mit reichlich Seemannsgarn garnierten Führungen (Kohlhofsweg, Tel.: 0 44 51 / 44 88, www.menschenmüll.de, Mitte Mai – Mitte Sep. Sa und So 15 – 17 Uhr, Eintritt frei).

ESSEN &TRINKEN

In den Restaurants am Vareler Hafen kann man sich mit leckeren Fischgerichten und anderen Köstlichkeiten verwöhnen lassen.

SERVICEINFO

Kurverwaltung Nordseebad Dangast
Am Alten Deich 4-10
26316 Varel-Dangast
Tel.: 0 44 51 / 9 11 40
www.dangast.de

▶ DANGAST

500 Einwohner (S. 188, B1)

Nachdem die erste Siedlung 1362 durch die zweite Marcellusflut zerstört wurde, entstand auf dem markanten Geestrücken direkt am Jadebusen das Fischerdorf Dangast. Schon im 18. Jh. lockte der Strand Badegäste an. 1983 erhält Dangast dank seiner Jod-Sole-Quelle die staatliche Anerkennung als Nordseebad und Ort mit Heilquellen-Kurbetrieb.

Im kleinen Hafen bietet ein Fischer zu bestimmten Terminen Krabben direkt vom Kutter an. Mit dem **Ausflugsschiff „Etta"** kann man spannende Fahrten zu den Seehundbänken oder zum **Leuchtturm Arngast** mitten im Jadebusen unternehmen. Das klassisch rot-weiße, 1909 errichtete Seezeichen ist nach der Insel Arngast benannt, die fünf Jahre zuvor von einer Sturmflut zerstört wurde. Wer fit ist, kann auf einer geführten Wattwanderung den 37 m hohen Leuchtturm aus der Nähe betrachten. Auf dem Weg dorthin kommt man an der versunkenen Insel Arngast vorbei. (7 Stunden, Tel.: 0 44 65 / 5 70, 20 €, Kinder 10 €). In der alten Dangaster Dorfschule informiert das **Nationalpark-Haus Dangast** sowohl über Tiere und Pflanzen des Weltnaturerbe Wattemeer als auch über Kunst in Dangast (Zum Jadebusen 179, Tel.: 0 44 51 / 70 58, www.nationalparkhaus-wattenmeer.de/dangast, April – Okt. Di bis Fr 9 – 12 Uhr und 14 – 18 Uhr, Sa, So und Feiertage 14 – 18 Uhr, im Winter eingeschränkt geöffnet, Eintritt frei).

▶ *Vogelbeobachtung hautnah.*

Kunst in Dangast

Anfang des 20. Jahrhunderts besuchten einige Maler der Künstlergruppe „Brücke" regelmäßig das Nordseebad. Seitdem zieht Dangast Künstler magisch an, u. a. lebte Franz Radziwill ab 1923 bis zu seinem Tod in Dangast. Wohnhaus und Atelier des **Franz-Radziwill-Hauses** zeigen heute noch Einblicke in das Schaffen des magischen Realisten (Sielstraße 3, Tel.: 0 44 51 / 27 77, www.radziwill.de, Do bis Sa 15 – 18 Uhr, So und Feiertage 11 – 18 Uhr, 3,50 €, Schüler 2 €, Kinder bis 6 Jahre frei). Auch das Kurhaus Dangast von 1820 ist Treffpunkt für Künstler und Kunstliebhaber. Ein beeindruckendes und unvergessliches Erlebnis ist ein Spaziergang durch den mit ungewöhnlichen Kunstwerken wie den **Stolpersteinen** gespickten Ort. Die provokanteste Skulptur in Form eines Phallus erhebt sich direkt am Strand vor dem Kurhaus. Die faszinierenden Werke des **Skulpturenpfads Kunst** erheben sich auf dem Deich des Jadebusens von Mariensiel bis Eckwarderhörne.

Die Skulpturen widmen sich den biblischen Themen Schöpfungsgeschichte und Sintflut.

ESSEN & TRINKEN

Lebhaft

Kurhaus Dangast
An der Rennweide 46
Tel.: 0 44 51 / 44 09
Das Alte Kurhaus auf dem Geestrücken mit direktem Blick auf den Strand ist berühmt für seinen fantastischen Rhabarberkuchen. Fr bis So 9 – 19 Uhr geöffnet.

SPORT & FREIZEIT

DanGastQuellbad
Edo-Wiemken-Str. 64
Tel.: 0 44 51 / 91 14 41
Sommersaison 10 – 20 Uhr, Wintersaison Mo bis Fr 14 – 20 Uhr, Sa und So 10 – 20 Uhr, Mitte Nov. – Mitte Dez. geschlossen, 6,50 €, Kinder von 4 – 15 Jahren 3,25 €, im Winter 5 €, Kinder von 4 – 15 Jahren 2,50 €.
Direkt am Deich liegt das Freizeitbad mit Außen- und Innenbereich und Weltnaturerbe-Spielplatz „Wattbuttjer". Das 30 °C warme Wasser stammt aus der eigenen Jod-Solequelle.

SERVICEINFO

Kurverwaltung Nordseebad Dangast, siehe Varel

▶ WILHELMSHAVEN

80.900 Einwohner (S. 182, B/C5)

Mittelpunkt der jungen Marine- und Hafenstadt sind der lebendige Südstrand und die Sehenswürdigkeiten der Maritimen Meile. Wilhelmshavens Geschichte begann 1853, als Preußen von Oldenburg 313 Hektar Sumpfland am Jadebusen erwarb. Der nach König Wilhelm I. benannte preußische Marinehafen wurde 1869 eingeweiht. Inzwischen ist Wilhelmshaven der einzige Stützpunkt der Deutschen Marine an der Nordsee. Seit der Eröffnung des **JadeWeserPorts** im Jahr 2012 laufen die größten Containerschiffe der Welt Deutschlands einzigen Tiefwasserhafen an. Das **JadeWeserPort-InfoCenter** informiert über das gigantische Projekt und lädt den Besucher zu einer spannenden Fahrt auf einem Containerschiff am Simulator ein.

Maritime Meile

Die Sehenswürdigkeiten der Stadt verteilen sich rund um den Großen Hafen. Wahrzeichen ist die mächtige **Kaiser-Wilhelm-Brücke** von 1907, die das Stadtgebiet mit der Deichpromenade verbindet. Gleich daneben erzählt die Sammlung im **Deutschen Marinemuseum** Wissenswertes über die Geschichte der Marine. Höhepunkt nicht nur für Landratten ist der Rundgang über begehbare Großexponate wie Deutschlands größtes Museumskriegsschiff, den Lenkwaffenzerstörer Mölders, oder das Unterseeboot U10 (Südstrand 125, Tel.: 0 44 21 / 40 08 40, www.marinemuseum.de, April – Okt. 10 – 18 Uhr, Nov. –

4

März Di bis So 10 – 17 Uhr, 9,50 €, Kinder von 6 – 14 Jahren 5 €). Schräg gegenüber informiert das **UNESCO-Weltnaturerbe Wattenmeer Besucherzentrum** über den Lebensraum Wattenmeer. In der neuen Meeressäugerausstellung mit Tiefseeatmosphäre beeindruckt das 14 m lange Skelett eines vor Baltrum gestrandeten Pottwales. Im Sturmraum ist es möglich, die Kraft des Windes am eigenen Körper zu spüren (Südstrand 110 b, Tel.: 44 21 / 91 07 33, www.wattenmeerhaus.de, April – Okt. tgl. 10 – 18 Uhr, Nov. – März Di bis So 10 – 17 Uhr, 6 €, Kinder von 6 – 16 Jahren 3 €). Haie und Rochen ziehen majestätisch im **Aquarium** in der Strandhalle ihre Runden, in dem auch Meerestiere aus subtropischen Regionen eine Heimat finden. Besuchermagnet ist das Wasserbecken der Seehunde, deren faszinierende Tauchgänge man dank der Unterwasserscheiben hautnah miterleben kann (Südstrand 123, Tel.: 0 44 21 / 5 06 64 44, www.aquarium-wilhelmshaven.de, tgl. 10 – 18 Uhr, 8,50 € Kinder von 4 – 15 Jahren 6,50 €).

Vom Helgolandkai starten aufregende Touren mit der **MS Harle Kurier** zum geschäftigen Hafen oder zum Arngaster Leuchtturm (www.reederei-warrings.de, April bis Okt.). Blickpunkt am Bontekai auf der gegenüberliegenden Seite des Großen Hafens sind das rote **Feuerschiff Weser** mit Übernachtungsmöglichkeiten und der **Seetonnenleger Kapitän Meyer**. Die Entstehung der Küste und der Marinestadt präsentiert die interaktive Ausstellung im **Küstenmuseum Wilhelmshaven**. Sehenswert sind die vielen Modelle und Dioramen (Weserstraße 58, Tel.: 0 44 21 / 40 09 40, www.kuestenmuseum.de, Feb. – März und Nov. Di bis So 11 – 17 Uhr, April – Juni und Sept. – Okt. Di bis So 11 – 18 Uhr, Juli und Aug. tgl. 11 – 18 Uhr, 4,70 €, Kinder von 6 – 16 Jahren 2,10 €, Jugendliche 3,50 €).

Sehenswürdigkeiten

Die Virchowstraße führt zum quirligen **Einkaufszentrum NordseePassage** und der ältesten kulturellen Einrichtung der Stadt, der **Kunsthalle**. Wechselnde Ausstellungen präsentieren vor allem zeitgenössische Kunst (Adalbertstraße 28, Tel.: 0 44 24 / 14 48, www.kunsthalle-wilhelmshaven.de, Di 14 – 20 Uhr, Mi bis So 11 – 17 Uhr, 3 €). Das wuchtige **Rathaus** am Rathausplatz gilt als eines der Hauptwerke des Architekten Fritz Höger. 1928/29 aus Bockhorner Klinkerstein errichtet, wirkt das Gebäude mit dem Turm und den Löwenplastiken wie eine „Burg am Meer". Der für die Wasserversorgung eingesetzte Turm bietet einen grandiosen Blick über die Stadt und den Jadebusen.

In der grünen Stadt am Meer befindet sich das einzige **Rosarium** im Nordwesten Deutschlands. Die herrliche Naturoase duftet im Sommer nach historischen und englischen Rosen sowie exotischen Pflanzen (Am Neuengrodener Weg 22c, Tel.: 0 44 21 / 77 22 47, www.rosarium-wilhelmshaven.de, Mo bis Do 8 – 15 Uhr, Fr 8 – 11 Uhr, von Mai – Okt. auch So und Feiertage 10 – 18 Uhr, Eintritt frei).

SPORT & FREIZEIT

Nautimo
Friedenstraße 99
Tel.: 0 44 21 / 77 35 50
www.nautimo.de
Sonnige Urlaubsstimmung verspricht der mediterran gestaltete Innenbereich und der großzügige Sauna- und Wellnessbereich. Die Turbo-Rutsche und die Wasserkletterwand sorgen für viel Spaß. Tarife und Öffnungszeiten je nach Aktivität, freier Eintritt für Kinder unter 4 Jahren.

MIT KINDERN UNTERWEGS

Störtebeker Park
Freiligrathstr. 426
Tel.: 0 44 21 / 6 49 54
www.stoertebekerpark.de
Mo, Di, Do 9 – 15 Uhr, Mi und Fr 9 – 18 Uhr, Sa, So und Feiertage 14 – 18 Uhr, Eintritt frei.
Der Freizeitpark verbindet Spielen mit Lernen. Spielgeräte, ein Floß und Stationen wie der Pfad der Sinne oder das Hallophon animieren zum Experimentieren, Sehen und Staunen.

ABENDGESTALTUNG

Pumpwerk
An der Deichbrücke
Tel.: 0 44 21 / 91 36 90
www.pumpwerk.de
In dem bundesweit bekannten Kulturzentrum Pumpwerk am Banter

► *Kaiser-Wilhelm-Brücke bei Nacht.*

Deich finden zahlreiche Konzerte und Veranstaltungen von Rang statt.

SERVICEINFO
Tourist-Information
NordseePassage, 1. OG
Bahnhofsplatz 1, Wilhelmshaven
Tel.: 0 44 21 / 91 30 00
www.wilhelmshaven-touristik.de

▶ JEVER

13.000 Einwohner (S. 182, A5)

Wer Jever hört, denkt zuerst an das feinherbe Bier. Aber das schöne Kleinstädtchen punktet nicht nur mit der bekannten Brauerei, sondern auch mit einem prächtigen Schloss und verträumten Winkeln und Gassen in der Altstadt.

Schloss und Schlossplatz

In der bedeutenden Handels- und Residenzstadt herrschte im Mittelalter der Häuptlingsclan der Wiemken. Besonders Edo d. J. und seine Erbtochter Fräulein Maria setzten sich für das Wohlergehen der Stadt ein. Die in Jever noch heute verehrte Regentin förderte kulturelle Einrichtungen, den Deichbau und verlieh dem Städtchen 1536 die Stadtrechte. Das kunstsinnige Fräulein Maria sorgte auch für prunkvolle Umbauten am **Schloss zu Jever**, einer Wehranlage aus dem 14. Jh. Sehenswert ist die wertvolle Eichenholz-Kassettendecke im Audienzsaal. Das **Schlossmuseum** zeigt eine umfangreiche Ausstellung zur regionalen Kulturgeschichte. Schwerter der Blankwaffensammlung begeistern ebenso wie feines Porzellan und Fayencen oder prachtvolles Mobiliar sowie kostbare Gobelins. Lobenswert sind die Angebote für Kinder wie Suchspiel und Schlossrallye (Schlossplatz 1, Tel.: 0 44 61 / 96 93 50, www.schlossmuseum.de, Di bis So 10 – 18 Uhr, Ostern, Pfingsten und Mitte Mai – Okt. auch Mo geöffnet, Turm Mitte Mai – Okt. 10 bis 18 Uhr, 4,50 €, Jugendliche ab 14 Jahren 2 €, Kinder frei).
Ein Besuchermagnet am Schlossplatz ist das **Glockenspiel** am Hof von Oldenburg. Die wichtigsten Herrscher Jevers wie Edo, Maria und sogar Katharina die Große wandern jeweils zur vollen Stunde einmal im Kreis (11, 12 und 15 bis 18 Uhr).

Historisches Stadtzentrum

Stets von Kindern umlagert ist der schöne **Sagenbrunnen** mit beweglichen Figuren der Stadtgeschichte am Alten Markt. Von hier sind es nur wenige Schritte in die sehenswerte Altstadt mit kleinen, reizenden Geschäften, die zum Bummeln und Stöbern einladen. Am Kirchplatz steht die 1964 errichtete **Stadtkirche**. In der noch erhaltenen, kappellenartigen Apsis des abgebrannten Vorgängerbaus versteckt sich eine beeindruckende Kostbarkeit. Das **Edo-Wiemken-Denkmal** besteht aus einem aufwendigen Holzbaldachin und einem von weißen Statuen getragenen Marmorsarkophag. Fräulein Maria ließ das imposante

ORIGINELLE FÜHRUNGEN

Bei Besuchern beliebt sind die liebevoll inszenierten Stadtführungen. Während der Krimi-Führung spielt die Krimi-Autorin Regine Kölpin schaurig-schön die Geschichte der wegen Zauberei angeklagten Hebamme Hiske nach. Feucht-fröhlich verläuft dagegen die Historische Kneipenführung mit dem Ausrufer. Zu den Geschichten über die Bierbrauerei sowie den Anekdoten der Wirte mundet in jeder Kneipe ein frisch gezapftes Jever (Tel.: 0 44 61 / 7 10 10).

Renaissance-Grabmal in einer Antwerpener Werkstatt fertigen. In dem freistehenden **Glockenturm** läutet jeden Abend die Marienglocke den Beginn der Nachtruhe ein (Sommer 22 Uhr, Winter 21 Uhr).

Zu den bemerkenswerten Gebäuden auf dem Kirchplatz gehört das **Rathaus** mit seiner Renaissance-Fassade. Von der Kirche aus geht es in die Wangerstraße, wo ein kleines **Bismarck-Museum** an den Reichskanzler und seine Verbindung mit Jever erinnert. Stammgäste der Gaststätte „Haus der Getreuen" schickten dem bekennenden Gourmet ab 1871 jedes Jahr zu seinem Geburtstag 101 Kiebitzeier (Wangerstraße 15, Tel.: 0 44 61 / 91 81 14, Di bis So 10 – 17 Uhr, 3 €). Das selten gewordene Handwerk der **Blaudruckerei** betreibt der Handwerksmeister Georg Stark seit 1985 in einem alten Speichergebäude in der Altstadt. Besucher dürfen dem Meister bei seiner spannenden Arbeit über die Schulter schauen

▶ *Das Edo-Wiemken-Denkmal in der Stadtkirche Jever.*

und natürlich auch blau gefärbte Souvenirs kaufen (Kattrepel 3, Tel.: 0 44 61 / 7 13 88, www.blaudruckerei.de, Mo bis Fr 10 – 13 Uhr und 14 – 18 Uhr, Sa 10 – 14 Uhr).

Seit 160 Jahren wird im **Friesischen Brauhaus zu Jever** aus Hopfen, Malz und Wasser das friesisch-herbe Bier gebraut. Eine Besichtigung der Produktionsanlagen mit Bierprobe sowie des firmeneigenen Brauereimuseums ist nur im Rahmen einer Führung möglich (Elisabethufer 18, Tel.: 0 44 61 / 1 37 11, www.jever.de, Besichtigung nur nach Anmeldung, 7 €, Kinder 6 – 16 Jahre 2,50 €, Kinder nur in Begleitung Erwachsener). Passende Souvenirs gibt es gleich nebenan im **Jever-Shop**.

Etwas außerhalb des Zentrums lohnt ein Abstecher in das **Feuerwehrmuseum** mit sehenswerten alten Löschfahrzeugen (Florianstr. 1, Tel.: 0 44 61 / 91 84 84, www.feuerwehrmuseum-jever.de, Mo bis So 14 – 18 Uhr, 3 €, Kinder bis 10 Jahren 2 €).

ESSEN &TRINKEN

✕ *Tradition und gute Speisen*

Haus der Getreuen
Schachtstraße 1
Tel.: 0 44 61 / 7 48 59 49
www.hausdergetreuen.de

In dem gemütlichen Haus von 1731 schmecken frisch zubereitete Fischgerichte und regionale Küche. Noch immer trifft sich hier der Stammtisch der Getreuen. Tgl. geöffnet.

SERVICEINFO

Jever Marketing und Tourismus GmbH
Alter Markt 18
26441 Jever
Tel.: 0 44 61 / 7 10 10
www.stadt-jever.de

▶ HOOKSIEL

2.300 Einwohner (S. 182, B4)

Die ländliche Feriengemeinde Wangerland beeindruckt mit einer 27 km langen Küstenlinie, die sich sowohl in Nord- als auch in Ostlage ausdehnt. Nicht zuletzt wegen der sauberen Luft gehört das familienfreundliche Wangerland zu den führenden Urlaubsregionen an der Nordsee. Der eigentliche Nordsee-Badestrand, ein naturbelassener Sandstrand mit FKK- und Hundebereich, liegt nördlich vom Außenhafen. Gezeitenunabhängigen Freizeitspaß garantiert das 1974 durch Eindeichung künstlich geschaffene **Hooksmeer.** Der Binnensee mit Strand und Meerwasserwellenbad bietet optimale Bedingungen für Wassersportarten wie Segeln, Surfen oder Wasserskifahren.

Sehenswert ist in Hooksiel der unter Denkmalschutz stehende **Alte Hafen** mit dem alten Siel von 1885, der bei Veranstaltungen wie dem Hafenfest aus seinem Dornröschenschlaf erwacht. Gegenüber den drei mächtigen **Packhäusern** liegt neben der Kaimauer eine Rarität. Noch bis in die 1960er Jahre befreite das **Mudderboot** regelmäßig die Fahrrinne von Hooksiel von Schlick,

Schlamm und Muscheln.
Vom Hafen führt die Lange Straße in den schön restaurierten alten Ortskern mit historischen Gebäuden, kleinen Geschäften und einigen Cafés und Restaurants. Auffällig ist das ehemalige **Rathaus** mit dem zwiebelförmigen Türmchen. Das **Künstlerhaus Hooksiel** bietet neben Ausstellungen aktueller Gegenwartskunst auch Kurse an. Muschelliebhaber erfreuen sich an Schätzen wie der 56 cm langen Australischen Rifftrompete im neu eingerichteten **Muschelmuseum** (Lange Str. 8, Tel.: 0 44 25 / 12 78, www.muschelmuseum-hooksiel.de, April – Okt. und Weihnachtsferien Mo bis So 10 – 17 Uhr, 2 €, Kinder 1 €).
Erste Adresse für Zocker und Pferdefreunde ist die Jaderennbahn, auf der im Sommer spannende Galopp- und Trabrennen mit internationalem Flair stattfinden.

SPORT & FREIZEIT

Wasserskilift Hooksiel
An der Werft 1, Tel.: 0 44 25 / 99 01 80, www.wasserski-hooksiel.de
Wasserskifahren oder Wakeboarden für Anfänger und Könner leicht gemacht mit dem Wasserskilift, März bis Okt.

MIT KINDERN UNTERWEGS

Spielscheune Bullermeck
Außenhafen, Tel.: 0 44 25 / 99 03 99
www.bullermeck.de
Im Sommer und den Ferien tgl. geöffnet, 5 €, Jugendliche 4 – 18 Jahre 7 €, Kinder 4 €. FunShooter, Kletterwand und Bungee-Trampolin unterhalten die Kinder.

SERVICEINFO

Wangerland Touristik GmbH
Hohe Weg 1
26434 Horumersiel
Tel.: 0 44 25 / 95 80 – 0
www.wangerland.de

▶ *Ein typischer Küstenbewohner: Die Sturmmöwe.*

▶ HORUMERSIEL/ SCHILLIG

600/100 Einwohner (S. 182, B3)

Die beiden Dörfer Horumersiel und Schillig präsentieren sich als ein zusammen gewachsenes Doppeldörfchen. 1860 startete die erste offizielle Badesaison mit Schankbetrieb und Gästebetten in dem Nordseeheilbad. Inzwischen bietet das touristische Zentrum des Wangerlandes zahlreiche Kureinrichtungen, Geschäfte, Restaurants und Cafés zur Erholung und Unterhaltung an. Besonders beliebt ist Schillig, das wie die Ostfriesischen Inseln mit einem natürlichen, feinsandigen Sandstrand inmitten einer üppigen Dünenlandschaft beeindruckt. Der 1949 direkt am Meer eingerichtete Campingplatz zählt zu den größten Anlagen in Europa.
Der ausgeprägten Vorliebe der Wangerländer für Gotteshäuser verdankt Schillig ein besonderes architektonisches Juwel. Wie eine dunkle Welle erhebt sich die 2012 geweihte katholische Kirche in Strandnähe. Wer sich für ältere Bauwerke interessiert, kann entlang dem „Wangerländischen Pilgerweg" 14 Kirchen aus der Zeit von 1143 bis 1975 bewundern. Lohnendes Ausflugsziel im Binnenland ist das **Nationalpark-Haus Wangerland** in Minsen-Förrien. Neben Informationen zum Wattenmeer behandelt die Ausstellung auch das Thema erneuerbaren Energien. Kinder lieben das große Aquarium mit Fischen und Krebstieren aus der Nordsee (Kirchstraße 9, Tel.: 0 44 26 / 90 47 00, www.nationalparkhaus-wattenmeer.de, Mo bis Fr 10 – 13 Uhr, Mo bis So und Feiertage 14 – 17 Uhr, Eintritt frei).

SPORT & FREIZEIT

Friesland Therme Horumersiel
Zum Hafen 3, Tel.: 0 44 26 / 98 72 22
Tgl. geöffnet, Tageskarte 10 €, Kinder von 4 – 15 Jahren 6 €.
Mittelpunkt ist das achteckige Schwimmbecken mit Solewasser. Den Saunabereich ergänzt ein schöner Saunagarten.

MIT KINDERN UNTERWEGS

Nordsee-Spielstadt Wangerland
Jeversche Straße 100
26434 Hohenkirchen/Wangerland
Tel.: 0 44 63 / 80 97 91 00
www.dorf-wangerland.de
Mitte März – Okt. tgl. geöffnet, Herbst- und Weihnachtsferien geöffnet. Personen ab 3 Jahren 15 € (10 – 18 Uhr), 12 € (14 – 18 Uhr) 8 € (16 – 18 Uhr).
Die Spielstadt gehört zur Hotel- und Freizeitanlage Dorf Wangerland und ist auch für Tagesbesucher geöffnet. Der Freizeit-Indoorpark bietet rund 20 Fahrgeschäfte für Kinder bis 12 Jahren. Im Eintrittspreis sind Parkgebühren sowie Pommes, Eis und Getränke für die Kinder enthalten.

SERVICEINFO

Wangerland Touristik GmbH
Zum Hafen 3, 26434 Horumersiel
Tel.: 0 44 26 / 98 71 10
www.wangerland.de

Ammerland und Oldenburg

Blütenzauber & Prunkschlösser

Liebevoll gestaltete Parkanlagen, Gärten und Baumschulen prägen die Landschaft des Ammerlandes ebenso wie die von den typischen Wallhecken begrenzten Weiden. Zentraler Mittelpunkt ist das Zwischenahner Meer, Naturschutzgebiet und beliebtes Ziel für Wassersportler. In den ehemaligen Residenzstädten Rastede und Oldenburg zeugen herrschaftliche Schlossanlagen vom Glanz früherer Zeiten.

▶ OLDENBURG

162.000 Einwohner (S. 188, C5)

Die Übermorgenstadt Oldenburg ist eine dynamische Kultur- und Universitätsstadt. Die Themen Technologie, Talente, Toleranz und Tradition haben sich die Oldenburger als Leitbegriffe auf dem Weg in die Übermorgenstadt gewählt. Mit einer reizenden Innenstadt, bedeutenden kulturellen Angeboten, vielen Shoppingmöglichkeiten und klassizistisch geprägter Architektur bietet Oldenburg seinen 162.000 Einwohnerinnen und Einwohnern ideale Voraussetzungen zum Leben und Arbeiten.

Historischer Stadtrundgang

Stimmungsvoller Ausgangspunkt des Rundgangs durch Niedersachsens viertgrößte Stadt ist der **Schlossplatz** mit schönen klassizistischen Gebäuden und Fachwerkhäusern aus dem 18. Jh. Schon um 800 sicherte eine Siedlung auf dem Geestrücken den Übergang eines Handelsweges über die Hunte.
An diesem strategisch wichtigen Punkt errichteten die Grafen von Oldenburg spätestens im 10. Jh. eine Burg. Das **Schloss** ließ Graf Anton Günther von Oldenburg an der Stelle der früheren Wasserburg bauen. Der Zentralbau im Stil der

Renaissance von 1607 erhielt bis ins 19. Jh. klassizistische Anbauten und war bis 1918 die Residenz der Oldenburgs. In den prachtvollen Prunkräumen des Schlosses präsentiert das **Landesmuseum für Kunst- und Kulturgeschichte** über 800 Exponate zur Kulturgeschichte des Oldenburger Raumes. Bemerkenswert ist der Gemäldezyklus des bekannten Malers Johann Heinrich Wilhelm Tischbein.
Vom Schlossplatz führt der Weg zum Marktplatz mit der **St. Lamberti-Kirche**, eine der wenigen Rundkirchen in Deutschland. Die ehemalige Stiftskirche entstand 1791-94 und erinnerte an das Pantheon in Rom. Die neugotische Backsteinummantelung und die 5 Türme datieren aus dem 19. Jh.
Gegenüber der Kirche steht das **Alte Rathaus**, ein Gründerzeitgebäude von 1886/88 mit originellen dreieckigem Grundriss.
Die großzügige Fußgängerzone mit den vielseitigen Shoppingangeboten umfasst fast den gesamten historischen Stadtkern und es lohnt sich, den Blick immer wieder auf die Hausfassaden zu richten. Ecke Markt/Kleine Kirchstraße steht das **Degodehaus** von 1502, das den großen Stadtbrand von 1676 überstand. Am Ende der Langen Straße erhebt sich der **Lappan**, das Wahrzeichen der Stadt. Der gotische Glockenturm von 1467 erhielt die Turmhaube im 18. Jh. Nördlich vom Lappan bilden drei ehemalige Stadtvillen den Rahmen

MUSEEN IN OLDENBURG

Landesmuseum für Kunst und Kulturgeschichte
Schlossplatz
Augusteum
Elisabethstr. 1
Prinzenpalais
Damm 1
Tel.: 04 41 / 2 20 73 00
www.landesmuseum-oldenburg.niedersachsen.de
Di bis So 10 – 18 Uhr, Tageskarte für Landesmuseum, Augusteum und Prinzenpalais 5 €, Kinder von 7 – 17 Jahren 1,50 €.

Stadtmuseum Oldenburg
Am Stadtmuseum 4-8
Tel.: 04 41 / 2 35 28 86
www.stadtmuseum-oldenburg.de
Di bis So 10 – 18 Uhr, 3 €, ermäßigt 1,50 €, Kinder bis 18 Jahre Eintritt frei.

Horst-Janssen-Museum Oldenburg
Am Stadtmuseum 4-8
Tel. 04 41 / 2 35 28 91
www.horst-janssen-museum.de
Di bis So 10 – 18 Uhr, 3,50 €, ermäßigt 1,50 €, Familienkarte 7,00 €.

EDITH-RUSS-HAUS für Medienkunst
Katharinenstraße 23
Tel.: 04 41 / 2 35 32 08
www.edith-russ-haus.de
Di bis Fr 14 – 18 Uhr, Sa und So 11 – 18 Uhr, 2,50 €, Kinder 1,50 €, jeden 4. So im Monat Eintritt frei.

Landesmuseum Natur und Mensch
Damm 38 – 44
Tel.: 04 41 / 9 24 43 00
www.naturundmensch.de
Di bis Fr 9 – 17 Uhr, Sa und So 10 – 18 Uhr, 4 €, Kinder von 7 – 17 J. 2,50 €.

für das **Stadtmuseum**. Die Exponate reichen von antiken Vasen bis hin zu originalen Raumensembles bürgerlicher Wohnkultur. Wer es modern mag, besucht das **Horst-Janssen-Museum** mit den ausdrucksstarken Werken des in Oldenburg aufgewachsenen, international erfolgreichen Künstlers.

Durch die Parkanlage des Heiligenwalls geht es in die Peterstraße zum **Edith-Russ-Haus** für Medienkunst. Die Journalistin und Studienrätin Edith Ruß stiftete der Stadt Oldenburg ihre Kunstsammlung mit der Auflage, ein Haus für „Kunst im Übergang ins neue Jahrtausend" zu schaffen.

Entspannend ist der Spaziergang durch den schönen **Schlossgarten,** der im Stil eines englischen Landschaftsgartens angelegt ist.

Der **Pulverturm** von 1529 ist das einzige noch erhaltene Gebäude der Stadtbefestigungsanlagen. Hier präsentieren Nachwuchskünstler ihre Keramik-Werke. Zum Landesmuseum für Kunst- und Kulturgeschichte gehört das **Augusteum** mit der Gemäldegalerie der Alten Meister. Die Gemäldegalerie im nur wenige Schritte entfernten **Prinzenpalais** widmet sich der Kunst des 19. und 20. Jh. Schwerpunkt der Sammlung sind expressionistische Bilder der Brücke-Maler, die eine Zeit lang in Dangast ihre künstlerische Heimat fanden.

Moorleichen und andere Schätze der Region sowie Tiere und Aquarien sind Teil der interdisziplinären Ausstellungen, die im **Landesmuseum Natur und Mensch** seine Besucher faszinieren.

An der Schnittstelle von Küstenkanal und Hunte befindet sich der Oldenburger Hafen. Mit einem jährlichen Umschlag von 1,2 Tonnen ist er einer der umschlagsstärksten Binnenhäfen Niedersachsens. Beeindruckend ist die riesige Eisenbahnklappbrücke.

GRÜNKOHL-AKADEMIE

Die Kohltourhauptstadt Oldenburg wirbt mit einem einmaligen Studiengang an der Grünkohlakademie. Wer sich zu einem „Kohloquium" einschreibt, erfährt per E-Learning Wissenswertes zum Thema Grünkohl und Kohltouren. Sinnvoller ist allerdings ein „Vor-Ort-Studium" mit Geschmackstest der unumstrittenen Nummer eins unter den norddeutschen Wintergemüsesorten.
www.gruenkohl-akademie.de

SPORT & FREIZEIT

Botanischer Garten der Carl von Ossietzky Universität Oldenburg
Philosophenweg 39/41
Tel: 04 41 / 7 98 33 39
www.botgarten.uni-oldenburg.de
Mo bis Fr ab 8 Uhr, Eintritt frei, Spende erwünscht.
Der schöne Park spiegelt die Pflanzenwelt einzelner Regionen der Erde wider. Den Park ergänzen Volieren und ein Tropenhaus.

Olantis-Erlebniswelt
Am Schloßgarten 15

▶ *Das Großherzogliche Schloss Oldenburg.*

Tel.: 04 41 / 3 61 31 60
www.olantis.com
Tgl. geöffnet, Öffnungszeiten und Preise richten sich nach Aktivität. Sowohl das Außen- als auch das Innenschwimmbecken haben konstante 31 °C. Strömungskanal und Gegenschwimmanlage sowie die Black Hole-Rutsche mit Stroboskopbeleuchtung garantieren spritzigen Badespaß. Die Wellness- und Saunaangebote erfüllen fast jeden Wunsch, sogar ein Saunagang mit Kleinkindern ist möglich. Im Sommer öffnet das Natur-Flussbad mit Grünflächen und Sandstrand.

SERVICEINFO

Touristininfo/Ticketshop Oldenburg
Schloßplatz 16
26122 Oldenburg
Tel.: 04 41 / 36 16 13 66
www.oldenburg-tourist.de

▶ RASTEDE

21.000 Einwohner (S. 188, C4)

Vor den Toren Oldenburgs liegt der Residenzort Rastede. Das Zentrum des Ortes prägt das herzogliche Schloss mit dem weitläufigen Schlosspark. Zum reizvollen historischen Ortsbild gehören prächtige Bürgerhäuser aus der Gründerzeit. In einem der schönsten Bauernhöfe Rastedes ist das **Bauernmuseum „Jan Pastor sin Hus“** untergebracht. Graf Anton Günther schenkte 1666 dem Pastor Grundstück und Bauholz. Heute sind in dem Fachwerkhaus Exponate zum bäuerlichen Arbeiten und Leben ausgestellt, die die Besucher sogar anfassen und ausprobieren dürfen (Raiffeisenstraße 60, Tel.: 0 44 02 / 8 21 92, www.bauernmuseum-rastede.de, März – Okt. Fr und So 14 – 17 Uhr, 3 €, Kinder 1,50 €,

Kinder unter 6 Jahren frei).
Das älteste Gebäude in Rastede ist die 1059 geweihte **St. Ulrichs-Kirche** mit ihrem 34,50 m hohen Kirchturm und dem Glockenturm aus dem 15. Jh. Kulturhistorisch bedeutsam ist die frühromanische dreischiffige Krypta unter dem Chor, die Kirchstifter Graf Huno als private Gebetskapelle diente. Die Krypta ähnelt der Anlage im Bremer Dom und ist einzigartig in der Weser-Ems-Region. Wer die Kirche besichtigt, sollte nicht versäumen, einen Blick auf die **Sonnenuhr** an der Südseite des gegenüberliegenden Gebäudes zu werfen. Das astronomische Meisterwerk entwickelte der Rasteder Hobby-Astronom Carl Rohde im Jahr 1927.

Schlossgebiet

Graf Huno gründete der Sage nach 1091 in der Nähe der Kirche das Rasteder Benediktinerkloster. Auf den Grundmauern des ehemaligen Abthauses entstand im 17. Jh. ein Lustschloss als Sommerresidenz. Nach diversen Neu- und Umbaumaßnahmen durch den späteren Herzog Peter Friedrich Ludwig von Oldenburg und seinem Sohn Paul Friedrich August erhielt das **Schloss Rastede** 1838 sein endgültiges Aussehen. Der klassizistische Bau gilt als einer der bedeutendsten Profanbauwerke des Landes. Das Schloss wird von der Herzogfamilie von Oldenburg bewohnt.
Für die Öffentlichkeit zugänglich ist der schöne **Schlosspark Rastede**, den Herzog Peter Friedrich Ludwig im 18. Jh. im Stile eines englischen Landschaftsgartens anlegen ließ. Wahrscheinlich pflanzte sein Hofgärtner Carl Friedrich Bosse die ersten Rhododendronsträucher in der Region an. Nordwestlich am Ellernteich grenzt der Turnierplatz, auf dem 1950 erstmals das Reitsport-Landesturnier stattfand. Der Turnierplatz ist gleichzeitig Schauplatz von Großveranstaltungen.
Das **Palais Rastede** gegenüber dem Schloss Rastede ist ein Landhaus aus dem 18. Jh., das 1882/83 seine jetzige historische Fassade erhielt. In den klassizistischen Innenräumen veranstaltet der Kunst- und Kulturkreis Rastede regelmäßig Kunstausstellungen, Konzerte oder Theateraufführungen, aber es finden auch viele Open-Air-Veranstaltungen auf dem Turnierplatz statt.

▶ *Palais Rastede in Rastede.*

ESSEN & TRINKEN

Gehobenes Niveau

Hotel & Restaurant
Das Weiße Haus
Südender Straße 1/Ecke Oldenburger Straße
Tel.: 0 44 02 / 32 43
www.kindermann-weisseshaus.de
Die in Restaurantführern seit 16 Jahren ausgezeichnete Küche serviert zum Beispiel Samtsuppe von der Seezunge oder zartes Lammfilet zu Kartoffel-Ratatouille-Gemüse. Empfehlenswert sind die leckeren Nachspeisen. Do Ruhetag.

SPORT & FREIZEIT

Kart-O-Drom
Am Liehtegleis 5 – 7 (Gewerbegebiet Liethe)
Tel.: 0 44 02 / 59 82 82
www.kart-o-drom.de
Mitte März – Okt. Mo bis Fr ab 17 Uhr (Ferien ab 11 Uhr), Sa, So und Feiertage ab 13 Uhr, Nov – Mitte März Di bi Fr ab 17 Uhr, Sa, So und Feiertage ab 13 Uhr, große Karts 9,80 €, Kinderkarts 8 €.
Rennspaß für Anfänger und Könner auf 850 m Gesamtlänge der Innen- und Außenbahn. Für Kinder ab 6 Jahren und mindestens 1,25 m Größe.

MIT KINDERN UNTERWEGS

Janssen-Hof
Pantinenweg 6
Tel.: 0 44 02 / 24 82
www.janssen-hof.de
Di bis Fr 9 – 12.30 Uhr und 14.30 – 18.30 Uhr, Sa 8.30 – 12.30 Uhr und 14.30 – 18 Uhr.
Swin-Golf: Di bis Fr ab 13 Uhr, Sa und So ab 10 Uhr, 7,50 €, Kinder 4 €.
Auf der Schauwiese weiden Heidschnucken, Zwergkaninchen und Meerschweinchen. Zum Hof gehört eine Swin-Golfanlage mit 9 Bahnen. Das Spiel ähnelt Golf, allerdings ist der Ball größer. Hausgemachte Leckereien und Ostfriesentee auf Stövchen stehen im gemütlichen Hofcafé und dem Hofladen bereit.

SERVICEINFO

Touristinformation
Kleibroker Str. 1
26180 Rastede
Tel.: 0 44 02 / 93 98 23
www.rastede-touristik.de

▶ ZWISCHENAHNER MEER

Eingebettet in eine hinreißend ursprüngliche Naturlandschaft liegt die Perle des Ammerlandes, das Zwischenahner Meer. Der drittgrößte Binnensee Niedersachsens entstand durch den Einsturz eines unterirdischen Salzlagers.
Um das Zwischenahner Meer ranken sich einige Legenden. So ist die Entstehung des Sees „Düwelswark“, Teufelswerk. Dieser griff sich ein großes Stück Wald, um damit einen Kirchenneubau in Oldenburg zu zerstören. In der klaffenden Lücke entstand der See. Eine weitere amüsante Geschichte handelt von einem riesigen, 3,5 m langen Wels, der in den 80er Jahren durch den

▶ *Idylle auf dem Zwischenahner Meer.*

See geisterte. Auf dem Marktplatz in Bad Zwischenahn befindet sich eine Bronzestatue des Fabeltiers.
Der bis zu 6 m tiefe See ist eine gelungene Mischung aus Naturschutzgebiet und Wassersportareal. Die Uferzonen sind überwiegend von Schilfrohr bewachsen und bieten Lebensraum für Enten, Blässhühner, Eisvögel, Rohrdommeln, Graureiher und Fischadler. In dem See wird Aal gefangen, und auch Angler schätzen den See aufgrund seines Fischreichtums.
Drei Badestellen laden zum Schwimmen in den See ein. Die größte Badestelle mit Grünflächen-Liegewiese und Spielplatz liegt im Kurpark. Beliebt sind die ganzjährig stattfindenden Schiffstouren der weißen Flotte über das Zwischenahner Meer (Kurpark, Am Hogen Hagen, Tel.: 0 44 03 / 30 56, www.weisseflottezwischenahn.de).

SERVICEINFO

Bad Zwischenahner Touristik GmbH
Auf dem Hohen Ufer 24
26160 Bad Zwischenahn
Tel.: 0 44 03 / 6 11 59
www.bad-zwischenahn-touristik.de

▶ BAD ZWISCHENAHN

28.000 Einwohner (S. 188, B4)

Der rege Kurbetrieb mit Kurklinik und Kurpark prägt das Stadtbild in dem seit 1964 staatlich anerkannten Moorheilbad. Auf dem Marktplatz erhebt sich das älteste Wahrzeichen der Gemeinde, die **St. Johannes-Kirche** aus dem 12. Jh. Anziehungspunkt für Kinder ist der **Springbrunnen** mit der Welsplastik. Von hier ziehen besonders an den Wochenenden Besucherschwärme über die lange Einkaufsstraße Petersstraße bis zur kleinen Fußgängerzone. Einen tollen Blick über das Zwische-

nahner Meer und die Ammerländer Orte bis hin zu Oldenburg erhalten Besucher, wenn sie die 180 Stufen des **Wasserturms** im Dränkweg erklimmen. Der massige Turm aus dem Jahr 1938 ist typisch für den Baustil seiner Zeit.
Am südlichen Ufer des Zwischenahner Meeres bündeln sich im **Kurpark** die attraktivsten Sehenswürdigkeiten der Kleinstadt. Imposant wirkt das weiße **Alte Kurhaus**, das 1874 von dem Architekten Ludwig Klingenberg errichtet wurde. Öffentlich zugänglich sind das Haus des Gastes und die Bibliothek am Meer.
Harmonisch in die Parkanlage fügt sich das **Freilichtmuseum** mit seinem Hauptgebäude, dem Ammerländer Bauernhaus, ein. Zur Anlage gehören eine Windmühle aus dem 19. Jh. und der Spieker. In dem Speicher wurde Getreide gelagert und auch Bier gebraut (Am Hogen Hagen, Tel.: 0 44 03 / 20 71, www.ammerlaender-bauernhaus.de, April – Sep. 10 – 18 Uhr, März und Okt. 11 – 17 Uhr, 2 €, Kinder 1 € jeweils pro Haus).
Unbedingt einplanen sollte man einen Besuch im **Park der Gärten** in Rostrup. Die Erholungsstätte in freier Natur ist berühmt für seinen Rhododendronbestand von über 2000 Sorten, der die Gärten im Mai und Juni in ein unbeschreibliches Blütenmeer taucht. Zusätzlich zu den 90 Themenbereichen öffnet ab 2013 die Dauerausstellung „Grüne Schatztruhe" im neuen Besucher-

5

AMMERLÄNDER KÖSTLICHKEITEN

Für Feinschmecker mit Hang zur bodenständigen Kost bietet die Ammerländer Küche viele herzhafte Leckereien.

Ammerländer Schinken
Der luftgetrocknete Ammerländer Schinken ist leicht würzig und zeichnet sich durch eine kräftige Rotfärbung aus. Hauchdünn geschnitten, schmeckt die Köstlichkeit auf Schwarzbrot oder als Spargelbeilage.

Smoortaal
Der auf einer geheimen Buchenholzmischung geräucherte Aal wird mit Haut serviert und muss vom Gast selbst enthäutet werden. Anschließend knabbert man das Fleisch von der Gräte. Hinterher gibt's Löffelschluck und Bier. Übrigens, nach einem Aalessen werden die Hände mit Korn gewaschen.

Löffelschluck
Hochprozentiges trinkt der Ammerländer traditionell aus Zinnlöffeln. Gastgeber und Gast nehmen dabei den Löffel jeweils in die linke Hand und gießen Weizenkorn hinein. Die rechte Hand bleibt zur Verteidigung gegen Angreifer stets frei. Nach einem Wortgeplänkel wird der Zinnlöffel so geleert und abgeleckt, dass kein Tröpfchen mehr zu sehen ist. Andernfalls wird das Ritual wiederholt.

Heet un Sööt
Für dieses „geistreiche" Getränk wird Bier erhitzt, mit Zucker gewürzt und so lange geschwenkt, bis sich der Zucker auflöst. Bei einem Besuch in Bad Zwischenahn soll Hermann Löns Gefallen an diesem Getränk gefunden haben.

zentrum. Hier kann der Besucher die botanische Vielfalt mit allen Sinnen erfahren (Elmendorfer Straße 65, Tel.: 0 44 03 / 8 19 69, www.park-der-gärten.de, 20. April – 6. Okt. Mo bis So 9.30 – 18.30, Ausgänge bis 21.45 Uhr geöffnet, 9 €, Kinder unter 18 Jahren frei).

ESSEN & TRINKEN

Regionale & internationale Spezialitäten

Restaurant Galerie
Im Hotel-Restaurant Am Badepark
Am Badepark 5, Tel.: 0 44 03 / 69 60
www.hotelambadepark.de
Nach einem langen Spaziergang am Zwischenahner Meer stärken die deftigen Suppen und die Fisch- und Fleischspezialitäten Leib und Seele. Tgl. geöffnet.

Frische Küche

Restaurant Ambiente
im Hotel Amsterdam
Wiefelsteder Strasse 18
Tel.: 0 44 03 / 93 40
www.hotel-amsterdam.de
Ob Ammerländer Wildrahmsuppe oder Zanderfilet auf warmem Zuckerschotensalat: Die Speisen sind frisch zubereitet und schmecken lecker. Tgl. geöffnet.

SPORT & FREIZEIT

Freibad Badepark
Am Badepark 1
Tel.: 0 44 03 / 10 61
Mai – Sep Di bis Fr 6.30 – 20 Uhr, Sa und So 9 – 20 Uhr, Mo 12 – 20 Uhr, Mai und Sept. schließt das Bad um 19 Uhr, 3,50 €, Kinder unter 18 Jahren 1,50 €.

► *Rosengarten.*

Der Badepark gilt als eines der schönsten Freibäder in Norddeutschland. Umgeben von einer weiträumigen Liegewiese, verteilen sich fünf temperierte Becken und die 80 m lange Wasserrutsche auf dem Gelände.

ABENDGESTALTUNG

Spielbank Jagdhaus Eiden am See
Eiden 11
Tel.: 05 11 / 1 63 83 70
www.spielbanken-niedersachsen.de
So bis Do 14 – 1.30 Uhr, Fr und Sa 14 – 2 Uhr, 2 €.
In dem alten Fachwerkhaus fordern Spielautomaten sowie Roulette, Poker oder Black Jack das Glück der Spieler heraus. Spezielle Abendkleidung ist nicht erforderlich.

SERVICEINFO

Bad Zwischenahner Touristik GmbH
Auf dem Hohen Ufer 24
26160 Bad Zwischenahn
Tel.: 0 44 03 / 6 11 59
www.bad-zwischenahn-touristik.de

▶ WESTERSTEDE

22.000 Einwohner (S. 188, A4)

Im wahrsten Sinne des Wortes ist die Rhododendronstadt Westerstede eine blühende Stadt. Das Stadtbild des staatlich anerkannten Erholungsorts prägen farbenprächtige Blumenarrangements und in der näheren Umgebung laden eine Vielzahl liebevoll gestalteter Gärten und Parkanlagen zum Spazierengehen ein. Rund 85 Prozent aller Rhododendren und 90 Prozent aller Freilandazaleen in Deutschland stammen aus den Baumschulen in und um Westerstede. Während der alle vier Jahre stattfindenden **RHODO** entfaltet sich mitten in der Stadt ein unbeschreiblicher Blütenzauber. Bei einem verheerenden Großbrand fielen 1815 fast alle Gebäude den Flammen zum Opfer. Das älteste und markanteste Gebäude der beschaulichen Kleinstadt ist die **St.-Petri-Kirche** von 1123. Eine leichte Schieflage zeichnet den **Glockenturm** neben der Kirche aus. Das unter Denkmalschutz stehende **Hotel Busch** entstand erst nach dem Brand. Besucher sollten sich nicht wundern, wenn sich alle auf dem Platz mit „Du" ansprechen. Seit 2003 ist der Marktplatz offizieller **„Duz-Platz"**.
Beeindruckend ist der Blick aus dem Turm-Café des ehemaligen Wasserturms. Er entstand 1033 nach den Plänen des Architekten Fritz Höger. Im 8. Stock beeindruckt die Besucher des Turm-Cafés der luftige Überblick über die reizende

RHODODENDRON

Die immergrünen Rhododendronsträucher entfalten im Frühjahr eine überwältigende Blütenfülle mit Farbvarianten in Weiß, Gelb, Rosa, Rot, Blau und Violett. Das Hauptverbreitungsgebiet von Rhododendren sind China und der asiatische Raum. Weltweit gibt es über 1000 Arten der „Alpenrose". Die Azalee ist ebenfalls eine Rhododendronart, die allerdings im Winter ihre Blätter verliert.

▶ *Der schiefe Glockenturm in Westerstede.*

Ammerländer Landschaft mit ihren Wäldern, Gärten und Wallhecken (Kuhlenstr. 6 a, Tel.: 0 44 88 / 48 49, www.turmcafe-wst.de, Mi bis Mo 8.30 – 17.30 Uhr).
Wer die erholsame Wald- und Parklandschaft rund um Westerstede mit der Familie oder einer kleinen Gruppe entdecken möchte, sollte sich auf keinen Fall den **Draisinenspaß** entgehen lassen. Auf einer 7 km langen ausrangierten Bahnstrecke fahren die Besucher auf Draisinen von Westerstede bis nach Ocholt. Unterwegs gibt es drei Haltepunkte wie den Käsehof Kreke, wo leckerer Schafskäse hergestellt wird.
Der Draisinenbahnhof befindet sich auf dem Gelände der Baumschule G.D. Boehlje (Oldenburger Str. 9, Tel.: 0 44 88 / 5 56 03, www.draisinenspass.de, April – Okt. tgl., ab 28 €, Abendfahrt 21 €.)

SPORT & FREIZEIT

Museumseisenbahn Ammerland-Saterland
Ostbahnhof in Ocholt
Tel.: 0 44 88 / 1 94 33
www.museumsbahn-ammerland.de
April – Okt. unregelmäßig Sa oder So 13 Uhr, ab 18 €, Kinder von 5 bis 12 Jahren ab 10 €.
Mit gemächlichen 30 bis 40 km/h zuckelt der historische Schienenbus durch die Fehnlandschaft und überquert eine der ältesten Waagebalken-Klappbrücken Deutschlands.

MIT KINDERN UNTERWEGS

Männeken Theater & Annes Bühne
Hauptstraße 377, 26689 Hengstforde
Tel.: 0 44 89 / 31 94
www.maenneken-theater.de
Nachmittagsvorstellung 6 €,
Abendvorstellung 12 €,
Jugendliche 9 €.
Wenn aus dem weißen Haus an der Hauptstraße in Hengstforde lautes Kinderlachen ertönt, läuft gerade eine Vorstellung. Mit ganz viel Raum für Fantasie spielt die Puppenspielerin Anne Sudbrack beliebte Kinderbuchgeschichten vor. Auch Erwachsene erliegen dem Zauber, wenn in der Abendvorstellung Alltagsgegenstände zum Leben erwachen und von makellosen Morden erzählen.

SERVICEINFO

Touristik Westerstede e. V.
Am Markt 2, 26655 Westerstede
Tel.: 0 44 88 / 1 94 33
www.westerstede.de

PARKS UND GÄRTEN

Ein ganz besonderer Reiz des Ammerlandes sind die vielen Parks, privaten Gärten und Baumschulen, die zum Sehen, Staunen, Lernen und Entspannen einladen. Eine kleine Auswahl der grünen Naturoasen:

Rhododendron Waldpark
Zum Hullen 3
26655 Westerstede/Petersfeld
Tel.: 0 44 88 / 22 94
www.hobbie-rhodo.de
April – Mitte Juni tgl. 8 – 19 Uhr, 6 €, Kinder bis 16 Jahre Eintritt frei.
Der Rhododendronpark der Familie Hobbie öffnet seit über 80 Jahren seine Pforten und ist mit einer Gesamtfläche von 70 Hektar Deutschlands größter Rhododendronpark. Zu der sehenswerten Waldanlage gehören viele Ruhebänke, ein Waldlehrpfad und eine beschilderte Schaugartenanlage sowie ein Café.

Hollweger Traumgarten
Am Wehlen 8
26655 Westerstede-Hollwege
Tel.: 0 44 88 / 22 79
www.hollweger-traumgarten.de
Di bis So 9 – 18 Uhr, Eintritt frei.
Wunderschöne und nicht nur Gartenfreunde inspirierende Schaugärten der Baumschule. Im Scheunencafé gibt es leckere Kuchen und Torten.

Maxwald-Park in Fikensolt
Oldenburger Str., 26641 Westerstede
Tel.: 0 44 88 / 7 19 71
www.maxwaldpark.de
Ende April – Mai Sa und So 10 – 17 Uhr, 5 €.
Der älteste Rhododendronpark Norddeutschlands entstand 1890 im Stil englischer Parkanlagen. Ein ruhiger Park mit teilweise über 100 Jahre alten Pflanzen.

Rhododendron-Park in Gristede
Gristeder Str. 17
26215 Wiefelstede
Tel.: 0 44 03 / 60 10
www.bruns.de
Ganzjährig geöffnet, Eintritt frei.
Wunderschön im Wald von Gristede liegt im Schutz hoher Kiefern der Rhododendronpark der Baumschule Bruns. Neben altbekannten Arten sind auch eigene Züchtungen ausgestellt.

Ostfriesische Küste und Inseln

Nordseerauschen, gesundes Klima & Seehunde

Frische Seeluft, bezaubernde Fischerdörfer und ein endloser Deich prägen die Ostfriesische Küste. Die reizvollen Ostfriesischen Inseln begeistern mit den feinen Sandstrandparadiesen und natürlichen Dünenlandschaften. Einen Besuch lohnen die vielen, liebevoll geführten Museen an der Küste und im Binnenland.

▶ CAROLINENSIEL

1.700 Einwohner (S. 181, F3)

Wie die meisten Sielhäfen der ostfriesischen Nordseeküste lag auch Carolinensiel früher direkt am Meer. Der zweitgrößte Handelshafen neben Emden erlebte seine Blütezeit im 18. und 19. Jh. Mitten im Ortskern erinnert der nostalgische alte Hafen mit den Museumsschiffen an diese Ära.

Einen spannenden Museumsbesuch garantiert das aus vier Häusern bestehende **Deutsche Sielhafenmuseum** direkt am Museumshafen. Im Groot Hus schildert die Ausstellung die Geschichte der Sielhäfen, der Schifffahrt und des Deichbaus. MitMach-Stationen wie Knotenknüpfen unterhalten nicht nur Familien mit Kindern. In der alten Pastorei geht es um Schiffbau und Handwerk; das Kapitänshaus gewährt mit Seemannskneipe, Laden und guter Stube Einblicke in das Leben an Land (Pumphusen 3, Tel.: 0 44 64 / 8 69 30, www.dshm.de, Ende März – Anfang Nov. und in den Weihnachtsferien tgl. 10 – 18 Uhr, Erw. 5,50 € mit NSC u. 6 € ohne NSC, Kinder bis 16 J. frei).

Mit Objekten zum Anfassen, Spielen oder Basteln weckt das **Nationalparkhaus** bei den Besuchern die Neugierde auf den Lebensraum Wattenmeer. Das kostenpflichti-

ge Ausflugsprogramm beinhaltet Wanderungen ins Wattenmeer oder zu den Inseln (Alte Pastorei, Pumphusen 3, Tel.: 0 44 64 / 84 03, www.wattwelt.de, Feb. – März Mo bis Fr 9.30 – 13 Uhr, Sa und So 14 – 18 Uhr, April – Okt. Mo bis Fr 9.30 – 13 Uhr und 15 – 18 Uhr, Sa und So 14 – 18 Uhr, Nov. – Jan. nach Vereinbarung und in den Winterferien geöffnet, Eintritt frei).
Kann ein Kind einen Trabi anheben? Diese und andere spannende Experimente präsentiert das Erlebnismuseum **Phänomania**. An den abwechslungsreichen Stationen kann man seine Astronautentauglichkeit testen oder physikalische Phänomene ergründen (Bahnhof Carolinensiel 3, Tel.: 0 44 64 / 94 24 94, www.phaenomania.de, Mitte März – Okt. und in den Weihnachtsferien tägl. 10 – 18 Uhr, 7 €, Schüler 6 – 18 Jahre 5 €, Kinder 3 – 5 Jahre 3 €).

ESSEN &TRINKEN

Günstig

Küstenräucherei Joh. Albrecht GmbH
Friedrichschleuse 17
Tel.: 0 44 64 / 3 84
www.fisch-albrecht.de
Zum Fischgeschäft gehört ein Imbiss mit Selbstbedienung. Die Fischgerichte sind preiswert und gut. Tgl. geöffnet.

SPORT & FREIZEIT

Kurzentrum Cliner Quelle
Nordseestraße
Tel.: 0 44 64 / 94 93-0
www.cliner-quelle.de
Öffnungszeiten Saunalandschaft: Mo – Mi 14.00 bis 21.00 Uhr, Do – Fr 14.00 bis 22.00 Uhr, Sa – So u. Feiertag 10.00 bis 18.00 Uhr. Tageskarte Erw. (12 € mit NSC/13 € ohne NSC, Tageskarte Kinder 7 € mit NSC/7,50 € ohne NSC, Familienkarte 27 €.
Zum Kurzentrum Cliner Quelle gehören eine Saunalandschaft sowie Wellness- und Fitnessangebote. Das derzeit im Bau befindliche Hallenbad mit Kurven- und Wellenrutsche sowie einem neuen Soleaußenbecken im Atriumstil wird im Sommer 2013 eröffnen. Die Einrichtung ergänzt ein Kinderspielhaus und ein weitläufiger Kurgarten mit einer Vielzahl von Veranstaltungen.

MIT KINDERN UNTERWEGS

Freizeitpark Lütge Land
Friesenkamp 5
26409 Wittmund-Altfunnixsiel
Tel.: 0 44 64 / 94 21 74
www.luetge-land.de
April – Mitte Juni und Sep. – Okt. Sa bis Mi 10 – 18 Uhr (in den Ferien tgl.), Juni – Juli tgl. 9 – 19 Uhr, 10 €, Kinder 3 – 12 Jahre 9 €.
Rund vier Kilometer landeinwärts bietet der kleine Freizeitpark mit Fahrgeschäften wie Nautic Jet oder Wildwasserfahrt eine nette Abwechslung zum Badeurlaub.

SERVICEINFO

Tourist-Information Nordseebad Carolinensiel-Harlesiel GmbH

Nordseestraße 1
26409 Nordseebad Carolinensiel
Tel.: 0 44 64 / 94 93-0
www.carolinensiel.de

▶ HARLESIEL

800 Einwohner (S. 181, F3)

Die Harlepromenade führt von Carolinensiel vorbei an Cafés, Teestuben und Restaurants zum rund einen Kilometer entfernen Außenhafen Harlesiel. Westlich der Harlemündung liegt der flach abfallende Sandstrand, der sich bei Familien dank des beheizten Meerwasserfreibades großer Beliebtheit erfreut.

In dem erst 1950 angelegten Hafen ankern Krabbenkutter und die Fähre nach Wangerooge. Beim Jachthafen liegt die Anlegestellte für den **Seitenraddampfer „Concordia II"**, der fast täglich zwischen Harlesiel und Carolinensiel pendelt.

SERVICEINFO

Siehe Nordseebad Carolinensiel-Harlesiel GmbH

▶ WANGEROOGE

980 Einwohner (S. 182, A2)

Ein feiner Sandstrand mit Blick auf die nur einen Steinwurf weit vorbeiziehenden Containerschiffe und Tanker sorgt für Ferienstimmung auf der östlichsten der bewohnten Ostfriesischen Inseln. Die liebenswerte, autofreie Insel mit der kleinen Schmalspur-Inselbahn gehörte allerdings niemals zu Ostfriesland, sondern zum Oldenburger Einflussbereich.

Kurz vor Kriegsende zerstörten Bombenangriffe fast alle Gebäude auf der Insel. Eines der wenigen erhalten älteren Gebäude ist der signalrot-weiße **Leuchtturm** aus dem Jahr 1855/56 nahe dem historischen Bahnhof. Im unteren Bereich sind Bilder und Dokumente des Heimatmuseums und eine kleine Bernsteinsammlung ausgestellt. Die Aussichtsplattform in 35 m Höhe bietet einen grandiosen Ausblick über die Insel und die viel befahrenen Schifffahrtswege (Zedeliusstraße 1, Tel.: 0 44 64 / 83 24, www.leuchtturm-wangerooge.de, Mo und Di 10 – 12 Uhr, Mi bis So 10 – 13 Uhr und tgl. 14 – 17 Uhr, 2 €, Kinder 1 €).

Vom Bahnhof führt die Zedeliusstraße direkt zur Strandpromenade. Die Einkaufsstraße säumen Restaurants, Boutiquen und kleine Geschäfte.

Im 1928 angelegten **Rosengarten** erklingen im Sommer Kurkonzerte. Nur wenige Schritte entfernt informiert das **Nationalpark-Haus Rosenhaus** mit einer lehrreichen und unterhaltsamen Ausstellung über das Wattenmeer (Friedrich-August-Straße 18, Tel.: 0 44 69 / 83 97, www.nationalparkhaus-watten-

NACHTKERZE

In den Dünen von Wangerooge blüht im Sommer die Nachtkerze. Die gelben Blüten dieser Pflanze öffnen sich erst am späten Nachmittag und bleiben die Nacht über geöffnet.

meer.de, 15. März – Okt. Di bis Fr 9 – 13 Uhr und 14 – 18 Uhr, Sa, So und an Feiertagen 10 – 12 Uhr und 14 – 17 Uhr, Eintritt frei).
Das Wahrzeichen der Insel ist der 56 m hohe neue Westturm, ein 1933 fertiggestellter Nachbau des zerstörten alten Turmes. In dem Westturm befindet sich die Jugendherberge, eine Besichtigung ist auf Anfrage möglich.

FÄHRVERBINDUNG VON HARLESIEL

DB Autozug GmbH, Schifffahrt und Inselbahn
Tel.: 0 44 64 / 94 94 11
www.siw-wangerooge.de
Tideabhängige Personenfähre.

SERVICEINFO

Kurverwaltung Nordseeheilbad Wangerooge
Strandpromenade 3
26486 Wangerooge
Tel.: 0 44 69 / 9 90
www.wangerooge.de

▶ WITTMUND

21.000 Einwohner (S. 181, F5)

Wittmund ist eine typische Kleinstadt mit vielen Einkaufmöglichkeiten in der Fußgängerzone rund um die Nicolaikirche. Die alte Häuptlingsstadt war bis ins 17. Jh. über die Harlebucht noch mit dem Schiff zu erreichen. Das schönste Gebäude im Zentrum von Wittmund erinnert an den einstigen Reichtum der ehemaligen Handelsstadt. Von 1899 bis 1901 entstand das historische Kreishaus nach den Plänen des einheimischen Architekten Ludwig Klingenberg. Neben der dekorativen Backsteinfassade beeindruckt die Holzverkleidung im repräsentativen Sitzungssaal.
Die **Nicolaikirche** in der Fußgängerzone ist ein schlichter barocker Saalbau aus dem Jahr 1776. Als weithin sichtbares Wahrzeichen der Stadt erhebt sich der wuchtige Glockenturm. Gänzlich anderer Natur ist eine ungewöhnliche Attraktion in der Fußgängerzone. Die Flaniermeile **„Hands of Fame"** präsentiert wie in Hollywood Handabdrücke sowie die Unterschriften prominenter Persönlichkeiten. Bundespräsident Joachim Gauck, Otto Waalkes oder Jörg Pilawa haben sich schon auf den Klinker-Tonplatten verewigt.
Wer in Wittmund wieder die Schulbank drücken möchte, kann das original Ostfriesen-Abitur ablegen. Auf dem Programm stehen spannende „Schulfächer" wie Kühe melken, Krabben pulen oder Padstock springen (Schlosspark Wittmund, Anmeldung unter Tel.: 0 44 62 / 98 31 50, April – Okt. Do ab 14.30 Uhr, 12 €, Kinder 6 – 14 Jahre 6 €).
An der Straße nach Esens erhebt sich die stattliche **Peldemühle** von 1741. Der Name weist darauf hin, dass hier Gerste gepellt (geschält) wurde. Zur Mühle gehört ein Heimatmuseum mit historischen Geräten und einer Schmiede (Esenser Straße 14, Tel.: 0 44 62 / 92 92 41, www.heimatverein-wittmund.de,

(Mo bis Fr 11 – 17 Uhr, Juli – Sept. Mo bis So 11 – 17 Uhr, Mi 14 Uhr Mahlvorführung, 3 €, Kinder bis 14 Jahren frei).

SERVICEINFO

Tourist-Information
Am Markt 15
26409 Wittmund
Tel.: 0 44 62 / 98 31 50
www.wittmund-tourismus.de

▶ NEUHARLINGERSIEL

1.100 Einwohner (S. 181, E3)

Dreh- und Angelpunkt in dem schönen kleinen Fischerdorf ist der malerisch von kleinen Giebelhäusern umsäumte Hafen. Rund 10 Krabbenkutter versorgen Gäste und Einheimische in der Saison täglich mit frischem Granat und Speisefisch. Es besteht die Möglichkeit, eine Kutterfahrt zu den Seehundbänken oder zum Hochseeangeln zu unternehmen oder mit der Fähre nach Spiekeroog überzusetzen.
Auf der westlichen Hafenseite lohnt der Besuch des **Buddelschiff-Museums**. In über 100 Flaschen liegt eine beeindruckende Flotte vom Einbaum bis zum Atom-U-Boot vor Anker (Am Hafen Westseite 7, Tel.: 0 49 74 / 2 24, www.buddelschiffmuseum.de, Mitte März – Ende Okt. 10 – 13 Uhr und 13.30 – 17 Uhr, 2 €, Kinder 1 €).
Der öffentliche Sandstrand des Nordseeheilbads liegt westlich vom Hafen. Bei Ebbe vertreiben sich die Kinder in der großen Wasserspielanlage „Platschi" die Zeit. Weiter westlich in Höhe des Grünstrands jagen Surfer über das Meer. Die Kureinrichtungen in Strandnähe ergänzt die Wellnesseinrichtung BadeWerk mit einem Meerwasser-Hallenbad.
Südlich vom Hafen liegt mitten

▶ *Blick auf den Hafen von Neuharlingersiel.*

in einem Park der schlossähnliche **Sielhof.** In dem Herrensitz aus dem 18. Jh. befinden sich ein Café-Restaurant sowie das „Haus des Gastes". Im Restaurant lohnt ein Blick auf die beeindruckende Bibelfliesenwand mit über 800 Fliesen, eines der größten Ensembles in Norddeutschland.

ESSEN & TRINKEN

Gehobene Klasse

Hotel-Restaurant Poggenstool
Addenhausen 1
Tel.: 0 49 74 / 9 19 10
www.poggenstool.com
Das gemütliche Ambiente wirkt einen Hauch nostalgisch und die hervorragende Küche beeindruckt mit frisch zubereiteten Speisen. Neben regionalen Gerichten stehen Salzwiesenlamm und Fisch auf der erstklassigen Speisekarte. Mo und Di Ruhetag.

SPORT & FREIZEIT

Kite- und Windsurfschule Windloop
Direkt am Strand
Tel.: 01 70 / 7 51 70 80
www.windloop.de
Die Schnupperkurse richten sich an Anfänger ab 6 Jahren, aber auch Fortgeschrittene und Könner finden ein ideales Wassersportrevier.

SERVICEINFO

Kurverein Neuharlingersiel e. V.
Edo-Edzards-Straße 1
26427 Neuharlingersiel
Tel.: 0 49 74 / 18 80
www.neuharlingersiel.de

▶ SPIEKEROOG

700 Einwohner (S. 181, E/F2)

6

Dank seines ausgedehnten feinkörnigen Sandstrandes mit dem breiten Dünengürtel, einer Vegetation mit altem Baumbestand und dem reizenden historischen Ortskern gehört Spiekeroog zu den schönsten Reisezielen in der Region.
Moderne bzw. lärmende Fortbewegungsmittel sind auf der Insel schlichtweg verboten. Schwere Lasten werden auf Elektrokarren transportiert. Das Dorf Spiekeroog beeindruckt mit seiner historischen Bausubstanz im Stil friesischer Bäderarchitektur. Charakteristisch sind die vorgeblendeten Veranden. Zwischen den Straßen Noorderloog und Süderloog liegt die **Alte Inselkirche** von 1696, das älteste erhaltene Gotteshaus der Ostfriesischen Inseln. Flaniermeile ist der Noorderloog mit seinen kleinen Läden, Restaurants und Cafés. Ein kleines **Inselmuseum** informiert über Themen wie Schifffahrt, Fremdenverkehr und die Tier- und Pflanzenwelt der Region (Noorderloog 1, Tel.: 0 49 76 / 91 01 20, in der Saison von ca. März bis Okt. Di bis Sa 15.30 – 17.30 Uhr, 4 €, Kinder 2 €).
Vergnüglich ist der Besuch im kleinen **Kuriosen Muschelmuseum** im Haus des Gastes „Kogge". Statt lateinischer Namen tragen die Exponate lustige Fantasienamen (Noorderloog 25, Tel.: 0 49 76 / 9 19 31 01, www.kuriosesmuschelmuseum.de, in der Saison Mo bis Fr

9 – 17 Uhr, Sa, So und Feiertage 9 – 12 Uhr, 1 € Münzeinwurf, Kleinkinder frei).

FÄHRVERBINDUNG VON NEUHARLINGERSIEL

Nordseebad Spiekeroog GmbH
Tel.: 0 49 76 / 9 19 31 01
www.spiekeroog.de
Tideabhängige Personenfähre.

SERVICEINFO

Nordseebad Spiekeroog GmbH
Kurverwaltung & Schifffahrt
Postfach 1160
26466 Spiekeroog
Tel.: 0 49 76 / 9 19 31 01
www.spiekeroog.de

▶ *Spiekerooger Wäldchen.*

▶ ESENS

6.900 Einwohner (S. 181, E4)

Das auf einer Geestinsel thronende Esens war im 13. Jh. noch mit dem Schiff erreichbar. Mittelpunkt ist die Altstadt mit liebevoll gepflegten Häusern, die zum Teil unter Denkmalschutz stehen. Die Fußgängerzone erstreckt sich nahezu durch die gesamte Innenstadt. Die **St.-Magnus-Kirche** ist das größte Gebäude in Esens und gleichzeitig der größte Sakralbau Ostfrieslands. In der Hallenkirche im neugotischen Stil von 1848-54 befinden sich wertvolle Kunstwerke der Vorgängerbauten wie die geschnitzte Kanzel und der Altar aus dem 18. Jh. Das angegliederte **Turmmuseum** dokumentiert auf 5 Etagen die wechselvolle Baugeschichte der Kirche und gibt einen spannenden Einblick in die Bestattungsrituale der Region (Kirchplatz 5-7, Tel.: 0 49 71 / 91 97 12, www.kirche-esens.de, April – Sep. Di und Do 15 – 17 Uhr, So 11 – 12 Uhr, Eintritt frei).
Ein Blick lohnt sich in das Rathaus, das in einem auffälligen klassizistischen Bau von 1610-15 untergebracht ist. Im Ahnensaal hängen historische Gemälde und beeindruckende Tapisserien aus dem 18. Jh. (Marktplatz, Tel.: 0 49 71 / 49 66, April – Okt. Do 15 Uhr, Führung mit St. Magnus-Kirche).
Um das Gold der Küste dreht sich alles im **Bernsteinmuseum**. Die Ausstellung präsentiert ausgefallene Schmuckstücke, Unikate

und Insektensteine und erklärt die Entstehungsgeschichte des Steins. Ein Kurs im Bernsteinschleifen gibt Tipps zum Bearbeiten der eigenen Fundstücke (Herdestraße 10, Tel.: 0 49 71 / 22 78, www.bernstein-huus.de, März – Okt. Mo bis Fr 9.30 – 13 Uhr und 15 – 18 Uhr, während der Saison durchgehend, Sa 10 – 12.30 Uhr, während der Saison bis 13 Uhr, 3,50 €, Kinder bis 14 Jahren 2,50 €).
Nicht alltäglich ist der Anblick der 3-D-Bilder und Hologramme im **Holarium**. Das einzigartige Museum führt in die Geschichte der Holografie ein und bietet auch Objekte zum Kauf an (Kirchplatz, Tel.: 0 44 89 / 51 98, www.holarium.de, April – Okt. tgl. 11 – 18 Uhr, 3,70 €, Kinder 2,50 €).
Einen nachhaltigen Einblick in das Leben jüdischer Einwohner in Ostfriesland vermittelt die Gedenkstätte im **August-Gottschalk-Haus**. Das vollständig erhaltene rituelle Tauchbad der jüdischen Gemeinde wurde bei Restaurierungsarbeiten entdeckt (Burgstraße 8, Tel.: 0 49 71 / 23 06, www.august-gottschalk-haus.de, April – Okt. Di, Do und So 15 – 18 Uhr, 2 €, Jugendliche ab 14 Jahren 1 €).
Direkt neben der **Peldemühle**, einem Galerieholländer von 1850, widmet sich das **Museum Leben am Meer** der wechselhaften Siedlungsgeschichte der Region und zeigt so unterschiedliche Exponate wie das im Watt gefundenen Frauenskelett, Delfter Fliesen oder die lautstark tickende Uhrmacherwerkstatt (Bensersieler Straße 1, Tel.: 0 49 71 / 52 32, www.leben-am-meer.de, Di bis So 10 – 17 Uhr, Mi 15 Uhr kostenlose Führung, 3,50 €, Jugendliche ab 14 Jahren 2,50 €).

ESSEN & TRINKEN

Café mit Antiquitäten

Stadt-Schkür
Markt 1 a
Tel.: 0 49 71 / 23 14
In der gemütlichen Teestube gibt es leckeren Kuchen zur ostfriesischen Teezeremonie und ganz viele Antiquitäten zum Schauen. Tgl. ab 11 Uhr, Nov. bis Feb. Sa und So geöffnet.

MIT KINDERN UNTERWEGS

Klabautermann Indoor-Spielpark
Sattlerstraße 5
Tel.: 0 49 71 / 92 75 71
www.klabautermann-spielpark.de
Zwischensaison Do und Fr 14 – 19 Uhr, Sa und So 10 – 19 Uhr, Sommerferien täglich 10 – 19 Uhr, 4,90 € inc. Heißgetränk, Kinder 3 – 16 Jahre 7,40 €.
Zu den Attraktionen auf der großzügigen Spielfläche zählen das Riesenklettergerüst, eine Free-Climbing-Anlage sowie Go-Karts.

SERVICEINFO

Kurverein Nordseeheilbad Esens-Bensersiel e.V.
Am Strand 8
26427 Esens-Bensersiel
Tel.: 0 49 71 / 91 70
www.bensersiel.de

▶ BENSERSIEL

500 Einwohner (S. 181, E3/4)

Weil Schiffe durch die zunehmende Verlandung den Esener Hafen nicht mehr anlaufen konnten, entstand im 17. Jh. Bensersiel. Schon seit 1859 setzen Fähren vom Hafen nach Langeoog über. Auffällig ist die Deichbrücke, deren modernes Design an eine Mischung aus Walskelett und Raketenabschussrampe erinnert.

Das kinder- und familienfreundliche Nordseeheilbad bietet für Badegäste sowohl einen Grünstrand als auch einen aufgeschütteten Sandstrand. Unabhängig von den Gezeiten ist Schwimmen im **Meerwasserfreibad** möglich. Im Strandportal ist der Eingang zum Indoor-Spielplatz Bennis Abenteuerland mit Sandwüste, Piratenschiff und Hängebrücke.

Mit einem Aquarium und präparierten Tieren versucht die Ausstellung im kleinen reetgedeckten **Wattenhuus** das Interesse für das Weltnaturerbe Wattenmeer zu wecken. Für Kinder gibt es spielerische Lernstationen wie ein Zugvogel-Memory (Wattenhuus, Seestraße 1, Tel.: 0 49 71 / 58 48, Di bis Fr 10 – 12 Uhr und 14 – 17 Uhr, Sa und So 14 – 17 Uhr, Eintritt frei mit Nordsee-ServiceCard).

SPORT & FREIZEIT

Nordseetherme Bensersiel
Schulstraße 4
Tel.: 0 49 71 / 91 72 20
Mo, Di und Fr 10 – 22 Uhr, Mi 10 – 21 Uhr, Do 11 – 21 Uhr, Sa und So 10 – 22 Uhr. Bad ab 7 €, Kinder 3 – 15 Jahre ab 3,50 €. Sauna inkl. Bad ab 10,50 €.

Badevergnügen pur versprechen das Hauptbecken mit einer Seeräuberinsel und Felsenrutsche, die neue Piratenwelt, die 100m-Superrutsche sowie ein Sole- und ein Sprudelbecken. Entspannen heißt es in der

▶ *Familienfreundlicher Sandstrand in Bensersiel.*

Saunawelt mit finnischer Sauna, Banja-Sauna, Aufguss-Sauna und Sanarium.

SERVICEINFO

Kurverein Nordseeheilbad Esens-Bensersiel e.V.
Am Strand 8, 26427 Esens-Bensersiel
Tel.: 0 49 71 / 91 70
www.bensersiel.de

▶ LANGEOOG

2.000 Einwohner (S. 181, D/E3)

Die autofreie Insel bezaubert mit einem 14 km langen natürlichen Sandstrand und einem breitem Dünengürtel. Im 19. Jh. begannen die ersten Badegäste das jetzige Nordseeheilbad zu entdecken. Der Besuch der maximal 2 km breiten Insel beginnt mit der Fahrt in der fröhlich bunten Inselbahn: Im Städtchen lohnt ein Blick in die **evangelische Kirche** mit einem surreal anmutenden Altarbild. Nur wenige Gehminuten entfernt ist das **Heimatmuseum „Seemannshus"**. In einem der letzten Insulanerhäuser präsentiert der Heimatverein Bilder und Alltagsgegenstände von früher (Caspar-Döring-Pad/Mittelstraße, Tel.: 0 49 72 / 91 22 77, Mi und Fr 15 – 17.30 Uhr, So 10 – 12 Uhr, 1 €, Kinder 0,50 €).
Schon von Weitem fällt der weiße **Wasserturm** von 1909 auf. Von der Aussichtsplattform des 18 m hohen Wahrzeichens der Insel bietet sich ein toller Rundblick. Im Kurviertel mit Einrichtungen wie dem Meerwasser-Erlebnisbad lohnt ein Besuch des liebevoll eingerichteten **Schiffahrtsmuseums mit Nordsee-Aquarium**. Neben Schiffen aus Knochen tummeln sich Buddelschiffe, verzierte Walknochen und Strandgut (Tel. 0 49 72 / 69 32 11, Mo bis Fr 10 – 12 Uhr und 15 – 17 Uhr, Mi und Sa 10 – 13 Uhr, 3 €, Kinder 1,50 €).

FÄHRVERBINDUNG VON BENSERSIEL

Schiffahrt Langeoog
Tel.: 0 49 72 / 69 32 60
www.schiffahrt-langeoog.de
Tideunabhängige Personenfähre.

SERVICEINFO

Kurverwaltung Langeoog
Hauptstraße 28
26465 Langeoog
Tel.: 0 49 72 / 69 30
www.langeoog.de

▶ DORNUM

1.100 Einwohner (S. 181, D4)

In dem reizenden kleinen Ort Dornum wird Geschichte lebendig. Die einstige „Herrlichkeit" Dornum war im Mittelalter Sitz der ostfriesischen Häuptlinge. Von den ursprünglich 3 Häuptlingsburgen wurden im 16. Jh. die Beningaburg und das Wasserschloss wieder aufgebaut. Empfehlenswert ist eine historische Gästeführung (Tel.: 0 49 33 / 9 11 10, www.dornumerland.de).

Historische Bauten in Dornum

Der historische Spaziergang durch Dornum beginnt mit der

▶ *Bockwindmühle in Dornum.*

St.-Bartholomäus-Kirche. Die trutzige Backsteinkirche entstand um 1270 im romanisch-gotischen Stil und beherbergt eine Häuptlingsgruft im Innern. Die von Gerhard von Holy gebaute Orgel ist eine der größten in Norddeutschland. Empfehlenswert sind die Nachtorgelkonzerte bei Kerzenschein (Kirchstraße 19, Tel.: 0 49 33 / 9 11 10, www.nachtorgel.de, Juni bis Aug. Fr 21 Uhr, ab 10 €).
Die mitten im Ort liegende **Beningaburg** wird als Hotel und Restaurant genutzt. Das barocke Wasserschloss, die **Norderburg**, dient heute als Realschule. Das Schloss ist stimmungsvoller Rahmen für diverse kulturelle Veranstaltungen wie die Dornumer Kunsttage, Openair-Konzerte und die Ritterspiele. Die letzte erhaltene **Synagoge** Ostfrieslands ist ein schlichtes Backsteingebäude von 1841. Die Gedenkstätte zeigt eine Dauerausstellung jüdischer Geschichte, Kultur und Religion. Sehr anschaulich wird das Leben und die Verfolgung einer jüdischen Familie in Dornum präsentiert (Kirchstraße 6, Tel.: 0 49 33 / 3 42, www.synagoge-dornum.de, Fr bis So 15 – 18 Uhr, Eintritt frei). Das Wahrzeichen Dornums ist die **Bockwindmühle** aus dem Jahr 1626. Im Gegensatz zu den Galerieholländern kann bei der Bockwindmühle der gesamte hölzerne Mühlenkasten in den Wind gedreht werden (www.bockwindmuehle-dornum.de).

▶ DORNUMERSIEL

410 Einwohner (S. 181, D3)

Zu den Highlights im Nordseebad Dornumersiel zählen unter anderem das Inhalationshaus und der SeeparkWest. Der 65.000 qm große Sandstrand bietet viel Platz zum Burgen bauen. Aktivurlauber schätzen das solarbeheizte Meerwasserfreibad sowie die Surf- und Kitezone und Drachenwiese (www.dornumerland.de). Das **Zwei-Siele-Museum** erinnert an die beiden ursprünglich nebeneinander liegenden Sielhäfen von Dornumersiel und Westeraccumersiel und deren Bedeutung für die Handelsschifffahrt und Fischerei (Ostfreesenstraat, Tel.: 0 49 33 / 9 18 10, www.zwei-siele-museum-dornumersiel.de, Juni Sa, Juli – Sep. Di, Do und Sa jeweils 16:30 – 17:30 Uhr, Eintritt frei). Besonders sehenswert für kleine Urlauber ist das **Nationalparkhaus** mit vielen interaktiven Stationen rund um den Lebensraum Wattenmeer (Ostfreesenstraat, Tel.: 0 49 33 / 15 65, www.nationalparkhaus-wattenmeer.de, April – Okt. Di bis Fr 9 – 17 Uhr, Sa So und Feiertage 13 – 17 Uhr, Eintritt frei).

SERVICEINFO

Tourismus GmbH Gemeinde Dornum
Hafenstr. 3
26553 Dornum
Tel.: 0 49 33 / 9 11 10
www.dornumerland.de

▶ NESSMERSIEL

340 Einwohner (S. 180, C4)

Von dem kleinen Küstenbadeort laufen regelmäßig Fähren nach Baltrum aus. Außerdem fahren Ausflugschiffe zu den Seehundbänken. Der kleine gemütliche Sandstrand ist einer der beliebtesten Ausgangspunkte für tolle **Wattwanderungen** ins UNESCO-Weltnaturerbe Wattenmeer und zu den benachbarten Ostfriesischen Inseln. Der Hundestrand und der Fun-Agility-Park bieten beste Voraussetzungen für einen Urlaub mit Hund.

7

MIT KINDERN UNTERWEGS

Indoor-Spielpark „Sturmfrei"
Störtebekerstr. 18
Tel.: 0 49 33 / 87 99 80
www.sturmfrei-nessmersiel.de
Jan. – März Do und Fr 14 – 18 Uhr, Sa und So 11 – 18 Uhr, April – Okt. Di bis So 10 – 18 Uhr, in den Ferien auch Mo geöffnet, Erw. 3 €, Kinder 5 €. Inhaber der Nordsee-Service-Card Dornum (Kurkarte) haben freien Eintritt. Kinder von 3 bis 15 Jahren lieben das abwechslungsreiche Angebot wie Kletterburgen, Kletterwand, Minibowlingbahn oder Erlebniskino.

SERVICEINFO

Siehe Tourismus GmbH Gemeinde Dornum

▶ BALTRUM

500 Einwohner (S. 180, C3)

Das Dornröschen der Nordsee ist flächenmäßig die kleinste der Ostfriesischen Inseln. Der Badebetrieb begann Ende des 19. Jh. und ein bisschen fühlt man sich bei der Ankunft auf der autofreien Insel wie ein Gast der ersten Stunde. Mit der Kofferkarre, der Wippe, geht es durch die namenlosen Straßen mit den nummerierten Häusern. Baltrum ist die perfekte Kinder- und Familieninsel: Es fahren keine Autos. Verlaufen kann man sich nur schwer und an jeder Ecke wartet ein neues Abenteuer. Der weitläufige Sandstrand lädt zum Schwimmen, Plantschen und Spielen ein und wenn das Wetter mal ungemütlich ist, geht es ins Kinderspielhaus (März – Okt. u. Weihnachtsferien Mo – Fr (auch feiertags) 10 – 12 Uhr und 15 – 18 Uhr. Sa, So bei „Schietwetter" 15 – 18 Uhr). Zu einem Aufenthalt gehören unbedingt der Besuch des **Museums „Alte Zollhaus"** und einer Aufführung der ambitionierten **Inselbühne**

Baltrum im Haus des Gastes (Mi 20:30 Uhr). Der Weg vom Hafen führt direkt zum **Nationalpark-Haus Baltrum**, das sich besonders dem Thema Gezeiten widmet. Zu sehen gibt es außerdem 2 Aquarien mit Krebsen, Fischen und Seesternen. Empfehlenswert ist ein Spaziergang auf dem Gezeitenpfad (Haus Nr. 177, Tel.: 0 49 39 / 4 69, www.nationalparkhaus-wattenmeer.de, Ende März – Okt. Di bis Fr 9 – 18 Uhr, Sa, So und Feiertage 10 – 12 Uhr und 15 – 18 Uhr).

FÄHRVERBINDUNG VON NESSMERSIEL

Reederei Baltrum-Linie GmbH&Co. KG
Tel.: 0 49 33 / 99 16 06
www.baltrum-linie.de
Tideabhängige Personfähre.

SERVICEINFO

Kurverwaltung Nordseebad Baltrum
Westdorf 130, 26574 Baltrum
Tel.: 0 49 39 / 8 00, www.baltrum.de

▶ NORDEN UND NORDDEICH

25.000 Einwohner (S. 180, B4/5)

Die älteste Stadt Ostfrieslands beeindruckt mit historischen Bauten und einem lebhaften Hafen im 5 km entfernten Norddeich. Vom Hafen in Norddeich setzen Fähren zu den Inseln Juist und Norderney über. Wer die Deichpromenade entlangschlendert, gelangt zum Sandstrand mit Grünanlagen und einem tideunabhängigen Freibad.

Marktplatz

Nachdem mehrere schwere Sturmfluten die Leybucht vergrößerten, besaß Norden ab dem 15. Jh. Zugang zum Meer. An die wirtschaftlich erfolgreichen Zeiten als Hafenstadt erinnern die imposanten Bürgerbauten rund um den Marktplatz. Besonders auffällig sind neben dem neuen klassizistischen Rathaus die **„Dree Süsters“** (Drei Schwestern), drei Renaissance-Bürgerhäuser mit

▶ *Reger Schiffsverkehr.*

ähnlich geschwungenen Giebeln aus dem 17. Jh. In unmittelbarer Nähe zum Marktplatz befindet sich eines der schönsten Bürgerhäuser Nordens, das **Schöningh'sche Haus** (Osterstraße 5) von 1576.
Die Blicke auf dem Marktplatz zieht die größte und bedeutendste mittelalterliche Kirche Ostfrieslands auf sich. Die **Ludgerikirche** besteht aus einem romanischen Langhaus um 1250, einem gotischen Querschiff aus dem 14. Jh. und einem gotischen Chor aus dem 15. Jh. Von der aufwendigen Innenausstattung ist neben Fresken und Schnitzereien besonders die Arp-Schnitger-Orgel erwähnenswert. In den Sommermonaten erklingt jeden Mittwoch um 20 Uhr dieses großartige Instrument.
Das alte Rathaus ist ein Renaissancebau von 1539 und beherbergt das **Heimatmuseum**. Neben anschaulichen Ausstellungen zu Handwerkskunst wie Zinngießen befindet sich im Untergeschoß die Theelkammer. In diesem Versammlungsraum traf sich die Genossenschaft der Eidbauern. Ebenfalls im Rathaus informiert das **Ostfriesische Teemuseum** über Anbau und Verarbeitung der Teepflanze und präsentiert Teegeschirr, zum Teil aus gesunkenen Schiffen. Anschließend kann man die original ostfriesische Teezeremonie genießen. Ein weiteres **Teemuseum** direkt neben dem Rathaus widmet sich beispielhaft der internationalen Kulturgeschichte des Tees und zeigt Teeporzellane aus aller Welt.

MUSEEN

Heimatmuseum mit Ostfriesischem Teemuseum
Am Markt 36
Tel.: 0 49 31 / 1 21 00
www.teemuseum.de
März – April Di bis So 11 – 16 Uhr, Mai bis Okt. 10 – 17 Uhr, Juli – Aug. auch Mo, Nov. – Feb. Mi und Sa 10 – 16 Uhr, 4 €, Kinder 6 – 16 Jahre 1,50 €.

Teemuseum
Am Markt 33
Tel.: 0 49 31 / 1 38 00
www.teemuseum-norden.de
April – Okt. tgl. 12 – 18 Uhr, 3,50 €, Kinder bis 16 Jahre 1 €.

Automobil- und Spielzeugmuseum
Ostermarscher Straße 29
Tel.: 0 49 31 / 9 18 79 11
www.automuseum-nordsee.de
April – Okt. tgl. 11 – 18 Uhr, Nov. – März Sa, So und Feiertage 11 – 18 Uhr, 5,50 €, Familienkarte 12,50 €.

Eisenbahnmuseum im Lokschuppen
Am Bahndamm 4
Tel.: 0 49 31 / 16 90 30
Juli – Sept. So 12 – 16.30 Uhr und nach Vereinbarung, 1,50 €, Kinder 0,50 €.

Informationen über alle Museen in Norden unter
www.blickpunkte-norden-norddeich.de

Museen

Norden ist ein Eldorado für Liebhaber kleiner privater Museen. Das **Automobil- und Spielzeugmuseum** stellt über 150 Autos und Motorräder aus. Ein Muss für Oldtimer-

fans. Im und am Lokschuppen des Bahnhofs präsentiert das **Eisenbahnmuseum** ebenfalls historische Fahrzeuge sowie Gleisbaugeräte und das wieder aufgebaute Stellwerk Norden-Mitte. Im Sommer finden Fahrten mit der **Museumseisenbahn Küstenbahn Ostfriesland** in alten Waggons auf der stillgelegten Bahnstrecke von Norden nach Dornum statt (www.mkoev.de).
Niedlich anzuschauen sind die knopfäugigen kleinen Heuler, die in der **Seehundstation Nationalpark-Haus** (Dörper Weg 24) liebevoll versorgt werden. Jedes Jahr päppeln ehrenamtliche Mitarbeiter während der Sommermonate rund 30 bis 80 verwaiste Seehundebabys auf. Im Herbst werden sie wieder in den Schutzgebieten der Nordsee ausgesetzt. Sehenswert ist die Fütterung der Tiere. Zur Seehundstation gehört das **Waloseum** (Osterlooger Weg 3). Nicht nur Kinder staunen über das 15 m lange Pottwal-Skelett, sondern auch Erwachsene informieren sich an interaktiven Stationen über die Riesen der Meere (Tel.: 0 49 31 / 8 99, www.seehundstation-norddeich.de, Seehundstation tgl. 10 – 17 Uhr, Fütterung 11 und 15 Uhr, Waloseum April – Okt. tgl. 10 – 17 Uhr, Nov. – März am Wochenende, Kombikarte 9 €, Kinder 4 – 18 J. 5 €).

SPORT & FREIZEIT

Erlebnisbad Ocean Wave
Dörper Weg 23
Tel.: 0 49 31 / 98 63 00
www.ocean-wave.de
Mo bis Fr 10 – 22 Uhr, Sa bis So 10 – 21 Uhr, 7,50 €, Kinder bis 1 m 1 €, Kinder bis 17 Jahre 5,50 €.
Spritzigen Badespaß garantieren das Wellenbad mit halbstündlichem Wellenbetrieb, ein Erlebnisbecken mit Wasserfall und Strömungsbecken sowie ein kleines Außenbecken. Zur Saunalandschaft gehören Aroma- & Klimasaunen sowie ein Saunagarten.

Golfclub Schloss Lütetsburg
Landstraße 36, 26524 Lütetsburg
Tel.: 0 49 31 / 9 30 04 31
www.golfclub-luetetsburg.de
Die beiden 9-Loch-Golfplätze bieten viele Variationsmöglichkeiten von entspanntem Spiel bis zum sportlichen Wettkampf. Die poetisch-verträumten, weitläufigen Parkanlagen des Lütetsburger Wasserschlosses sind ganzjährig für Spaziergänger offen.

MIT KINDERN UNTERWEGS

Wellenpark Norddeich
Dörper Weg 21
Direkt bei der Kurverwaltung in Norddeich ist eine Freizeitanlage zum Thema „Wasser“ für die ganze Familie. Kinder toben gerne über den Abenteuerspielplatz mit Wasserrinnen und –mühlen, experimentieren mit Fontänen oder Strudeln oder ziehen sich mit der Fähre übers Wasser. Ganzjährig, Eintritt Frei.

Erlebnispark Norddeich
Dörper Weg 25

Tel.: 0 49 31 / 91 76 83
www.abenteuer-golfpark.de
Mitte Dez. – April Do bis So ab 10.30 Uhr, März – Nov. ab 10 Uhr, Minigolf 5 €, Kinder 5 – 16 Jahre 3,50 €, Irrgarten 3 €, Kinder 5 – 16 Jahre 2,50 €, Märchenschiff 5 €.
Die Attraktionen des kleinen Erlebnisparks sind eine Abenteuer-Minigolfanlage und ein 1000 m langes Heckenlabyrinth. Im Märchenschiff lauschen kleine Kinder dem Märchenerzähler.

ABENDGESTALTUNG

Metas Musikschuppen
Deichstr. 10, Tel.: 0 49 31 / 85 69
www.metas-musikschuppen.de
Live-Bands hören und bis zum Morgengrauen tanzen heißt es seit über 60 Jahren in der Kultdisco. Fr bis Sa ab 21 Uhr, in den Ferien täglich.

SERVICEINFOS

Tourist-Information Norden
Am Markt, 26501 Norden
Tel.: 0 49 31 / 98 62 01
www.norden.de

Tourist-Information Norddeich
Dörper Weg 22, 26506 Norddeich
Tel.: 0 49 31 / 98 62 00
www.norddeich.de

▶ NORDERNEY

6.000 Einwohner (S. 180, B/C3)

Trotz städtischem Charakter und Autoverkehr ist das mondäne Norderney die meistbesuchte Ostfriesische Insel. Fast im Stundentakt legen die Fähren von Norddeich am ältesten deutschen Nordseebad von 1797 an. An Norderneys Glanzzeit erinnern zahlreiche klassizistische Prachtbauten, die schon adelige Gäste, Staatsoberhäupter und

▶ *Abendstimmung am Weststrand von Norderney.*

Prominente beherbergten. König Georg V., Kaiser Wilhelm II., und Heinrich Heine urlaubten auf der Insel, die neben kulturellen Angeboten mit dem 15 km langen feinen Sandstrand im Norden und den unberührten Naturlandschaften im Osten auftrumpft.

Direkt am Hafen informiert das **Nationalparkhaus Norderney** über die heimische Tier- und Pflanzenwelt der Düneninsel. Beliebt bei Jung und Alt ist Hummer Waldemar im Aquarium (Am Hafen 1, Tel.: 0 49 32 / 20 01, www.nationalparkhaus-norderney.de, April – Okt. Mo bis Fr 9 – 18 Uhr, Sa und So 13 – 18 Uhr, Nov. – März Di bis Fr 10 – 17 Uhr, Sa und So 13 – 17 Uhr, 2 €, Kinder von 4 – 18 Jahren 1 €).

Die weiß getünchten Gründerzeithäuser des eleganten Kurviertels der Stadt Norderney versetzen den Besucher in die Zeit des 19.Jh. zurück. Das im früheren Stil wieder hergerichtet **Conversationshaus** beherbergt neben Touristinformation auch Lesesaal und Spielbank. Nostalgischen Charme versprüht der Innenraum des **Kurtheaters** von 1894, zentraler Veranstaltungsort für Aufführungen und Konzerte. Der beste Ort zum glamourösen Bummeln, Shoppen, Sehen und Gesehen werden ist die Fußgängerzone rund um die Poststraße.

Im Süden der Stadt liegt in dem Argonner Wäldchen das **Alte Fischerhaus-Museum**. Hier wird die Geschichte Norderneys vom Fischerdorf zum Staatsbad erzählt. Empfehlenswert sind die Führungen (Weststrandstraße 1, Tel.: 0 49 32 / 92 78 94, www.heimatverein-norderney.de, Ende April – Okt. Mo und Mi 15 – 17 Uhr, Führung Di und Do 11 Uhr, 3 €, Kinder 1 €). Eine amüsante Zeitreise in die Badetradition des Nordseebades präsentiert die Ausstellung im **Bademuseum** (Am Weststrand 11, Tel.: 0 49 32 / 93 54 22, www.museum-norderney.de, Di bis So 11 – 16 Uhr, 4 €, Kinder von 8 – 18 Jahren 2 €).

Die Wanderung über den kilometerlangen Nordstrand zur Ostspitze der Insel ist Kult, liegt hier doch das Wrack eines Muschelbaggers, der bei der Rettung eines Schiffes selber strandete. Mit etwas Glück kann man Seehunde entdecken.

FÄHRVERBINDUNG VON NORDDEICH

AG Reederei Norden-Frisia
Tel.: 0 49 31 / 98 70
www.reederei-frisia.de
Tideunabhängige Auto- und Personenfähre.

SERVICEINFO

Tourist-Info im Conversationshaus
Am Kurplatz 1, 26548 Norderney
Tel.: 0 49 32 / 89 19 00
www.norderney.de

▶ JUIST

1.800 Einwohner (S. 180, A3)

Juist trägt den Beinahmen Töwerland, Zauberinsel. Hauptattraktionen der autofreien Insel sind neben dem traumhaften Strand die wunder-

schönen Naturlandschaften und Naturschutzgebiete. Die knapp 2000 Jahre alte Sandinsel wurde im 17. Jh. zweigeteilt, wuchs im Laufe der Jahrhunderte aber wieder zusammen. Obwohl 17 km lang, weist sie nur eine Breite von 500 bis 1000 m auf. Seit 1840 ist Juist ein Seebad. Vom Hafen mit dem neuen Wahrzeichen, der Juister Seebrücke, sind es nur wenige Gehminuten in den Hauptort Juist mit kleinen Geschäften, Cafés und Restaurants. Am Ortseingang lohnt ein Besuch im **Nationalpark-Haus Juist**. Im alten Bahnhof informiert eine interaktive Ausstellung anschaulich über das Wattenmeer und die Dünenlandschaft der Insel mit seinen ausgedehnten Naturschutzgebieten. Kinder bestaunen die Aquarien sowie das Skelett eines Zwergwals. Besonders beliebt sind die Ausflugsfahrten zur Vogelinsel Memmert (Carl-Stegmann-Str. 5, Tel.: 0 49 35 / 15 95, www.nationalparkhaus-juist.de, Mo geschlossen).
Die Strandpromenade führt oberhalb des feinen Sandstrandes durch die 20 m hohen Dünen. Auf der höchsten steht der **Wasserturm**, ein Backsteinturm von 1927/28. Er ist nicht für Besucher geöffnet. Wie ein weißes Schloss am Meer erhebt sich das Strandhotel Kurhaus Juist. In dem ehemaligen **alten Kurhaus** von 1897/98 mit der bläulich schimmernden Kuppel verweilte schon König Friedrich August III. von Sachsen mit Gefolge.
Im beschaulichen Loog zeigt das sehenswerte **Küstenmuseum** in 11 Räumen die Geschichte der Insel von den Anfängen bis zum Seebad und veranschaulicht Themen wie Naturschutz, Deichbau und Seerettungswesen (Loogster Pfad 21, Tel.: 0 49 35 / 14 88, www.kuestenmuseum-juist.de, Di bis Fr 9.30 – 13 Uhr und 14.30 – 17 Uhr, Sa 9.30 – 13 Uhr, So 14.30 – 17 Uhr, Nov. – März Di und Sa 14.30 – 17 Uhr, 2,50 €, Kinder 1,50 €).

FÄHRVERBINDUNG VON NORDDEICH

AG Reederei Norden-Frisia
Tel.: 0 49 31 / 98 70
www.reederei-frisia.de
Tideabhängige Personenfähre.

SERVICEINFO

Kurverwaltung
Strandstr. 5, 26571 Juist
Tel.: 0 49 35 / 80 90, www.juist.de

▶ STÖRTEBEKERLAND

Fernab vom überlaufenen Touristentrubel, zwischen dem Herzen Ostfrieslands und der Nordseeküste, liegt das idyllische Störtebekerland - direkt am Weltnaturerbe Wattenmeer. Ihren Namen verdankt die Region dem Piraten Klaus Störtebeker. Die Feriengemeinde Großheide, der Luftkurort Hage und der Erholungsort Marienhafe bieten zusammen neben kultureller Vielfalt ein ausgewogenes Gesundheits- und Freizeitangebot und einen wunderbaren Natur-Urlaub auf typisch ostfriesische Art.

SERVICEINFO

Zimmervermittlung Störtebekerland
Großheide – Hage – Marienhafe
Tel.: 0 49 31 / 9 38 37 30
www.stoertebekerland.de

▶ BORKUM

5.100 Einwohner

Ein gesundes, pollenarmes Hochseeklima zeichnet die größte und westlichste der Ostfriesischen Inseln

IM STÖRTEBEKERLAND – SCHLOSSPARK LÜTETSBURG - MEHR ALS NATUR

Mit seinen über 150 Baum- und Straucharten sowie einzigartigen Bauwerken und Staffagen erwartet der größte private Englische Landschaftsgarten Norddeutschlands seine Besucher. Inmitten der ostfriesischen Landschaft, hinter steinernen Mauern verbirgt sich ein Kleinod europäischer Landschaftsgartenkunst: Der 30 Hektar große, liebevoll gepflegte Schlosspark Lütetsburg.

Auf prächtigen Alleen und verschlungenen Pfaden entführt der Schlosspark seine Besucher in die Vielfalt der Natur: Hinein in ein faszinierendes Blütenmeer aus Rhododendren und Azaleen. Und auch außerhalb der Blütezeit (Mai und Juni) zieht er seine Besucher mit seinem jahreszeitlichen Charme in den Bann.

Doch nicht nur Naturliebhabern eröffnet der Schlosspark wahre Juwelen: Versteckte historische Schätze wollen entdeckt werden und laden ein zu einer Reise in die Entstehungsgeschichte des Englischen Landschaftsgartens. Die gefühlvoll integrierten historischen Bauwerke, Staffagen und mit Inschriften verzierten Parkbänke gewähren authentische Einblicke in die ostfriesische Familiengeschichte der Schlossbesitzer – eine spannende Schatzsuche für Historikinteressierte.

Weitere Information:
www.schlosspark-luetetsburg.de

▶ *Schlosspark Lütetsburg.*

aus. 1834 besuchten die ersten Badegäste das Nordseebad.
Nach einer fast zweistündigen Schiffsfahrt lohnt ein erster Gang zum **Feuerschiff Borkumriff**, das als eines der letzten deutschen Leuchtfeuer auf offener See 1988 seinen Dienst einstellte. Das Museumsschiff beherbergt das Informationszentrum des Nationalparks Wattenmeer und ein originelles Standesamt (Am Neuen Hafen 9, Tel.: 0 49 22 / 20 30, www.feuerschiff-borkumriff.de, Ende März – Okt. Di bis So 9.45 – 17.15 Uhr, Nov. – Ende März Di, Do und Sa 10.45 – 16.15 Uhr, 3 €, Kinder von 6 – 17 Jahren 2 €).
Vom Hafen aus zuckelt die älteste Inselbahn Deutschlands seit 1888 durch die Salzwiesen zum Bahnhof. Shoppen und Bummeln heißt es im Kurviertel mit dem reizvollen Musikpavillon und der Kurhalle am Meer sowie in der Einkaufsstraße Bismarckstraße mit zahlreiche Geschäften, Restaurants und Cafés. Es lohnt sich, die 315 Stufen des nicht ganz so **Neuen Leuchtturms** von 1879 zu erklimmen und den grandiosen Blick über den 26 km langen Sandstrand zu genießen.
Ebenfalls sehenswert ist das östlich gelegene idyllische Altdorf. Vorbei am Pfarrhaus mit dem Zaun aus alten Walkieferknochen erreicht man den **Alten Leuchtturm** von 1576. Nur wenige Schritte vom Leuchtturm steht das **Heimatmuseum Dykhus**, an den aufragenden Walkinnladen gut zu erkennen. Sie erinnern an die große Zeit des Walfangs im 18. Jh. Beeindruckend ist das Skelett eines 15 m langen Pottwals, der in den 1990er Jahren vor Borkum strandete (Roelof-Gerritz-Meyer-Straße, Tel.: 0 49 22 / 48 60, www.heimatverein-borkum.de, Nov – Ende März Di, Fr und Sa 14 – 17 Uhr, Mo 15 Uhr öffentl. Führung, Ende März – Okt. Di bis So 10 – 17 Uhr, 3 €, Kinder von 6 – 17 Jahren 1,50 €).

FÄHRVERBINDUNG VON EMDEN

Aktien-Gesellschaft „EMS"
Tel.: 0 18 05 / 18 01 82,
www.ag-ems.de
Tideunabhängige Auto- und Personenfähre.

SERVICEINFO

Kur- und Touristikservice Borkum
Goethestraße 1, 26757 Borkum
Tel.: 0 49 22 / 9 33-0
www.borkum.de

▶ *Historischer Badekarren auf Borkum.*

Ostfrieslands Westen und Emsmündung

Hafenromantik & moderner Schiffbau

Die Region Krummhörn-Greetsiel steht für die sprichwörtliche ostfriesische Idylle mit grünen Wiesen bis zum Horizont, verträumten Kutterhäfen und imposanten Leuchttürmen. Aber die Region überzeugt auch mit Kunst, Kultur und Sehenswürdigkeiten wie der hochmodernen Meyer Werft in Papenburg.

▶ KRUMMHÖRN

13.000 Einwohner (S. 186, A1)

Zu der zwischen Leybucht und Dollart liegenden Gemeinde Krummhörn gehören das Fischerdorf Greetsiel sowie 18 Warfendörfer. Vor den ersten Deichbaumaßnahmen lagen viele Dörfer direkt am Meer. Als Schutz vor Sturmfluten dienten aufgeworfene Erdhügel, die Warfen. Ein umfangreiches Kanalnetz verbindet fast alle Dörfer miteinander und bietet Wassersportlern, Anglern und Naturliebhabern viele Freizeit- und Erholungsmöglichkeiten.

Vom 14. bis 16. Jh. regierten Häuptlinge die freiheitsliebenden Friesen. Die reichsten Bauernfamilien stellten die jeweiligen Oberhäupter, die zum Zeichen ihrer Macht eine Häuptlingsburg aus Stein bauten. Zu den berühmtesten Häuptlingsfamilien gehörten die Cirksena in Greetsiel und die Manninga in Pewsum. Sehenswert ist die kleine **Manningaburg** in Pewsum, eine Wasserburg aus dem 15. Jh. Das Burgmuseum informiert über die Zeit der Häuptlingsfamilien (Burgstraße 1, 26736 Pewsum, Tel.: 0 49 23 / 74 32, www.manninga-burg.de, Mai – Okt. Di und Do 10 – 12:30 Uhr und 15 – 17 Uhr, Sa und So 15 – 17 Uhr, 1,50 €, Kinder 0,75 €).

SERVICEINFO

Touristik-GmbH Krummhörn-Greetsiel
Zur Hauener Hooge 11
26736 Greetsiel
Tel.: 0 49 26 / 9 18 80
www.greetsiel.de

▶ GREETSIEL

1.500 Einwohner (S. 186, A1)

Die Häuptlingsfamilie Cirksena gründete das quirlige Fischer- und Künstlerdorf Greetsiel und erkor den Ort für fast 300 Jahre zum Stammsitz. Mit seinen restaurierten Giebelhäusern aus dem 17. und 18. Jh., den verwinkelten Klinkergassen und dem idyllischen Krabbenkutterhafen verzaubert das malerische Fischerdorf seine zahlreichen Besucher. Nicht von ungefähr ist die Puppenstube Krummhörns ein beliebter Drehort für Film- und Fernsehproduktionen wie z. B. der Tatort-Produktion mit Maria Furtwängler. Kunstliebhaber erfreuen sich an Kunst, Antiquitäten und Trödel in Galerien, Läden und Teestuben.

Hafen

9

Durch den Bau des Sperrwerks Leysiel 1991 ist der über 650 Jahre alte Hafen in Greetsiel unabhängig von den Gezeiten. Bis zu acht Kutter können gleichzeitig geschleust werden. Die größte Kutterflotte Ostfrieslands mit rund 25 Schiffen bringt täglich fangfrischen Granat und Plattfische wie Schollen, Scharben oder Seezungen an Land. Das Hafenbecken und die Sielstraße ist einer der romantischsten Orte in Ostfriesland. Hier stehen die ältesten Bürgerhäuser, zum Teil aus dem 18. Jh. Die nach niederländischem Vorbild glockenförmigen Giebel enthalten farbenfrohe Inschriften mit den Wappen der einstigen Besitzer sowie das Baujahr des Hauses.

Sehenswürdigkeiten

Wahrzeichen von Greetsiel sind die imposanten **Zwillingsmühlen** am östlichen Ortsausgang. Die westliche grüne Mühle aus dem Jahr 1856 beherbergt zurzeit eine Teestube mit Kunstgalerie, die weitere Nutzung des Gebäudes steht noch nicht fest (www.greetsieler-zwillingsmuehlen.de). Im Mühlenladen der 1921 erbauten, noch intakten roten Mühle gibt es frisch gemahlenes Mehl, Brote sowie Obst, Gemüse und Wein aus biologischem Anbau (Laden: Mo, Mi, Fr, 7.30 – 17 Uhr, Sa 7.30 – 13 Uhr. Mühlenführungen: Mi und Sa 14 Uhr, in der Ferienzeit Do 11 Uhr, Dauer ca. 1 Std., Tel.: 0 49 26 / 92 65 30). In Schoof's Mühlencafé im ehemaligen Kornspeicher entspannen Besucher bei ostfriesischem Tee und leckerem frischen Kuchen (Tel.: 0 49 26 / 21 54, www.zwillingsmuehlen.de, April bis Okt. 11 – 18:30 Uhr, Nov. – März Sa und So 13 – 18 Uhr).
Wer den Schmuckstein aus fossilem Harz liebt, findet im **Bernsteinmuseum** gegenüber der Tourist-Info eine umfangreiche Bernsteinausstellung.

SCHLICKSCHLITTENRENNEN-„WÄLTMEISTERSCHAFTEN"

Jedes Jahr im Sommer findet dieses matschige Vergnügen statt. Bei der Benefiz-Veranstaltung treten Mannschaften in drei Disziplinen gegeneinander an. Die Wettkämpfer düsen auf Holzschlitten durch das feuchte Watt und bedecken sich mit Ruhm und viel Schlick. Beim „Karneval im Watt" erhält das schönste Kostüm einen Extrapreis.

Mit Verkauf (ganzjährig Mo – Do 10 – 18 Uhr, Dez. – Jan. Mo – Do 11 – 16 Uhr, Eintritt frei).

„Buten und Binnen" (draußen und drinnen) lautet das Motto des in einem historischen Gulfhof untergebrachten **Nationalparkhauses Greetsiel**. Eine neu konzipierte Dauerausstellung veranschaulicht den Lebensraum Wattenmeer mit seiner Flora und Fauna, widmet sich aber auch Themen wie Deichbau und Fischerei. Viele Angebote richten sich an Kinder und laden zum Staunen, Entdecken und Erforschen ein (Schatthauser Weg 6, Tel.: 0 49 26 / 20 41, www.nationalparkhaus-greetsiel.info, Öffnungszeiten: 16.03. bis 3.11. Mo – Fr 10 – 18 Uhr, Sa – So und Feiertage 11 – 17.30 Uhr, 05.11. bis Beginn Osterferien Di – So 11 – 16.30 Uhr, 24.12. – 26.12. und 31.12. – 01.01. geschlossen. Eintritt frei).

ESSEN &TRINKEN

Mit Auszeichnung

Witthus

Kattrepel 7–9

Tel.: 0 49 26 / 9 20 00

www.witthus.de

In Hafennähe liegt das weit über die Region hinaus bekannte Hotel Witthus. In dem mehrfach ausgezeichneten Restaurant sind die hervorragenden Fisch- und Fleischgerichte empfehlenswert. Tgl. geöffnet, Nov. bis März Mo Ruhetag.

Idyllische Lage

Poppinga`s Alte Bäckerei

Sielstraße 21

Tel.: 0 49 26 / 13 93

www.poppingas-alte-backerei-greetsiel.de

In der Saison tgl. von 11 bis 19 Uhr geöffnet.

Das Bäckerei-Museum mit Teestube befindet sich in einem liebevoll restaurierten Gebäude direkt am Hafen. Einige Teile der Einrichtung wie die Alkoven sind im ursprünglichen Zustand erhalten. Im Teeladen gibt es diverse Teesorten und ostfriesische Spezialitäten.

SPORT & FREIZEIT

Oase Greetsiel

Zur Hauener Hooge 11

Tel.: 0 49 26 / 91 88 30

www.greetsiel.de

Tarife und Öffnungszeiten je nach Aktivität.

Entspannen kann man in dem 30 °C warmen Schwimmbecken mit Sprudelliegen und Schwalldusche sowie in der Saunalandschaft. Kinder toben im Planschbecken und in dem Kinderspielbereich.

SERVICEINFO
Touristik-GmbH Krummhörn-Greetsiel
Zur Hauener Hooge 11
26736 Greetsiel
Tel.: 0 49 26 / 9 18 80
www.greetsiel.de

▶ PILSUM

600 Einwohner (S. 186, A1)

Verwinkelte Gassen mit liebevoll renovierten Backsteinhäusern und Gulfhöfen bestimmen das Ortsbild des reizvollen, verträumten Dörfchens Pilsum. Die **St.-Stephanuskirche** aus Backstein mit dem mächtigen, leicht schiefen Vierungsturm stammt aus dem 13. Jh. Kunsthistorisch bedeutend ist die Orgel von Valentin Ulrich Grotian von 1694. Eine kleine Berühmtheit aus Film, Fernsehen und Werbung ist der 1888 bis 1890 gebaute **Pilsumer Leuchtturm**. Obwohl nur knapp 11 m hoch, ist der leuchtend gelb-rote Turm auf der Deichkrone schon von Weitem zu sehen. In der einstigen Kulisse des Films „Otto – Der Außerfriesische" geben sich im Jahr rund 200 Paare das Ja-Wort (Besichtigungen meistens So möglich. Eintritt frei, gebührenpflichtiger Parkplatz, www.pilsumer-leucht turm.de).

SERVICEINFO
Siehe Touristik-GmbH Krummhörn-Greetsiel

▶ CAMPEN

530 Einwohner (S. 186, A2)

Der Eifelturm der Nordsee steht an der Emsmündung nahe Campen. Die dreibeinige Stahlkonstruktion aus dem Jahr 1892 lässt zwar jede Romantik vermissen, dafür bietet der höchste **Leuchtturm** Deutschlands eine grandiose Aussicht über

▶ *Fernsehstar Pilsumer Leuchtturm.*

die Krummhörner Küste bis zur Insel Borkum. 308 Stufen führen zur Aussichtsplattform des noch immer aktiven Leuchtfeuers (www.leuchtturm-campen.de, Tel.: 0 49 23 / 91 61 50, März – Okt. nachmittags geöffnet, mittwochs zeitweise Ruhetag, bei schlechter Sicht geschlossen, 3,50 €, Kinder 2,50 €, Kinder können während der Öffnungszeiten ein Leuchtturmdiplom ablegen).
Zwei imposante Gulfhäuser am Dorfrand von Campen sind die Heimat des **Ostfriesischen Landwirtschaftmuseums** mit Gerätschaften und Fahrzeugen von 1850 bis 1950. Im Museumsladen begeistern nostalgische Mitbringsel wie Emaille- oder Porzellangeschirr sowie altes Kinderspielzeug (Krummhörner Landstraße, Tel.: 0 49 27 / 93 95 23, www.olmc.de, Osterferien und Mai – Okt. Di bis Fr und Feiertage 10 – 17 Uhr, Sa und So 11 – 13 Uhr, 3 €, Kinder ab 6 Jahren 1,50 €). In Rysum steht die älteste bespielbare Orgel, die auf jeden Fall einen Besuch wert ist.

SERVICEINFO

Siehe Touristik-GmbH Krummhörn-Greetsiel

▶ AURICH

43.000 Einwohner (S. 187, D1)

Neben den historischen Stätten schätzen Urlauber und Einheimische das rege Leben in der Einkaufsstadt. Die attraktiven

▶ *Stiftsmühle in Aurich.*

Geschäfte und Cafés in der Burgstraße, am riesigen Marktplatz mit der gläsernen Markthalle und im Shoppingcenter Carolinenhof in der Ringstraße laden zum Bummeln, Shoppen und Entspannen ein.
Die ehemalige Residenzstadt Aurich ist Wirtschaftsstandort und Sitz diverser Landesbehörden. Bei Aurich (Ortsteil Haxtum) befand sich der Upstalsboom, die mittelalterliche Versammlungsstätte des losen Landfriedensbundes der friesischen Völker (siehe Geschichte S. 18). Nach dem Erhalt der Stadtrechte 1491 entwickelte sich die Stadt unter der Häuptlingsfamilie Cirksena zum politischen und kulturellen Mittelpunkt. Aurich liegt am Ems-Jade-Kanal und hat im Süden einen kleinen Hafen mit Ruder-, Tret- und Motorbootverleih. Der rund 35 m hohe **Glo-**

ckenturm aus dem 14. Jh. neben der klassizistischen Lambertikirche ist eines der Wahrzeichen Aurichs. Über die Geschichte der Stadt von der Steinzeit bis zum Mittelalter informiert die Dauerausstellung im **Historischen Museum**. Ungewöhnlich für ein Stadtmuseum ist das Herbarium, eine Sammlung getrockneter Pflanzen (Burgstraße 25 (Fußgängerzone), Tel.: 0 49 41 / 12 36 00, www.museum-aurich.de, 10.02. – Anfang Dez. Di bis So 11 – 17 Uhr, 2,50 €, Kinder 1 €).

Eine bemerkenswerte Einrichtung ist das spannende **MachMitMuseum** für Kinder und Jugendliche im Gebäude des Historischen Museums. Bei den Angeboten für Kinder und Familien steht das Mitmachen im Vordergrund (Burgstraße 24, Tel.: 0 49 41 / 12 36 00, www. miraculum-aurich.de, Di bis Fr 13 – 17 Uhr, Sa und So 11 – 17 Uhr, in den Ferien tgl. außer Mo von 11 – 17 Uhr, 4 €).

Mit der imposanten Höhe von fast 30 m ist die **Stiftsmühle** von 1858 weithin sichtbar. Auf fünf Stockwerken erfahren Besucher in dem Mühlenfachmuseum alles Wissenswerte zum Müllerhandwerk. Kinder mischen mit einer Haferflockenquetsche ihr eigenes Müsli. Im ehemaligen Müllerhaus lädt die Teestube „Kluntjes“ zum Genießen ein (Oldersumer Str. 28, Tel.: 0 49 41 / 99 42 90, April – Okt. tgl. außer Mo 11 – 17 Uhr, So 15 – 17 Uhr, Teestube Di bis So 14 – 18 Uhr, 2,50 €, Kinder 1,50 €).

MIT KINDERN UNTERWEGS

Kraxelmaxel Kletterwald
Hoheberger Weg 156
Tel.: 0 49 41 / 9 74 88 12
www.kraxelmaxel.de
Kleiner Parcours: 13 €, Kinder von 6 – 12 Jahren 10 €, Kinder von 13 – 17 Jahren 11 €.

Von Baum zu Baum führt der Kletterparcours in dem wunderschönen Mischwald. Über 58 Stationen bieten unterschiedliche Schwierigkeitsgrade.

Ein Familien- und Wohlfühlbad wird am Ellernfeld gebaut. Es umfasst ein Hallenbad, ein Freibad und einen Wellnessbereich mit Sauna. Die Eröffnung ist für 2013 vorgesehen.

ABENDGESTALTUNG

Zur ewigen Lampe
Hafenstraße 1
Tel.: 0 49 41 / 9 94 60 67
Mo bis So 15 bis 2 Uhr
In Aurichs ältester Kneipe trifft man ein gemischtes Publikum, Jung und Alt, Einheimische und Gäste.

SERVICEINFO

Verkehrsverein Aurich/Ostfriesland e. V.
Norderstraße 32
Tel.: 0 49 41 / 44 64
www.aurich-tourismus.de

▶ SÜDBROOKMERLAND

19.000 Einwohner (S. 186, C1)

Zwischen Norden, Emden und Aurich erstreckt sich die Gemeinde Südbrookmerland mit dem größten Binnensee Ostfrieslands, dem Großen Meer. Neben Sportmöglichkeiten rund um den Flachmoorsee besticht die beschauliche Landschaft mit verträumten Ortschaften und liebevoll gestalteten Heimatmuseen. Ein Paradies für Wassersportler und Naturliebhaber.

Großes Meer

Der südliche Bereich des nur einen Meter tiefen Großen Meeres ist Naturschutzgebiet und für den Wassersport gesperrt. Der kostenlose Badestrand lockt im Sommer wegen der niedrigen Wassertiefe Familien mit Kindern an. Auch Surf- und Segelanfänger finden hier ein ideales Revier. Wer die Landschaft rund um das Seegebiet auf eigene Faust erkunden möchte, kann Fahrräder, Kanus, Tretboote oder Hydrobikes mieten.
Das schwierige Leben in einer ostfriesischen Moorkolonie veranschaulicht das **Moormuseum Moordorf** mit nachgebauten Hütten aus Lehm und Grassoden. An Aktionstagen können Besucher beim Mattenflechten und Besenbinden mitmachen. Heimische Spezialitäten wie Pfannkuchen oder selbst gebackenen Kuchen serviert die Teestube „Kluntjehus" (Victorburer Moor 7a, Parkplatz Grenzstraße 8, Tel.: 0 49 42 / 27 34, www.moormuseum-moordorf.de, April – Okt. tgl. 10 – 18 Uhr, Nov. – März Besuch auf Anmeldung mögl., 3,50 €, Kinder 6 – 16 Jahre 1,50 €).
Ein Dorf zum Anfassen bietet das Freilichtmuseum **Dörpmuseum Münkeboe** mit Windmühle, Dorfschmiede, Imkerei oder Spritzenhaus. An den erlebnisreichen Aktionstagen am ersten Samstag im Monat (Mai bis Aug.) kann man die Handwerker tatkräftig unterstützen (Mühlenstraße 3 a, Tel.: 0 49 42 / 6 46, www.doerpmuseum-muenkeboe.de, April – Okt. Di bis So und Feiertage 10 – 17.30 Uhr, 3 €, Kinder ab 6 Jahren 1,50 €).

SERVICEINFO

Tourist-Info Südbrookmerland
Am Meer 1
26624 Südbrookmerland
Tel.: 0 49 42 / 56 66
www.grossesmeer.de

▶ EMDEN

51.400 Einwohner (S. 186, B2)

Der reizende Ratsdelft mit den Museumsschiffen ist der maritime Mittelpunkt der Stadt, die im 2. Weltkrieg fast vollständig durch Bombenangriffe zerstört wurde.

Geschichte

Dank der Lage an Emsmündung und Dollart entwickelte sich Emden zu einer umtriebigen Handelsniederlassung. Im 15. Jh. wurde die Stadt unter dem Einfluss der Cirksena-Familie eine gräfliche Residenz und im „goldenen Zeitalter" des 16. Jh. gehörte Emden zu den führenden Handelshäfen in Europa. Unter preußischer Verwaltung erhielt die Stadt Mitte des 18. Jh. das Monopol für die Heringsfischerei. Da auf den Werften sowohl Schiffe für die zivile Seefahrt als auch für die Marine gebaut wurden, war Emden im 2. Weltkrieg bevorzugtes Ziel für Bombenangriffe. Emden ist der viertgrößte Seehafen Deutschlands, es werden mehr als 1,2 Millionen Autos umgeschlagen, zum größten Teil Fahrzeuge aus dem **Emder Volkswagenwerk** (Werksbesichtigung für Einzelbesucher Mo bis Fr 9.45 und 13.15 Uhr nur mit Voranmeldung, Tel.: 0 49 21 / 86 23 90).

Sehenswürdigkeiten

Seefahrerromantik verströmt der Alte Binnenhafen mit der Hafenpromenade und den Museumsschiffen. Das Hafentor von 1635 war früher ein Teil der Mauer, die vor den Fluten der Ems schützte. An der Delfttreppe starten spannende Fahrten auf den rund 150 km langen Wasserstraßen

▶ *Museumsschiffe im Emder Delft.*

in der Region um Emden. Das rote **Museumsfeuerschiff Deutsche Bucht** vermittelt spannende Eindrücke vom Leben auf dem „schwimmenden Leuchtturm“ (Tel.: 0 49 21 / 2 32 85, www.amrumbank.de, April – Okt. Mo bis Fr 11 – 16 Uhr, Sa, So und Feiertage 11 – 13 Uhr, 2,50 €, Kinder ab 6 Jahren 0,50 €, Jugendliche 1 €).

Neben dem Feuerschiff liegt der **Seenotrettungskreuzer Georg Breusing**, deren Besatzung 1.672 Menschen aus gefährlichen Situationen auf See rettete. Jeden ersten Montag im Monat findet vormittags ein beeindruckender Maschinenlauf statt (Tel.: 0 49 21/ 2 40 44, www.georg-breusing.de, März bis Sep. 11:30 – 13 Uhr und 15 – 17 Uhr, in der Hochsaison von 11 – 18 Uhr, 2,50 €, Kinder von 6 – 16 Jahren 0,50 €).

An die Zeiten der Heringsfischerei erinnert der **Heringslogger „AE 7 Stadt Emden“** an der Westseite des Ratsdelftes. Nach einer aufwendigen Renovierung ist er voraussichtlich ab 2013 wieder zu besichtigen (www.heringslogger.de). Eine Besichtigung von außen ist jeder Zeit möglich.

Direkt gegenüber der Tourist-Info am Ratsdelft springt ein riesiger Ottifant aus einer Häuserwand. Im **dat Otto Huus** ist der Fan-Shop des ostfriesischen Komikers Otto Waalkes untergebracht sowie ein kleines Museum (Große Straße 1, Tel.: 0 49 21 / 2 21 21, www.otto-waalkes.com, April – Dez. Mo bis Fr 9.30 – 18 Uhr, Sa 9.30 – 14 Uhr, April – Okt. So und Feiertage 10 – 16 Uhr).

Spannend ist der Besuch des **Ostfriesischen Landesmuseums** in dem historischen Rathaus. Sammlungsschwerpunkt sind kulturhistorische Objekte sowie eine umfangreiche Gemäldesammlung mit Bildern niederländischer Meister. Wie aufregend Geschichte sein kann, zeigen die komplett erhaltene Moorleiche und die Emder Rüstkammer mit mittelalterlichen Rüstungen und Waffen. Vom Obergeschoß des Museums gelangt der Besucher in den Rathausturm und genießt den Blick über die Stadt (Brückstraße 1, Tel.: 0 49 21 / 87 20 58, www.landesmuseum-emden.de, Di bis So 10 – 18 Uhr, 6 €, Schüler 3 €, Kinder bis 12 Jahre frei, Mitmach-Aktion für Kinder ab 6 Jahren jeden Do 16 – 17.30 Uhr, 2,50 €).

Zum Ostfriesischen Landesmuseum gehören die restaurierten Renaissancehäuser **Pelzerhäuser**. Sie stehen beispielhaft für den flämisch-niederländischen Baustil aus der Blütezeit des 16. Jh. und zeigen die Wohnkultur dieser Zeit. Im Kulturcafé gibt es hausgemachten Kuchen und kleine Gerichte (Pelzerhäuser 11 und 12, Di bis So 11 – 18 Uhr, Eintritt frei.)

Beeindruckend authentische Eindrücke vermittelt das ungewöhnliche **Bunkermuseum** in den Räumlichkeiten eines Bunkers aus dem 2. Weltkrieg (Holzsägerstraße 6, Tel.: 0 49 20 / 3 22 25, www.bunkermuseum.

de, Mai – Okt. Di bis Fr 10 – 13 Uhr und 15 – 17 Uhr, Sa und So 10 – 13 Uhr, 2 €, Jugendliche 1 €). Seiner Heimat verbunden zeigte sich der langjährige Chefredakteur des Stern, Henri Nannen. Er vermachte Emden seine Sammlung moderner Kunst und finanzierte den Bau der 1986 eröffneten **Kunsthalle Emden**. Das postmoderne Gebäude aus rotem Klinker stellt ausdrucksstarke Werke deutscher Künstler vom Expressionismus bis zur Moderne sowie wechselnde Ausstellungen renommierter Künstler aus. Besonders empfehlenswert sind Kurse für Kinder und Erwachsene in der Malschule Emden (Hinter dem Rahmen 13, Tel.: 0 49 21 / 97 50 50, www.kunsthalle-emden.de, Fr 10 – 17 Uhr, Sa, So und Feiertage 11 – 17 Uhr, jeden 1. Di im Monat 10 – 21 Uhr, 8 €, Kinder bis einschl. 15 Jahre frei).

10

SPORT & FREIZEIT

Friesentherme Emden
Theaterstraße 2
Tel.: 0 49 21 / 39 60 00
www.friesentherme-emden.de
Mo 10 – 15 Uhr, Di bis So 10 – 21 Uhr, 6 €, Kinder 4 €.
Badelandschaft mit Hallenbad und Sauna. Kindern gefällt der Erlebnisbereich mit Wasserwerfer, Strömungskanal und Klettergerüst.

MIT KINDERN UNTERWEGS

Abenteuerland Oki Doki
Langobardenstraße 6
Tel.: 0 49 21 / 91 96 97
www.okidoki-emden.de
Mo bis Fr 14 – 19 Uhr, Sa und So 10 – 19 Uhr, 3,50 €, Kinder bis 15 Jahre 5,50 €, Kinder unter 80 cm frei.
Besondere Attraktion des typischen Indoor-Kinderspielplatzes ist eine kleine Kartbahn.

▶ *Spaß für Otto und Ottifanten-Fans.*

SERVICEINFO
Tourist-Info Emden
Bahnhofsplatz 11
26721 Emden
2. Standort: Pavillon am Stadtgarten
Alter Markt 2a
Tel.: 0 49 21 / 9 74 00
www.emden-touristik.de

▶ LEER

34.000 Einwohner (S. 187, D4)

Leer liegt am Zusammenfluss von Leda und Ems. Die beeindruckend restaurierte Altstadt mit den winkeligen Gassen und die mitten durch die Stadt verlaufende Hafenschleife verleihen dem Ort einen maritim-verträumten Charme. Leer ist idealer Ausgangspunkt für Radwanderungen sowie ein optimaler Standort für Bootstouristen mit der Anlegestelle mitten in der Stadt. Die Altstadt mit der Fußgängerzone in der Mühlenstraße begeistert mit originellen kleinen Geschäften für Kunsthandwerk und Schmuck sowie mit einladenden Teestuben. Am Museumshafen mit historischen Schiffen steht das **Waage-Gebäude** aus dem Jahr 1714, einer der schönsten Barockbauten in Ostfriesland. Noch bis 1946 wurde in dem Gebäude gewogen. Schräg gegenüber steht das Wahrzeichen der Stadt, das 1894 im deutsch-niederländischen Renaissancestil erbaute **Rathaus**. Wer das Gebäude während der Öffnungszeiten

▶ *Blick auf den Hafen mit Waage und Rathaus.*

betritt, staunt über die farbenfrohen Deckengemälde und hübschen Mosaiken. In unmittelbarer Nähe steht ein weiteres architektonisches Schmuckstück, das **„Haus Samson“** aus dem Jahr 1643. In dem Gebäude im Stil des niederländischen Barock ist im Obergeschoss ein kleines, intimes Museum zur Wohnkultur des 18. und 19. Jh. eingerichtet. Das Untergeschoss beherbergt ein Weingeschäft, das auch ostfriesische Spezialitäten anbietet. (Rathausstraße 18, Tel.: 04 91 / 92 52 30, www.wein-wolff.de, Mo bis Fr 9 – 18 Uhr, 2 €, Kinder 0,50 €).

Nicht nur Teekennern gefällt der Besuch im **Tee-Museum** der Firma Bünting mit der Möglichkeit zur Teeverkostung (Brunnenstraße 33, Tel.: 04 91 / 9 92 20 44, www.buenting-teemuseum.de, Mo bis Sa 10 bis 18 Uhr, April bis Okt. So 14 bis 17 Uhr, 2,50 €, Kinder frei).

Die Altstadt und die wunderschöne Uferpromenade entdeckt man am besten auf eigene Faust. Überall finden sich schöne Ecken zum Verweilen oder auffällige Details an historischen Gebäuden wie dem goldenen Schwan auf der **Lutherkirche** oder der **Haneburg,** eine der wenigen Renaissanceburgen Ostfrieslands. Hauptattraktion im Oktober ist der Gallimarkt auf dem Marktplatz, ein Jahrmarkt mit Volksfestcharakter.

Witzig ist die Idee, auf dem **LEER-Pfad** die Stadt zu erkunden. Die Edelstahlteller im Boden weisen zu stadtökologisch interessanten Stationen, die vor allem Kinder zum Mitmachen einladen. Ein Faltblatt mit Übersichtsplan bietet die Tourismuszentrale. Von hier kann man mit dem Rundgang starten. (LEER-Pfad Innerer Ring durch die Altstadt und Fußgängerzone, 3,5 km, 2 – 4 Std.).

MIT KINDERN UNTERWEGS

Leeraner Miniaturland

Konrad-Zuse-Straße 1
Tel.: 04 91 / 4 54 15 40
www.leeraner-miniaturland.de
Tgl. 10 – 17 Uhr, Erw. 9 €, Kinder bis 14 Jahre 5 €, Kinder bis 5 Jahre frei, kostenlose Parkplätze.

Für Kinder wie Erwachsene gleichermaßen faszinierend ist das Miniaturland im Maßstab von 1:87. In einer 1.200 qm großen Halle düsen Eisenbahnen durch Emden, Papenburg oder die Insel Borkum. Dazwischen gibt es viele liebevoll gestaltete Szenen, zum Beispiel mit Otto Waalkes, zu entdecken.

Spielfarm Leer

Am Nüttermoorer Sieltief 31
Tel.: 04 91 /99 23 93 60
www.spielfarm-leer.de
Di bis Fr 14 – 18.30 Uhr, Sa, So, Feiertage und täglich in den Ferien 10 – 18.30 Uhr, 3,50 €, Kinder ab 1 Jahr 4 €, Kinder ab 2 Jahren 6 €, jeweils inkl. 1 € Getränkebon.

Zum Indoorspielplatz mit Klettertürmen und Rodelbahn gehören ein Spielplatz und ein Streichelzoo im geräumigen Außenbereich.

SERVICEINFO

Tourist-Information Leer
Ledastraße 10
26789 Leer
Tel.: 04 91 / 91 96 96 70
www.leer.de

▶ PAPENBURG

35.4000 Einwohner (S. 186, C5)

Die Moorkolonie Papenburg ist Deutschlands südlichster Seehafen. Bekannt ist die Stadt durch die auf der Meyer Werft gebauten Kreuzfahrtschiffe, die in einem atemberaubenden Spektakel durch das Nadelöhr Ems zur Nordsee überführt werden. Die Kanäle und Klappbrücken verleihen der Stadt schon fast ein niederländisches Flair. Die Geschichte der längsten und ältesten Fehn- oder Moorkolonie beginnt im Jahr 1631 mit dem Torfabbau durch den emsländischen Drosten Dietrich von Velen. Authentische Einblicke in die schwierigen Lebensbedingungen der ersten Moorkolonisten gewährt das **Freilichtmuseum Von-Velen-Anlage** mit zahlreichen restaurierten Gebäuden von der winzigen Moorkate bis zum stattlichen Kapitänshaus. Empfehlenswert ist eine Führung, die mit schmackhaften Buchweizenpfannkuchen und Tee satt endet. Es ist möglich, eine spannende Bootsfahrt durch die Kanäle zu buchen (Splitting links 42, Tel.: 0 49 61 / 7 56 57, www.von-velen-anlage.de, Mitte April – Mitte Okt. täglich 10 – 17 Uhr, 14 Uhr öffentl. Führung, 2 €, mit Führung 2,50 €, Kinder bis 6 Jahre 1 €, Buchweizenpfannkuchen im Papenbörger Hus Mi und So 12 – 18 Uhr, 8 €, Bootsfahrt 2,50 €).

Die durch den Abbau des Torfs erforderlichen Schiffe entstanden direkt in Papenburg, im 18. Jh. gab es hier über 20 Werften. Übrig geblieben ist nur die 1795 gegründete Meyer Werft. Von zwei Galerien im **Besucherzentrum Meyer Werft** erleben Besucher hautnah den Bau von Kreuzfahrtschiffen oder Gastankern. Der Aufenthalt im Besucherzentrum ist als Führung (2,5 Std.) buchbar (Industriegebiet Süd 1, Tel.: 0 49 61 / 8 39 60, www.papenburg-tourismus.de, April – Okt. tgl. 10.30 und 14.30 Uhr, Nov. – März Mi, Fr und Sa 14.00 Uhr, 10,50 €, Schüler 6,00 €, Kinder bis 6 Jahre 1 €).

Am Hauptkanal

Wer am idyllischen **Papenburger Hauptkanal** mit seinen Geschäften, Restaurants und Cafés entlangschlendert, ist begeistert von den Nachbauten ehemaliger Traditionssegler und den schönen Klappbrücken. Gegenüber der **„Brigg Friederike"** mit der Tourist Information liegt das erst 1913 im neubarocken Stil erbaute **Papenburger Rathaus.** Neben den verspielten Putten und Masken an den Reliefs am Eingang verdienen die Holzschnitzereien im Rathaussaal Beachtung.

Auf Höhe des Stadtparks steht **Meyers Mühle**, ein dreistöckiger Galerie-Holländer aus dem Jahr 1888. In der funktionstüchtigen

▶ *Blick auf die Brigg Friedericke und das Papenburger Rathaus.*

Mühle wird das leckere Mühlenbrot verkauft. Der Spaziergang endet am **Papenburger Zeitspeicher**. In dem Besucherinformationszentrum der erfrischend anderen Art erklärt Stadtgründer von Velen mit Hilfe von Filmen und interaktiven Angeboten für Kinder die Stadtgeschichte. Außerdem erhaschen die Besucher einen Blick hinter die Kulissen des Autotestbetriebes Automotive Testing Papenburg GmbH und erleben eine simulierte Testfahrt auf der supermodernen Autoteststrecke. Der Zeitspeicher bildet mit dem historischen Gebäude auf dem Gelände der ehemaligen Meyer Werft das **„Forum Alte Werft"**, das Kultur- und Veranstaltungszentrum der Stadt (Ölmühlenweg 21, Tel.: 0 49 61 / 8 39 60, www.papenburger-tourismus.de, April – Okt. Mo bis Sa 9 – 17 Uhr, So 9 – 14 Uhr, Nov. – März Mo bis Sa 9 – 17 Uhr, 3 €, Kinder 2,70 €).

MIT KINDERN UNTERWEGS

Kletterwald Surwold
Waldstraße, 26903 Surwold
Tel.: 0 49 61 / 66 73 00
www.kletterwald-surwold.de
Ende März bis Anfang Nov. tgl. von 10 bis 19 Uhr.
Knapp 20 km südlich von Papenburg erwartet Jung und Alt eine sportliche Herausforderung. 70 Kletterelemente und eine 120 m lange Seilbahn erfordern Mut und Geschicklichkeit bei Anfängern und Kletterprofis.

SERVICEINFO

Tourist Information im „Papenburger Zeitspeicher"
Ölmühlenweg 21
Tourist Information auf der „Brigg Friederike"
Hauptkanal rechts 68/69
26871 Papenburg
Tel.: 0 49 61 / 8 39 60
www.papenburg-tourismus.de

1 Durch die Wingst zum Balksee

TOURINFO KOMPAKT

Anspruch:	Länge:	Dauer:	Höhenmeter:
schwer	20,1 km	5:00 Std.	▲156 ▼ 156

Die Tour führt durch den idyllischen Wingster Wald bis zum höchsten Punkt der Region, dem Silberberg. Am stillen Balksee können wir an der Aussichtsplattform entspannen und picknicken.

Ausrüstung: Feste Wanderschuhe, ausreichend Getränke, evt. Picknick, Fernglas und Vogelbestimmungsbuch.

Anfahrt mit dem Auto: Über die B73 bis Wingst, Ausschilderung Zoo folgen.

Anfahrt mit Bus & Bahn: Mit den Zug bis Bahnhof Wingst, 1 km Fußweg zum Parkplatz Zoo.

Ausgangspunkt: Wingst
53° 43' 34,8" N 9° 4' 38,5" O
32U RW 505104 HW 5953076

Einkehr: Einkehrmöglichkeiten entlang der Strecke und in Wingst.
Unsere Empfehlung:
Restaurant am Zoo, Am Olymp 3, Tel.: 07 78 / 75 33, www.restaurant-am-zoowingst.de, regionale Küche mit frischen Zutaten, hausgemachter Kuchen, Mo Ruhetag.

Die Balkseeroute ist ausgeschildert mit W5 – Balksee und einem blauen Richtungspfeil auf weißem Schild. Wir starten unsere Tour am S kostenlosen Zooparkplatz Am Olymp und gehen vom Parkplatz aus links am Zoo vorbei. Linker Hand liegt das Quellental, ein Naturschutzgebiet mit vernässten Feuchtwiesen. Vorbei am Waldspielplatz überqueren wir den Alten Postweg und wandern nach zwei Linksschlenkern quer in westliche Richtung durch den Wingster Wald. Der Anstieg durch den ruhigen Mischwald ist für norddeutsche Verhältnisse anstrengend, aber schon bald geht es wieder bergab. In Westerhamm überqueren wir die Hauptstraße, wandern durch die Dorfstraße und biegen links in den Westerhamm ein. Wieder an der Hauptstraße folgen wir dem Weg schräg links gegenüber. Die schöne Allee Langenfelde führt in südlicher Richtung am Waldrand entlang nach Bergkamp. Bis Süderbusch folgen wir der Hauptstraße und erfrischen uns mit leckeren Milchprodukten im **Melkhus** 1 gegenüber der Anglerstraße. Ein schönes Souvenir aus dem Urlaub sind die Kochbücher mit Rezepten der Hadelner Landfrauen.

Wir gehen die Anglerstraße entlang und biegen direkt hinter dem

▶ *Gesunde, köstliche Erfrischungen finden Wanderer im Melkhus.*

Neuhaus-Bülkauer-Kanal ② links ab. Der 12 km lange, wild-romantisch zugewachsene Kanal verbindet den Balksee mit Neuhaus und entwässert das westliche Randmoor der Wingst. Es ist kaum zu glauben, dass Anfang des 20. Jahrhunderts noch reger Verkehr auf dem Kanal herrschte. Die flachen Torfkähne, Flöten genannt, waren in den oft überschwemmten Moorgebieten das einzige Transportmittel. Wir

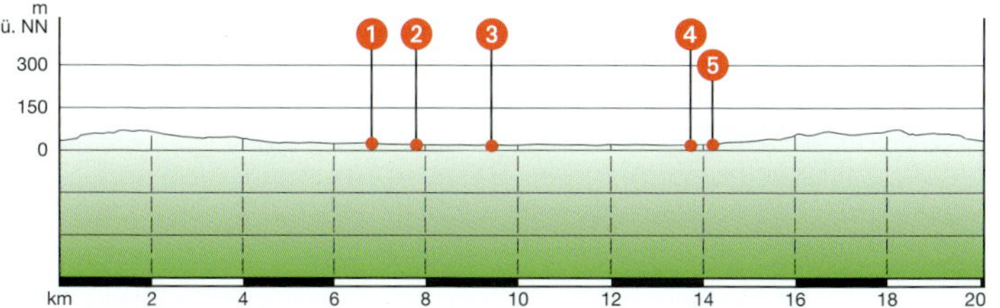

wandern durch das Naturschutzgebiet Balksee und Randmoore und folgen der Beschilderung zum Aussichtsturm am **Balksee** 3. Hier laden Tisch und Bänke zum Picknick ein. Noch in den 1960er Jahren fuhren Tretboote auf dem See. Jetzt sichten wir Wasservögel und Greifvögel und mit etwas Glück auch einen Seeadler. Angeln ist mit Angelschein erlaubt.
Nach einer Erholungspause spazieren wir die schöne Allee zurück bis nach Seemoor und biegen dort rechts in den Seemoorweg ein. Wenn die Straße endet, führt der Feldweg rechts zurück zum Balksee. Es lohnt sich, noch einmal an dieser Anlegestelle den Ausblick über den einsamen See zu genießen. Wir gehen wieder ein Stück den Weg zurück und biegen rechts in den ersten Feldweg ein. Am Ende halten wir uns links und wandern den Seemoorweg entlang wieder zum Wingster Forst.

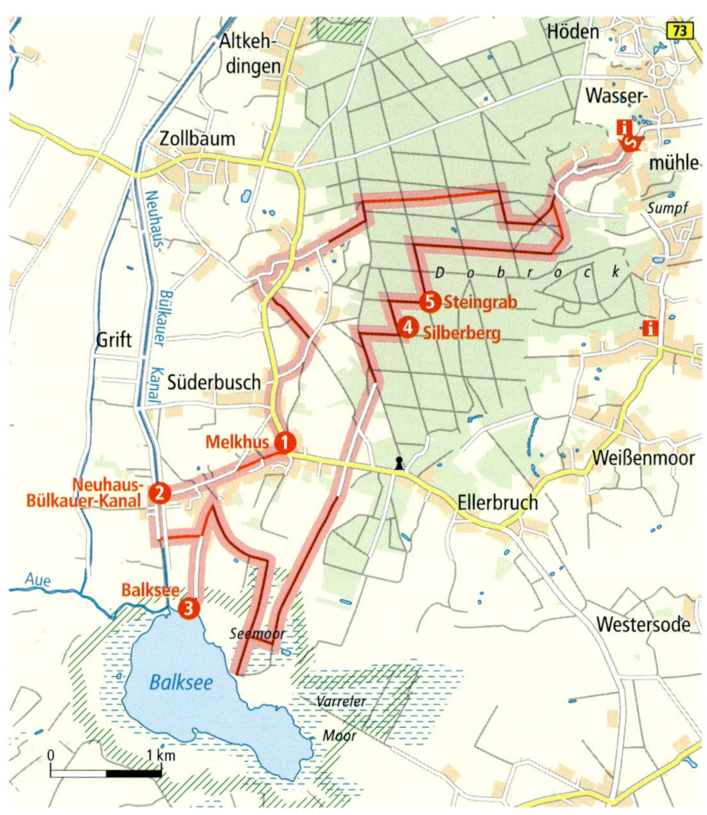

Die Beschilderung führt uns stetig bergauf bis zum **Silberberg** 4. Der 74 m ü. NN hohe Berg ist die höchste Erhebung im Elbe-Weser-Dreieck. Bei unserer Wanderung zum Ausgangspunkt passieren wir ein **Steingrab** 5. Rund um die Wingst dokumentieren über 100 Hügelgräber die frühe Besiedlung der Region. Wer noch Lust hat, folgt der Beschilderung auf den 61 m ü. NN hohen Berg Olymp. Voraussichtlich ab 2013 ist der Aussichtsturm mit dem grandiosen Ausblick wieder geöffnet.

▶ *Kühe beobachten fasziniert die Wanderer.*

2 Küsten-Wanderweg von Cuxhaven nach Dorumer Neufeld

TOURINFO KOMPAKT

Anspruch:	Länge:	Dauer:	Höhenmeter:
mittel	21,2 km	4:00 Std.	▲66 ▼ 68

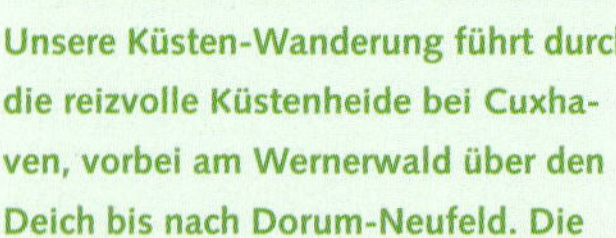

Unsere Küsten-Wanderung führt durch die reizvolle Küstenheide bei Cuxhaven, vorbei am Wernerwald über den Deich bis nach Dorum-Neufeld. Die Rückfahrt erfolgt per Bus und Bahn.

Ausrüstung: Feste Sportschuhe, Trinken, evt. Badesachen.

Anfahrt mit dem Auto: A 27 bis Abfahrt Altenwalde, über den Seebäderring bis nach Cuxhaven-Duhnen.

Anfahrt mit Bus & Bahn: Mit dem Zug bis Cuxhaven-Hbf, mit dem Bus nach Duhnen.

Ausgangspunkt: Cuxhaven
53° 53' 1,6" N 8° 38' 0,3" O
32U RW 475904 HW 5970653

Einkehr: Zahlreiche Einkehrmöglichkeiten in den Küstenorten.
Unsere Empfehlung:
Strandhalle Dorum, Am Kutterhafen, 27632 Dorum-Neufeld, Tel.: 0 47 41 / 12 27, www.strandhalle-dorum.de, Restaurant und Café, leckere Fischgerichte, tgl. geöffnet.

Wir beginnen unsere Tour in S Duhnen am Ahoi! Bad und wandern auf dem Dünenweg Richtung Sahlenburg. Sobald die letzten Häuser hinter uns liegen, beginnt die Duhner Heide. Die Cuxhavener Küstenheide ist das größte zusammenhängende Heidegebiet auf dem norddeutschen Festland. Es liegt auf einen bis zu 8 m hohen Geestrücken. Wir folgen dem ersten Sandweg durch die Heide, biegen rechts in den Scharmoorweg und gehen über den Entdeckungspfad Duhner Heide zurück zum Deich. Vom **Aussichtsturm** 1 haben wir einen tollen Überblick über das Wattenmeer und die Küstenheide. Über dem Dünenweg erreichen wir Sahlenburg. In Höhe des Surfstrandes beginnt der **Wernerwald** 2 mit seinen imposanten Schwarzkiefern. Er grenzt direkt an das Wattenmeer und steht wegen seiner Einzigartigkeit seit 1938 unter Landschaftsschutz. Es lohnt sich, einen der markierten Rundwanderwege durch den Wald zu folgen. Wir bleiben auf dem Weg Am Sahlenburger Strand und gehen durch den lebhaften Kurort. Bei gutem Wetter brausen Kite-Surfer über das Meer und zeigen waghalsige Sprünge. Am Waldrand gehen wir auf den Sandweg durch die Arenscher Heide bis Arensch. Hier erfrischen wir uns

► *Wattwandern im Nationalpark Wattenmeer.*

im **Melkhus** 3 oder kaufen leckere Bioprodukte im Hofladen. Wir folgen der Arenscher Straße Richtung Berensch und halten uns in Höhe des Dünenhofs geradeaus. Über die Straße In den Dünen erreichen wir Berensch. Nach einigen Metern auf der Hauptstraße biegen wir rechts in den Eschenhörn und dann links in die Spieka-Neufelder-Straße. Durch das idyllische Deichvorland gehen wir bis zur Deichstraße und folgen der Zufahrt auf die Deichkrone hinauf. Mit Blick auf den Nationalpark Wattenmeer wandern wir auf dem Deich durch die kleinen verträumten

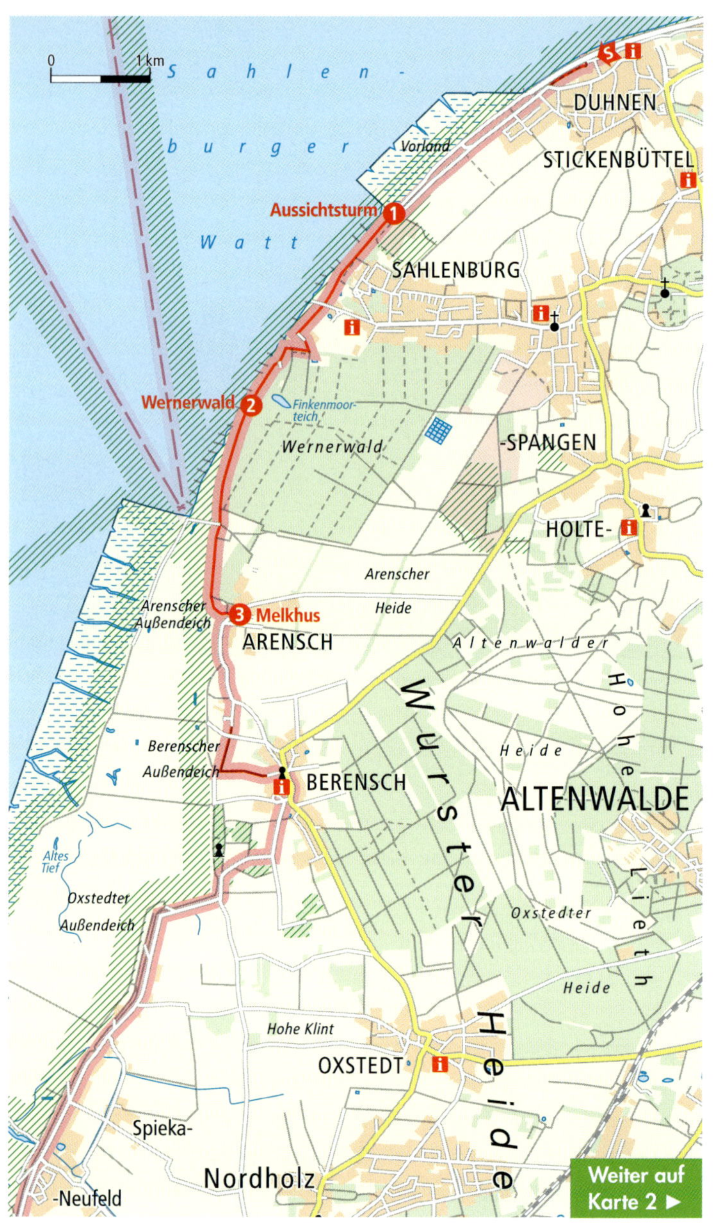

Weiter auf Karte 2 ►

Sielhäfen von Spieka-Neufeld und Cappel-Neufeld bis nach Dorumer Neufeld. Hier können wir pausieren, schwimmen gehen, den 37 m hohen Leuchtturm Obereversand oder das Nationalparkhaus besichtigen und einkehren.

Mit dem Bus fahren wir nach Dorum. Wenn wir noch Zeit haben, informieren wir uns im Niedersächsischen Deichmuseum über Deichbau und Küstenschutz. Vom Bahnhof fährt ein Zug nach Cuxhaven zurück.

▶ *Deichbau-Denkmal auf dem Deich in Dorumer Neufeld.*

3 Vorgeschichtspfad Sievern und durchs Dorumer Moor

TOURINFO KOMPAKT

Anspruch:	Länge:	Dauer:	Höhenmeter:
leicht	8,3 km	1:30 Std.	▲40 ▼ 40

Der abwechslungsreiche Rundwanderweg führt uns durch die vorgeschichtliche Geestlandschaft mit geschützten, idyllischen Heide- und Moorflächen.

Ausrüstung: Feste Sportschuhe, Trinken, evtl. Pflanzenbestimmungsbuch und Badesachen.

Anfahrt mit dem Auto: A 27 bis Abfahrt Neuenwalde, Richtung Holßel und dort links auf die B 6 Richtung Sievern. Auf der linken Seite liegt der Parkplatz für die Pipinsburg.

Anfahrt mit Bus & Bahn: Bushaltestelle am Gasthof „Zur Pipinsburg", 15 Gehminuten zur Pipinsburg.

Ausgangspunkt: Pipinsburg
53° 39' 28,4" N 8° 36' 37,6" O
32U RW 474256 HW 5945530

Einkehr: Keine Einkehrmöglichkeit entlang der Strecke.
Café Restaurant „Zur Mühle", Fichtenweg 8, 27607 Sievern, Tel.: 0 47 43 / 92 91 10, www.muehle-sievern.de, regionale Küche mit Fischgerichten, Kuchen aus der hauseigenen Konditorei, verglaste Terrasse mit Blick auf einen Teich, Mo bis So.

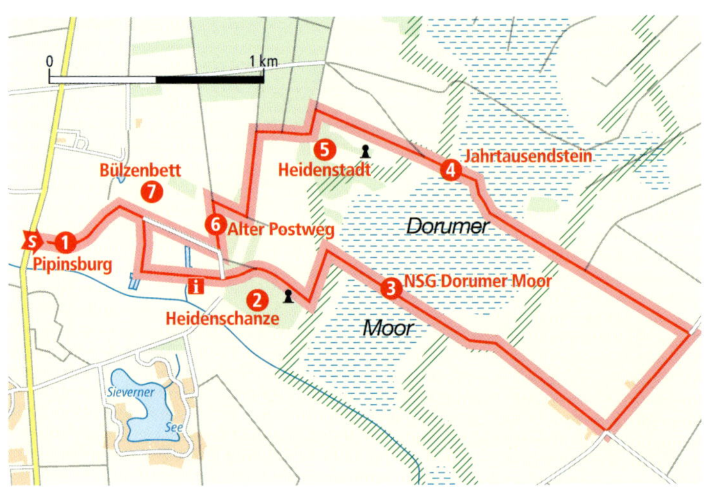

Ein Großteil der Strecke ist mit roten Pfeilen gekennzeichnet. An der S Informationstafel ersteigen wir die Treppe zur **Pipinsburg** 1, einer historisch bedeutenden Burganlage aus dem frühen 11. Jahrhundert. Rechts führt uns der Weg auf den 6 m hohen Wall bis zu einer weiteren Treppe. Wir folgen den Pfeilen und wandern durch eine wunderschöne Heidelandschaft, vorbei an bronzezeitlichen Grabhügeln. Auf dem Betonweg gehen wir rechts herum und biegen nach 30 m in einen schmalen Pfad ein. Der Weg entlang verschiedener Grabhügel endet wieder an einem betonierten Feldweg. Wir gehen rechts und nehmen nach 10 m links den schmalen Pfad durch den idyllischen Mischwald. Ein Zwischenstopp lohnt an der **Heidenschanze** 2, einer Ringwallanlage von 50 v. Chr. Ein Ackerweg führt rechts an der vorgeschichtlichen Stätte vorbei bis zum nächsten Querpfad. Wir gehen links herum und befinden uns im reizvollen **Naturschutzgebiet Dorumer Moor** 3, einem renaturierten, wieder vernässten Hochmoorgebiet. Nach einer Wanderung durch landwirtschaftlich genutzte Felder folgen wir in Höhe der Hofanlage der Straße Richtung Ahlenfalkenberg. Die erste Abzweigung links herum führt uns Richtung Nordwesten durch die abwechslungsreiche Flora der Siebenbergensheide. Nach einer S-Kurve lädt der „**Jahrtausendstein**" 4 aus der Eiszeit zu einer Rast ein. Frisch gestärkt, wandern wir weiter zur jetzt landwirtschaftlich genutzten **Heidenstadt** 5, einer weiteren Ringanlage aus der Zeit um Christi Geburt. Vorbei am Wäldchen folgen wir den Feldwegen, bis wir auf einen Betonweg stoßen. Auf dem „**Alten Postweg**" 6 von Cuxhaven nach Garlstedt gehen wir links herum bis zur Infotafel und wandern rechts Richtung Pipinsburg. In dem kleinen Eichenhain auf der rechten Seite bewundern wir die letzte bedeutende vorgeschichtliche Stätte, das „**Bülzenbett**" 7, ein Großsteingrab aus der Jungsteinzeit. Wir kehren auf dem bekannten Weg durch die Heidelandschaft zurück zur Pipingsburg. Die bedeutenden archäologischen Funde aus vorgeschichtlichen Grabanlagen der Region sind im Historischen Museum Bremerhaven ausgestellt.

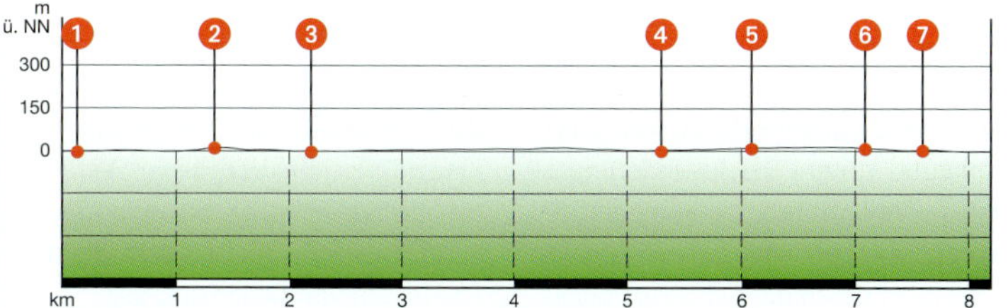

4 Von Petkum zum Emssperrwerk über den Ems-Seitenkanal an das „Ende der Welt“

TOURINFO KOMPAKT

Anspruch:	Länge:	Dauer:	Höhenmeter:
leicht	10,4 km	2:30 Std.	▲35 ▼ 35

Diese interessante Tour beginnt im kleinen Hafen in Petkum und führt über den Deich vorbei am beeindruckenden Emssperrwerk bis nach Oldersum und zurück entlang des idyllischen Ems-Seitenkanals. In Petkum besteht die Möglichkeit, mit der Fähre nach Ditzum überzusetzen.

Ausrüstung: Feste Sportschuhe, Trinken, evtl. Schal oder Mütze gegen den Wind.

Anfahrt mit dem Auto: A 31 bis Abfahrt Riepe, weiter Kreisstraße Richtung Gandersum bis Petkum, Ausschilderung „Fähre Ditzum“ zum Sielhafen mit Parkplatz folgen.

Anfahrt mit Bus & Bahn: Bus 501 von Emden bis Fährstraße.

Ausgangspunkt: Fährhafen in Petkum.
53° 20' 6" N, 7° 16' 20" O
32U RW 384953 HW 5910929

Einkehr: Einkehrmöglichkeiten in Oldersum und Petkum.
Unsere Empfehlung:
Restaurant Schifferbörse am Hafen, Kirchstraße 6-8, 26884 Ditzum, Tel.: 0 49 02 / 9 15 99 44, www.schifferboerse-am-hafen.com, stilvolles Lokal mit kleiner Speisekarte, frisch zubereitete Gerichte, Mi Ruhetag.

Die Wandertour startet auf dem S Emsdeich bei den Informationstafeln zum Naturschutzgebiet Petkumer Deichvorland. In den Salzwiesen brüten im Frühjahr Uferschnepfen, Kiebitze, Rotschenkel, Austernfischer oder Säbelschnäbler. Vom Herbst an gehört das Naturschutzgebiet den überwinternden Gänsen. Der vor dem Deich verlaufende Teekabfuhrweg dient übrigens der Abfuhr von Treibgut. Unsere Deichwanderung ist ein Teil des Störtebeker-Fernwanderweges von Leer nach Wilhelmshaven und führt durch das Schutztor direkt auf dem Deich der Ems entlang Richtung Osten. Wer empfindlich auf Wind reagiert, schützt Kopf und Ohren besser mit einem Tuch oder einer Mütze. Schon von Weitem ist das mächtige **Emssperrwerk** 1 deutlich zu erkennen. Dieses moderne Sperrwerk ist seit 2002 in Betrieb. Es schützt die Region vor Sturmfluten und außerdem können dank der Staufunktion die riesigen Kreuzfahrtschiffe der Meyer Werft die Ems passieren. Die Wanderung auf dem Deich endet an dem kleinen Jachthafen von Oldersum. Wir steigen die Treppe hinunter zu der geteerten Straße und wandern rechts herum bis zur Kreisstraße. Auf den Weg ins Dorf überqueren wir den **Ems-Seitenkanal** ② sowie den Alde Maar-Kanal und biegen direkt links in den Heerweg ein. Hier zweigt ein Rad/Wanderweg ab, der direkt an dem romantisch-verträumten Ems-Seitenkanal entlangführt. Auf dem Ende des 19. Jahrhunderts gebauten Kanal fahren inzwischen nur noch Sportboote. Die gemütliche Stille dieser reizvollen Teilstrecke unterbrechen gelegentlich die vorbeibrausenden Züge auf der dicht gelegenen Bahnstrecke.

Die vierte Brücke über den Ems-Seitenkanal führt nach Petkum. Wir überqueren die Brücke und laufen durch die Siedlung bis zur Kreisstraße. Nach 200 m in Richtung Dorfmitte führt an der Bushaltestelle ein kleiner Weg links herum zum kleinen Hafen. Mitten durch eine Wohnsiedlung gehen wir die Straße bis zur **St. Antonius-Kirche** ③ aus dem 13. Jahrhundert und biegen links zum Hafen ab. Nach der Wanderung setzen wir mit der 1926 erbauten kleinen Wagenmotorfähre zum schönen, verträumten Fischerdorf Ditzum über, dem selbst ernannten „Endje van de Welt“. Auf der Rückfahrt genießen wir einen letzten Blick auf Ems und Dollart (Fähre verkehrt abgesehen von widrigen Wind- und Wetterverhältnissen täglich, einfache Fahrt: 2 €, Kinder ab 4 Jahren 1 €, Fahrkarten gibt es an Bord).

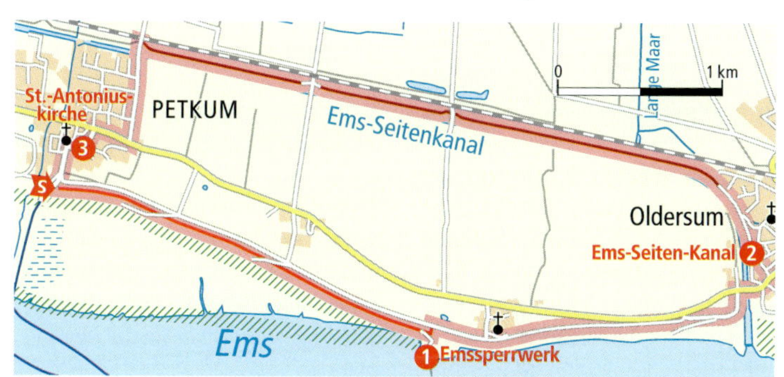

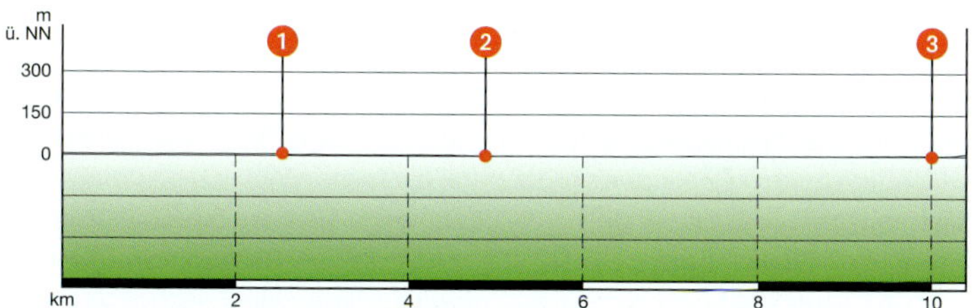

5 Durch den Neuenburger Urwald

TOURINFO KOMPAKT

Anspruch:	Länge:	Dauer:	Höhenmeter:
leicht	11,6 km	2:00 Std.	▲27 ▼ 27

Das der Natur überlassene Waldgebiet bei Neuenburg ist mit seinen knorrigen Eichen und Buchen ein Paradies für Wanderer und Radfahrer. Ein Knotenpunktsystem hilft sich nicht zu verlaufen. Die Wanderkarte liegt in der Touristinformation aus.

Ausrüstung: Feste Sportschuhe, Trinken, evtl. Pflanzenbestimmungsbuch und Badesachen.

Anfahrt mit dem Auto: A 29 Richtung Wilhelmshaven bis Ausfahrt Zetel, B 437 bis nach Neuenburg.

Anfahrt mit Bus & Bahn: Von Zetel bis Bushaltestelle ZOB Neuenburg.

Ausgangspunkt: Neuenburg
53° 23' 17,7" N 7° 56' 56,9" O
32U RW 430112 HW 5915976

Einkehr: Unsere Empfehlung:
Café Restaurant Urwaldhof, Urwaldstraße 59, 26340 Neuenburg,
Tel.: 0 44 52 / 18 60, www.urwaldhof-neuenburg.de, urgemütliche Atmosphäre, leckere regionale Gerichte z. B. aus dem Römertopf, tolle Auswahl an selbst gemachten Kuchen und Torten, ab 11 Uhr, Mo Ruhetag.

Ausgangspunkt unserer Wanderung ist der S Parkplatz Schlosspark/Dörpplatz in der Ladestraße. An der Informationstafel vor der Parkanlage gehen wir rechts herum an dem Alten Bahnhofgebäude vorbei. Nach wenigen Schritten sehen wir auf der rechten Seite den Schlosspark mit altem Baumbestand und das Freilichtmuseum mit einem 400 Jahre alten, niederdeutschen Hallenhaus, einer Rauchkate, Wagenremise und Backhaus. Im Sommer wird Brot wie in alten Zeiten gebacken. Wir schlendern an den Gebäuden vorbei bis zum massiven Backsteingebäude, dem **Neuenburger Schloss** 1. 1462 baute Graf Gerhard der Mutige die Oldenburger Trutzburg als Schutz vor ostfriesischen Übergriffen. Nach dem Umbau der Burg Ende des 16. Jahrhundert zu einem Schloss befand sich hier der Mittelpunkt des höfischen Lebens. Im ersten Stock zeigt der Heimatverein eine vogelkundliche Ausstellung mit mehr als 100 präparierten Vögeln. Wir verlassen den Park Richtung Norden und wenden uns in der Mühlenstraße links. Nach 50 m biegen wir rechts in einen kleinen Fußweg, der in die Straße Quellental übergeht. Wir spazieren durch die ruhige Siedlung bis zur Zeteler Straße, der wir Richtung Norden folgen. Hinter dem Friedhof biegen

► *Neuenburger Schloss.*

wir links ab und erreichen den ersten Knotenpunkt 10. Wir halten uns links und gehen über die Punkte 8 bis 21 weiter. Der Neuenburger Urwald, das Herzstück des Neuenburger Holzes, wird seit 1894 nicht mehr forstwirtschaftlich genutzt und ist seit 1938 als Naturschutzgebiet ausgewiesen. Seitdem entwickelt sich der Wald ohne Einfluss des Menschen in einem sehr urwüchsigen Zustand. Die ursprünglich dominierten Eichen verdrängen zunehmend die Rotbuchen. In Bodennähe befinden sich Moose, Flechten oder seltene holzbewohnende Pilze. Dar-

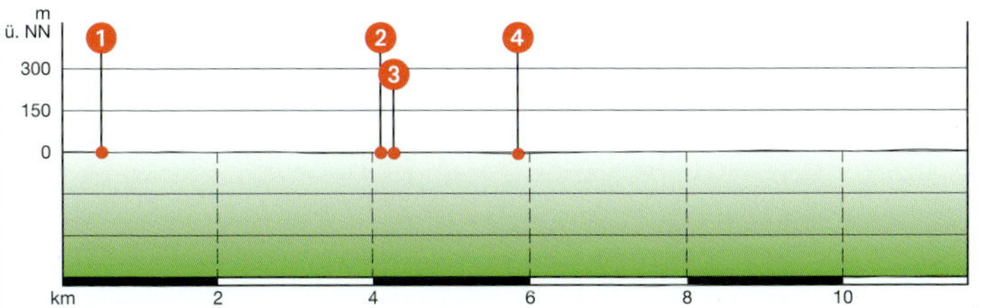

über wachsen Scharbockskraut oder Buschwindröschen und Sträucher wie die Stechpalme oder das Efeu. Die Pflanzenvielfalt ist der ideale Lebensraum für Tiere wie Rotmilan, Grünspecht, Waldkauz oder Großer Abendsegler-Fledermaus.
Unser Weg führt bis zum Knotenpunkt 16. Ein Stück weiter links hoch liegt ein Parkplatz mit Sitzbank, aber wir biegen rechts ab zum Punkt 12. Am Ende des Weges liegt die ehemalige Waldschänke von 1951, die heutige **Jagdhütte** ❷. 10 m gegenüber der Veranda steht der älteste Baum des Naturschutzgebietes, eine über 800 Jahre alte, knorrige **Eiche** ❸. Nach einer kurzen Rast wandern wir zum Knotenpunkt 17 und folgen den nächsten Querweg zum Knotenpunkt 19. Nach 300 m verlassen wir links herum den Weg und wandern aus dem Wald heraus. An der Urwaldstraße sehen wir eine Ziegelei und weiter rechts das **Erlebnisbad Bockhorn** ❹. Das Freibad ist im Sommer täglich geöffnet.
Nach einem eventuell erfrischenden Bad wandern wir wieder in den Urwald hinein und nehmen den Pfad zum Knotenpunkt 4.
Wir überqueren schräg rechts die Bundesstraße und spazieren auf dem Winterweg durch den Wald Richtung Südwest. An der ersten, mit Findlingen markierten Abzweigung gehen wir links und wieder rechts zum Knotenpunkt 11. Hier befindet sich eine weitere Schutzhütte. Wir bleiben auf dem Weg und biegen kurz darauf rechts ab.

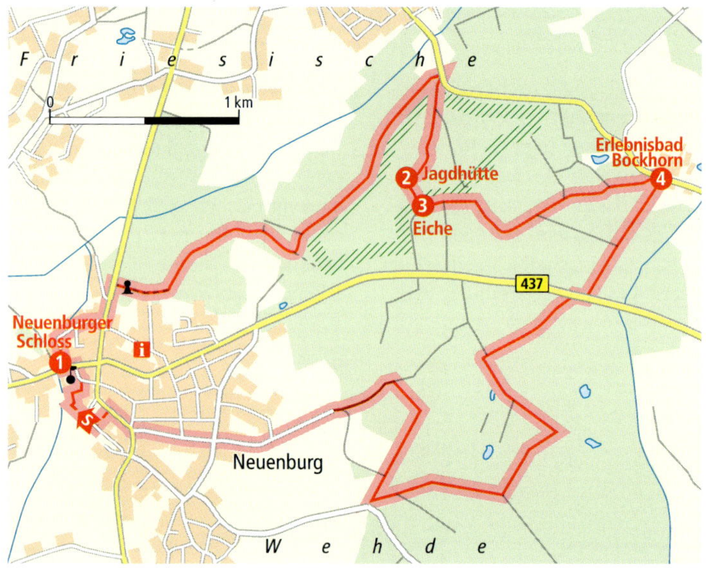

► *800 Jahre alte Eiche im Neuenburger Wald.*

Am Wanderparkplatz Winterberg gehen wir die Winterbergstraße Richtung Bundesstraße und biegen sofort links ab. Nach 1 km führt uns der Deephofsweg nach Neuenburg. Der Graspfad führt aus dem Wald heraus und dann durch eine schöne Weidenlandschaft mit Baumbewuchs. Wenn wir auf die Querstraße stoßen, ergeben sich zwei Möglichkeiten. Gehen wir weiter geradeaus, erreichen wir über die Burgstraße und die Westersteder Straße unseren Ausgangspunkt. Folgen wir dem Lehmhörn rechts herum, erreichen wir die Gaststätte Urwaldhof und gehen anschließend über die Urwaldstraße zurück.

6 Von Russland nach Amerika

TOURINFO KOMPAKT

Anspruch:	Länge:	Dauer:	Höhenmeter:
leicht	8 km	1:30 Std.	▲25 ▼ 25

Wir haben die einmalige Gelegenheit, gemütlich von Russland bis nach Amerika zu wandern. Der Rundweg verbindet die beiden Friedeburger Stadtteile und führt durch eine schöne Wiesen- und Wallheckenlandschaft.

Ausrüstung: Feste Sportschuhe, Trinken, evtl. Badesachen.

Anfahrt mit dem Auto: A 29 Richtung Wilhelmshaven bis Ausfahrt Sande/ Friedeburg.

Anfahrt mit Bus & Bahn:
Mit dem Zug bis Sande, weiter mit dem Bus.

Ausgangspunkt: Friedeburg
53° 27' 15" N 7° 49' 24" O
32U RW 421866 HW 5923440

Einkehr: In Friedeburg.
Café Rosenhof, Strooter Weg 31, 26446 Friedeburg, Tel.: 0 44 65 / 4 58, direkt am Wald, Frühstück, Mittag- und Abendessen, Fr Ruhetag.

Unsere Kontinentalwanderung beginnt am S Ortsschild „Russland" in Friedeburg. Über den Ursprung des Namens kursieren mehrere Geschichten. Zum Beispiel folgende: Vor 150 Jahren wohnte hier ein Köhler, auch Rußer genannt. Oder diese: Hier lebte ein armer Bauer, der aufgrund seines rauen Wesens „Russe" gerufen wurde. Auf dem Russlandweg wandern wir ostwärts und gehen an der Kreuzung geradeaus weiter. Rechts liegt der **Strooter Wald** 1 mit einer Trimm-Dich-Strecke und einem Waldlehrpfad. Nach dem Waldstück mit mächtigen Buchen- und Eichenbeständen passieren wir das Waldfreibad auf der linken Seite und erreichen kurz darauf die Friedeburger Hauptstraße. Wir folgen ihr Richtung Norden vorbei an dem Rathaus aus dem Jahr 1837. Nach 300 m biegen wir links in den Hohen Weg ein, der uns langsam aus dem Stadtzentrum herausführt. In Höhe Tuchter Weg wandern wir weiter Richtung Norden auf dem Friedeburger Weg. Schließlich erreichen wir die Heseler Straße. Rechts steht ein **Denkmal** 2 für die Gefallenen der letzten Kriege. Unser Weg führt uns links herum und nach 100 m biegen wir in den Heseler Alten Postweg ein. Hier verlief einst ein Teilstück des alten Friesischen Heerweges. Diesen durch Burgen gesicherten Weg benutzten vor allem Kaufleute, Pilger und Heere. Wir laufen Richtung Norden bis wir den Dreiecksweg erreichen.

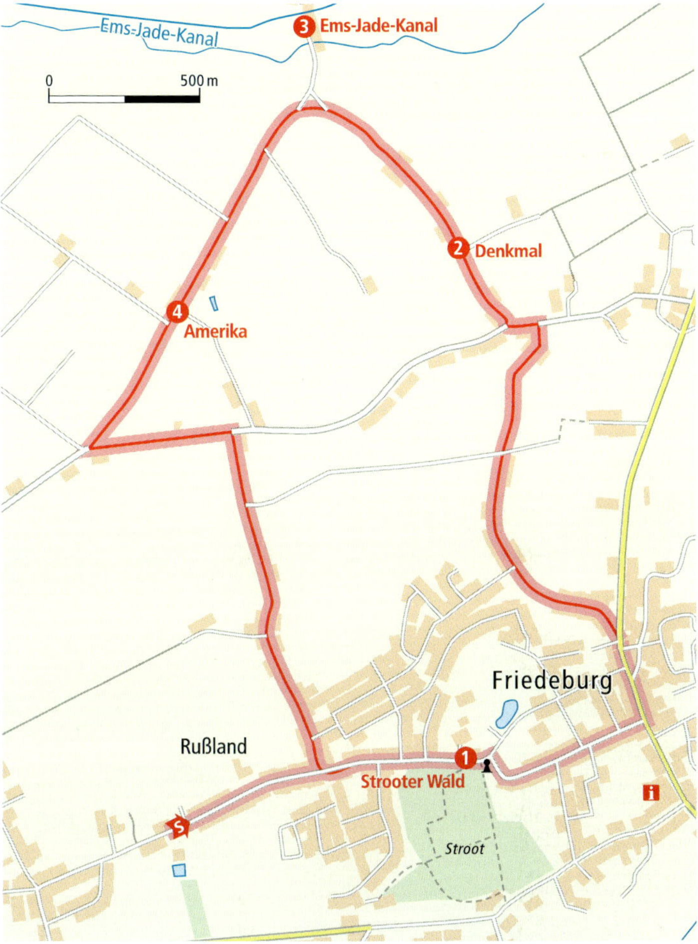

Ems-Jade-Kanal
3 Ems-Jade-Kanal
0 500 m
2 Denkmal
4 Amerika
Friedeburg
Rußland
1 Strooter Wald
S
Stroot

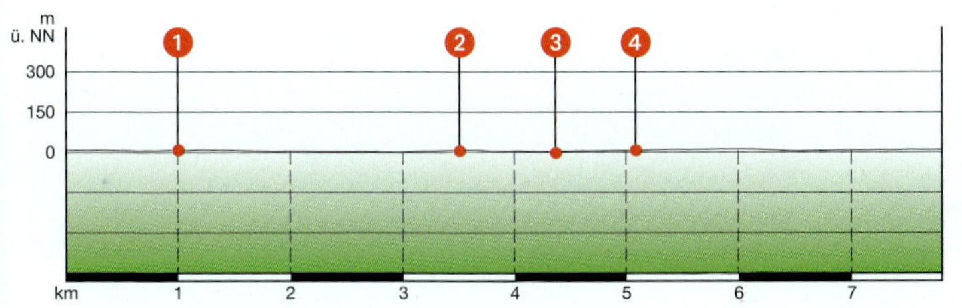

Es lohnt sich, einen kleinen Umweg bis zur alten Wassermühlenbrücke und dem **Ems-Jade-Kanal** 3 zu gehen und eine kurze Verschnaufpause einzulegen.
Unser Weg führt uns zurück über den Jackenbarger Weg vorbei an Wiesen und der typischen Wallhecken-Landschaft. Am Ende des Weges erreichen wir links herum nach 200 m das Ziel „**Amerika**“ 4. Es kostete viele Entbehrungen, das Land urbar zu machen und zu besiedeln. Dies geschah im 19. Jahrhundert, zu einer Zeit, als viele Menschen nach Amerika auswanderten. Die hiesigen Siedler allerdings fanden ihr Amerika im Heselerfeld und errichteten auf dem Amerikaplatz Totempfahl und Grillhütte.
Nach weiteren 300 m nehmen wir den Weg rechts und folgen dem Mickenbarger Weg bis zur Kreuzung. Rechts geht es zu unserem Startpunkt zurück.
Nach erfolgreich absolvierter Wanderung vergibt die Tourist-Info eine Erinnerungsurkunde (Friedeburger Hauptstraße 60, 1,60 €).

▶ *Ems-Jade-Kanal.*

7 Auf dem Störtebekerweg von Dornumersiel bis Bensersiel

TOURINFO KOMPAKT

Anspruch:	Länge:	Dauer:	Höhenmeter:
leicht	6,6 km	2:00 Std.	▲47 ▼ 47

Über 187 km verläuft der Störtebeker-Fernwanderweg direkt an der Küste entlang von Leer bis nach Wilhelmshaven. Unsere Teiletappe ist eine reine Deichwanderung von Dornumersiel bis Bensersiel, kann aber auch bis Neuharlingersiel oder Carolinensiel verlängert werden. Die Rückkehr erfolgt per Bus.

Ausrüstung: Feste Sportschuhe, Trinken, Schal oder Mütze bei frischem Wind, evt. Badesachen für einen Besuch der Nordseetherme.

Anfahrt mit dem Auto: A 31 bis Emden, Abfahrt Riepe Richtung Aurich, von der B72/210 Richtung Dornum weiterfahren bis Dornumersiel Ende Hafenstraße.

Anfahrt mit Bus & Bahn: Bushaltestelle Dornumersiel.

Ausgangspunkt: In Dornumersiel.
53° 40' 47,0" N 7° 29' 3,8" O
32U RW 399895 HW 5948955

Einkehr: In Bensersiel.
Restaurant Zum Bären, Am Strand 3, 26427 Bensersiel, Tel.: 0 49 71 / 24 90, www.zum-baeren.com, einzigartiger Blick auf das Wattenmeer, SB-Restaurant, gehobenes Ambiente im Hauptrestaurant mit regionalen und internationalen Spezialitäten, SB-Restaurant tgl. geöffnet, Hauptrestaurant Mo Ruhetag.

Der Wanderweg ist teilweise mit einem S markiert. Unsere Wanderung startet am S Ende der Hafenstraße gegenüber dem lebhaften Jachthafen. Wir gehen Richtung Süden und biegen links ab in die Verbindungsstraße über das Dornumer Tief. Hier genießen wir den fantastischen Blick über den kleinen Fischerhafen im Norden und dem **Mahlbusen** 1 im Süden. Der kleine Speichersee ist ein Paradies für Kanu-, Ruder- oder Tretbootfahrten.
Anschließend wandern wir auf der Graskrone des Deiches entlang. Sobald wir Zäune passieren, achten wir darauf, diese wieder hinter uns zu schließen. Die Salzwiesen zwischen Deich und Küstenlinie gehören zum Nationalpark Wattenmeer und bieten als Ruhezone zahlreichen Vögeln einen geschützten Lebensraum. Bei guter Sicht erblicken wir die Inseln Langeoog und Spiekeroog. Aber auch landeinwärts bieten sich tolle Ausblicke wie die Sielmühle von Westerbur. Der 1872 erbaute Galerieholländer diente

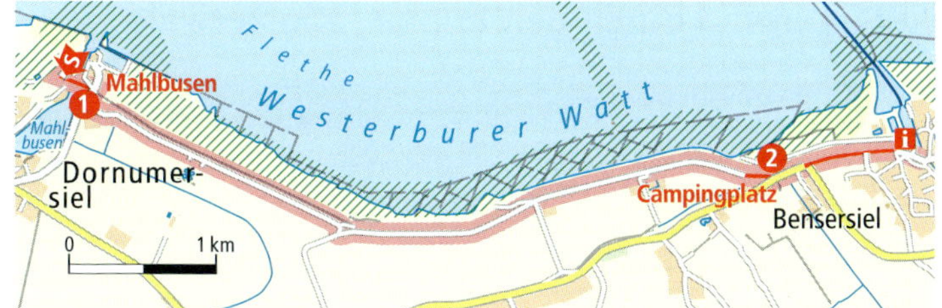

aufgrund der küstennahen Lage gleichzeitig als Seezeichen.

Bensersiel kündigt sich durch den riesigen **Campingplatz** ② von 90.000 qm Fläche an und schon bald laufen wir auf einem Klinkerweg über die Deichkrone. Zu unseren Füßen liegen die familienfreundlichen Strände von Bensersiel sowie das kleine Wellen-Freibad. Unsere Wanderung endet am Hafen. Der Weg links über die ungewöhnliche Fußgängerbrücke führt zum lebhaften Strandportal mit der Tourist-Information. Östlich vom Hafen liegen der Kurpark und die Nordseetherme, wo wir unsere Muskeln im Solebecken entspannen. Wer noch nicht genug Nordseeluft geschnappt hat, kann die Deichwanderung auch bis Neuharlingersiel oder Carolinensiel ausdehnen.

Für den Rückweg gibt es zwei Möglichkeiten: Entweder gehen wir denselben Weg zurück nach Dornumersiel oder die Rückfahrt erfolgt bequem mit dem Bus ab Haltestelle Bensersiel Anleger bzw. in Neuharlingersiel oder Carolinensiel.

▶ *Ferienvergnügen am Bensersiel.*

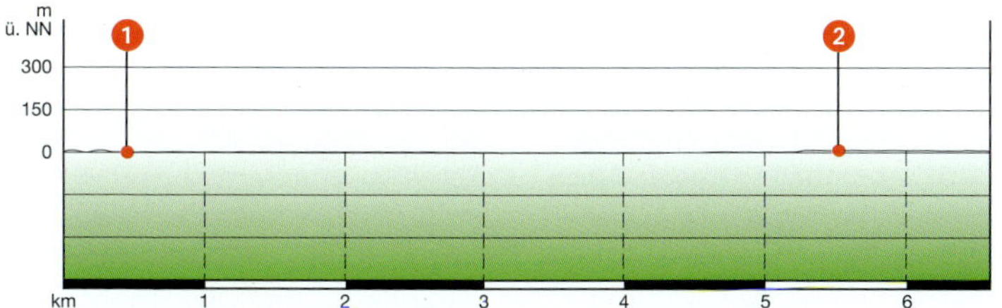

8 Pilgerpfad durch den Ihlower Klosterwald

TOURINFO KOMPAKT

Anspruch:	Länge:	Dauer:	Höhenmeter:
leicht	6,8 km	1:45 Std.	▲8 ▼ 7

Besonders an heißen Tagen ist die Wanderung durch den schattigen Ihlower Wald für Naturliebhaber ein Vergnügen. In der Mitte des kleinen Forstes befindet sich die Ausgrabungsstätte des Klosters „Schola Dei“ (Schule Gottes) mit Kräutergarten und fantastischem Aussichtsturm.

Ausrüstung: Feste Sportschuhe, Trinken.

Anfahrt mit dem Auto: A 31 bis Abfahrt Riepe und die Kreisstraße Richtung Aurich folgen, in Riepe nach Bangstede abbiegen und am Ende des Dorfes an der Kreuzung rechts abbiegen. Der Weg endet direkt am Parkplatz.

Anfahrt mit Bus & Bahn: Mit dem Bus von Emden oder Aurich zur Haltestelle Ihlower Kirche.

Ausgangspunkt: Parkplatz am Ihlower Wald.
53° 24' 36,8" N 7° 27' 5,1" O
32U RW 397066 HW 5919023

Einkehr: Im Ihlower Wald.
Forsthaus Kloster-Café, Zum Forsthaus 1, 26632 Ihlow, Tel.: 0 49 29 / 91 59 49, selbstgebackene Kuchen und kleine Gerichte, toller Blick von der Terrasse auf den Kräutergarten und den Aussichtsturm, Mo Ruhetag.

Die Wanderung führt uns über den Münkeweg, übersetzt Möncheweg, vom S Parkplatz an der Kirchdorfer Straße direkt in den Mischwald hinein. Wir überqueren den Moorentwässerungskanal Reiherschloot und entdecken kurz darauf auf der linken Seite eine Abzweigung. Der Buchstabe A markiert einen naturbelassenen Waldpfad mit einer lieblos gestalteten Kloster-Waldrallye. Nach der fünften Station erreichen wir einen breiten Waldweg, dem wir links folgen. Buchen und Eichen säumen unseren Weg, bis wir auf einen breiten Sandweg stoßen. Der Weg hat auf der linken Seite eine Plattenspur und führt uns fast aus den Wald heraus. In Höhe der Feldmark biegen wir rechts in den Weg mit der Markierung D ein. Der naturbelassene Weg führt an einem **Klosterteich** 1 vorbei, an dem in hellen Nächten der Geist der „weißen Frau“ spuken soll. Wir bleiben auf dem Pfad, passieren eine Links/Rechtskurve und erreichen eine breite Waldkreuzung. Der Waldweg geradeaus führt uns an einen **Natur-Kirchplatz** 2 mit Sitzbänken

vorbei. Kurz bevor der Wald endet, biegen wir rechts in einen kleinen Waldweg, der in den Münkeweg mündet. Auf diesem Teilstück des rund 40 km langen Pilgerwegs „Schola Dei" von Ihlow nach Norden gehen wir Richtung Waldmitte und folgen dem kleinen Weg links zum Forsthaus und dem Rekonstruktionsbau der ehemaligen **Zisterzienserabtei** 3 aus dem 13. Jh. Wer schwindelfrei ist, besteigt den Turm des Stahlbaus und genießt die tolle Aussicht. Wir erreichen den Ausgangspunkt, indem wir ein kurzes Stück auf gleicher Strecke gehen und an der Kreuzung den Weg weiter geradeaus nehmen.

▶ *Rekonstruktion der Klosterkirche Ihlow.*

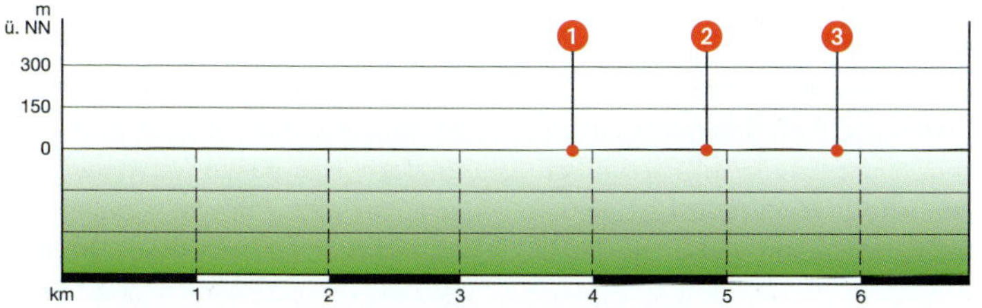

1 Für Schiffe-, Leuchtturm- und Vogelkieker

TOURINFO KOMPAKT

Anspruch:	Länge:	Dauer:	Höhenmeter:
schwer	97 km	7:00 Std.	▲115 ▼ 111

Auf dieser Tagestour erkunden wir die letzte Etappe des 860 km langen Elberadweges. Der Reiz der Strecke liegt im Wechsel zwischen erlebenswerten historischen Städtchen, kleinen verträumten Häfen und dem atemberaubenden Schiffverkehr auf der Elbe. Sind die Sperrwerke nicht passierbar, verlängert sich die Tour auf 97 km.

Ausrüstung: Fahrradhelm, Getränke und Verpflegung, evt. Badezeug und Fernglas.

Anfahrt mit dem Auto: Über die B 73 nach Stade.

Anfahrt mit Bus & Bahn: Mit dem Zug nach Stade.

Ausgangspunkt: Stade
53° 36' 14,7" N 9° 28' 38,0" O
32U RW 531578 HW 5939579

Einkehr: Viele Einkehrmöglichkeiten entlang der Strecke.
Unsere Empfehlung: Hotel Restaurant „Zwei Linden", Itzwördener Strasse 4, Tel.: 0 47 53 / 8 43 00, 21730 Balje-Hörne, www.hotel-zwei-linden.de, frische Küche, Mo bis 17 Uhr Ruhetag, auch Übernachtungsmöglichkeit vorhanden.

Der Elberadweg ist durchgehend mit einem „e" auf weißem Schild gekennzeichnet. Es besteht die Möglichkeit, die Tour in Otterndorf um 22 km zu verkürzen. Entlang der Strecke von Stade bis Neuhaus erhalten Radfahrer Mitfahrgelegenheit im Elbe-Wanderbus (www.elberadwanderbus.de, April bis Sept.). Bei einer 2-Tages-Tour übernachten wir in Balje-Hörne.
Wir beginnen die Tour am S Stader Bahnhof, überqueren die Brücke und fahren links herum an den eindrucksvollen Bauten des Freilichtmuseums vorbei. Nach der Autobahnunterführung radeln wir durch den Park, überqueren wieder den Burggraben und gelangen durch den Helmut-Ernst-Miericke-Weg auf die Glückstädter Straße. Wir fahren ein kurzes Stück rechts herum, biegen links ab und anschließend gleich wieder rechts in den Stader Schneeweg. Wenn der Weg endet, folgen wir der L 111 nach Norden. Wir nutzen die erste Möglichkeit, rechts abzubiegen, dann radeln wir gleich wieder links und anschließend geradeaus bis Bützfleth. Hier fahren wir wieder kurz über die L 111 und wenden uns rechts in die Deichstraße. Immer am Deich entlang erreichen wir die

▶ *Die Medem in Otterndorf.*

beeindruckende **Festung Grauerort** ❶. Das denkmalgeschützte Artillerie-Fort wurde 1869 bis 1879 von Preußen als Schutz vor feindlichen Schiffen errichtet, Kampfhandlungen fanden hier jedoch nie statt. Nun radeln wir immer am Elbdeich entlang vorbei an Wethe und Assel bis nach Krautsand. Die schöne Elbinsel ist seit dem 16. Jahrhundert bewohnt. Durch Naturgewalten und Verschlickung verschob sich die Insel immer mehr nach Süden, die Inselkirche stand früher auf einer Wurt mitten auf der Insel. Am wunderschönen Sandstrand legen wir eine Rast ein und beobachten den regen Verkehr auf dem Weltschifffahrtsweg Elbe.

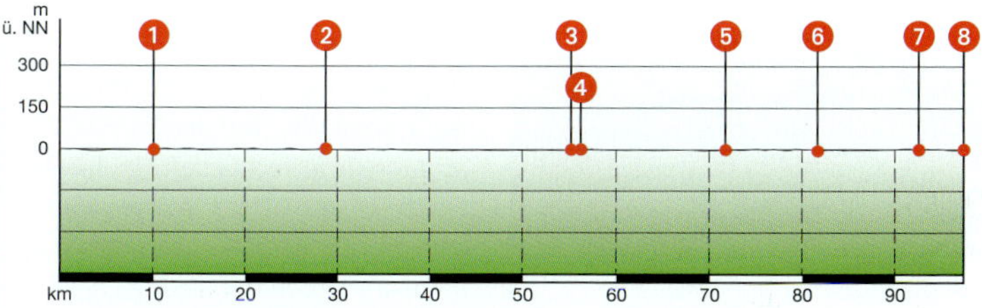

Ausgeruht fahren wir weiter. Hinter dem Campingplatz teilt sich der Elberadweg. Die Strecke am Deich führt über das Sperrwerk Kehdingen und ist nur im Sommer zu passieren (Mai bis Sep. Sa, So und Feiertage 10 bis 12 Uhr und 17 bis 19 Uhr). Die alternative Route führt links nach Dornbusch. Dort überqueren wir die Süderelbe. Wir fahren ein kurzes Stück auf der L 111 zurück und biegen rechts in die Hüller Straße, die ins Dornbuschermoor übergeht. Die nächstmögliche Straße fahren wir rechts hinein. Dann radeln wir durch eine idyllische Moorlandschaft. Nach rund 5 km führt die Moorchaussee rechts nach Wischhafen. Rechter Hand sehen wir die Wischhafener Moorbracke mit tollem Fischbestand. In Wischhafen überqueren wir die B 495 und fahren schräg links in die Straße Unterm Deich zum **Küstenschifffahrtsmuseum** ❷. Das Museumsgebäude im alten Getreidespeicher bildet mit dem Gemeindehafen und

dem Küstenmotorschiff Iris-Jörg ein einmaliges authentisches Denkmal-Ensemble. Die Straße führt weiter links über die Fährstraße wieder auf die Bundesstraße, die wir bis zum Fähranleger der Elbfähre Glückstadt –Wischhafen entlangfahren. Über die Straße links am Deich radeln wir bis nach Freiburg. Hier überqueren wir den Deich, fahren links und gleich wieder rechts und folgen dem Deich bis zur Brücke. Der Weg führt rechts am Wasser entlang bis zum Elbdeich. Diesen verlassen wir nach 2 km, fahren südwärts und biegen hinter dem Siel rechts ab. Jetzt radeln wir 15 km durch endloses Grünland. Bitte die Gatter sorgfältig wieder schließen! Am Ende des Weges liegt vor uns das **Wildvogelreservat Nordkehdingen** 3. Das Feuchtgebiet ist Rast- und Nahrungsgebiet für Watt- und Wasservögel wie Enten, Säger, Gänse und Schwäne sowie Brutgebiet für Austernfischer, Kiebitz, Bekassine, Uferschnepfe und Rotschenkel. Vorbei am Naturschutzgebiet erreichen wir Hörne. Der Weg rechts über den Außendeich führt zum Ostesperrwerk (April bis Sept. Di bis Do 10 bis 17 Uhr, Sa, So 10 bis 18 Uhr, Okt. bis März Di bis Do, Sa und So 10 bis 17 Uhr). Außerhalb dieser Zeiten biegen wir in Hörne links ab und wieder rechts auf die L 111. Über der Hubbrücke radelnd, überqueren wir die Oste und fahren rechts herum bis nach Neuhaus. Sehenswert ist die Kirche mit barocker Innenausstattung und der Gloger-Orgel. Es lohnt ein Abstecher zum **Natureum Niederelbe** 4 beim Ostesperrwerk, einer naturkundlichen Ausstellung mit vielen interaktiven Angeboten auch auf dem riesigen Außengelände. Von der Ostehalbinsel fahren wir rechts den Neuhäuser Deich entlang an der Wasserskianlage vorbei.

In Belum fahren wir die B 73 links

▶ *Die Kugelbake in Cuxhaven.*

zurück und gleich rechts weiter nach Bahrdorf. Vorbei an einem schönen Fachwerkhaus erreichen wir wieder die B 73. Nach einem kurzen Stück links herum biegen wir vor dem Hadelner Kanal rechts ab. Wir radeln am dem ruhigen Kanal entlang bis zu einem schmucken Reetdachhaus. Hier biegen wir links ab und radeln bis nach Otterndorf, einen hübschen Ort mit historischen Fachwerkhäusern und verwinkelten Gassen. Bemerkenswert ist das **Kranichhaus** 5 mit dem Vogel auf dem Giebel. In Otterndorf können wir mit dem Zug nach Stade zurückfahren.Dort überqueren wir die Medem und fahren rechts herum zum Strand. Am Ende der Häuser führt der Philosophenweg wieder zum Deich. Ein asphaltierter Weg verläuft jetzt Außendeichs und wir haben freie Sicht auf die Elbe. Bei Altenbruch begrüßt uns die **Dicke Berta** 6, ein über 100 Jahre alter Leuchtturm. Hinter dem Grodener Hafen überqueren wir die Bahngleise und folgen rechts der Neufelder Straße entlang dem Neuen Fischereihafen. Linker Hand befindet sich der Bahnhof, allerdings ist der Elberadweg noch nicht zu Ende. Beim alten Fischereihafenbecken biegen wir rechts in die Kapitän-Alexander-Straße ein, fahren am Ende links über die Brücke und folgen dem Seedeich. Rechts liegt der Alte Hafen mit dem roten Feuerschiff und die Aussichtsplattform **Alte Liebe** 7. Wir umrunden die Grimmershörner Bucht und erreichen bei der **Kugelbake** 8 den Punkt, an dem die Elbe endet und die Nordsee beginnt.

2 Abenteuerliche Kulturroute Störtebekerland

TOURINFO KOMPAKT

Anspruch:	Länge:	Dauer:	Höhenmeter:
mittel	73,2 km	4:30 Std.	▲54 ▼ 54

Abwechslungsreiche Fahrradroute auf den Spuren der ostfriesischen Häuptlinge und Freien Friesen.

Anfahrt mit dem Auto: A 31 bis Abfahrt Emden Mitte, dann B 210 Richtung Norddeich/Aurich bis Georgsheil, links ab B 72 bis Marienhafe oder weiter Richtung Norden nach Hage und Großheide.

Anfahrt mit Bus & Bahn: Die nächsten Bahnhöfe sind in Marienhafe und Norden. Buslinie 411 Marienhafe – Norden, weiter mit 446 oder 445 Norden – Hage.

Ausgangspunkt: Marktplatz in Hage
53° 36' 11" N, 7° 16' 50" O
32U RW 386227 HW 5940734

Weitere Infos: www.stoertebekerland.de

(Erstellung der Wegbeschreibung: ADFC Ortsgruppe Norden, www.adfc-aurich.de)

Wir starten am S Marktplatz in Hage und fahren auf der Hauptstraße in westliche Richtung bis zum Schlosspark in Lütetsburg.
Vor dem **Schloss** 1 radeln wir links in den befestigten Waldweg- und Forstweg. Nach 2,5 km kommen wir zum Lütetsburger Forsthaus auf die II. Moorriege. Dort fahren wir geradeaus weiter. Später heißt diese Straße Bolkelander Weg, der in die K205 Halbemonder Straße mündet. Hier fahren wir auf dem gegenüberliegenden Radweg, rechts, bis zum Ende der Straße. Wir überqueren die K203 Nadörster Straße und kommen auf den Leezweg. Wir folgen der Straße ca. 2 km. Kurz vor der Einmündung biegen wir links ab auf den ausgeschilderten Feldweg (kurze Strecke unbefestigt) und kommen so auf die K202 Moortunweg. Hier biegen wir wieder links ab, fahren bis zum Ende des Radweges und radeln gegenüber in die Straße Am Sandkasten.
Nun biegen wir in die erste Straße rechts ab, in den Junkersweg und dann gleich links in den Sträkweg. Hier am Sträkweg befindet sich die **Leezdorfer Mühle** 2.
Wir fahren den Sträkweg bis zum Ende weiter und biegen dann rechts in den Adeweg ab.
Wir folgen der Straße 2,8 km bis zum Ende in den Ort Osteel über die B72. Hier fahren wir links in den Alten Postweg und folgen der Straße bis Marienhafe zum Marktplatz, wo sich die **Marienkirche mit dem Störtebeker Turm** 3 und das **Störtebeker Denkmal** 4 befinden.

Am Markt, beim Denkmal, geht es links in die Rosenstraße und dann gleich rechts in die Kirchstraße. Wir folgen der Straße 650 m und biegen dann rechts ab in die Osterupganter Straße. In dieser Straße befindet sich **Ulferts Börg** 5.Weiter geht die Radtour auf dieser Straße bis kurz vor die Ampelkreuzung der B72. Wir biegen links ab in den Wilde-Äcker-Weg. Am Wegesrand finden wir den **Gedenkstein der „Schlacht auf den Wilden Äckern"** 6, die hier 1427 ihr Ende fand. Bei der ersten Kreuzung fahren wir links in den Siegelsumer Moorweg und kommen nach Neu Siegelsum.
Nun geht es weiter geradeaus in den Mühlenweg. Bei der ersten Kreuzung geht es links weiter auf dem Mühlenweg. Die Straße mündet in den Ruger Weg, hier biegen wir rechts ab und fahren gleich wieder links in den Mühlenweg. Nun erreichen wir den Ort Rechtsupweg. Der Mühlenweg mündet in die K118, der Hauptstraße. Hier biegen wir rechts ab und folgen der Straße auf dem Radweg bis zu einer scharfen Rechtskurve und fahren links in die Fehntjer Straße und gleich wieder links in die Kienholzstraße.

Dieser Straße folgen wir 1,8 km, die Radwegeführung ist ausgeschildert. Am Ende führt der Weg links in den Kirchweg. Wir biegen kurz darauf wieder rechts ab in den Heideweg. Der Heideweg heißt später Brückstraße, auf dieser radeln wir bis zum Ende am Berumer Fehnkanal weiter. Hier biegen wir rechts ab in den Mühlenweg.
Am Ende des Weges befindet sich die **Mühle von Berumerfehn** 7. Wir fahren über die Kanalbrücke gleich rechts in die Dorfstraße und parallel zum Kanal rechts in den Verlaatsweg. Am Ende kommen wir wieder auf die Dorfstraße, an der sich das **Kompaniehaus** 8 befindet. Weiter geht es auf der Dorfstraße in östliche Richtung bis zur ersten Kreuzung. Hier biegen wir links ab in den Röttweg und kommen nach Ostermoordorf. Hinter der zweiten Kreuzung geht es weiter gerade aus, hier heißt die Straße Frederikenfeld. Nach 2,2 km kommen wir auf die K207 Coldinner Straße, wo wir rechts abbiegen und kurz danach wieder links in den Strücker Weg fahren. Bei der Kreuzung mit dem Klosterweg fahren wir rechts in diese Straße und kommen nach

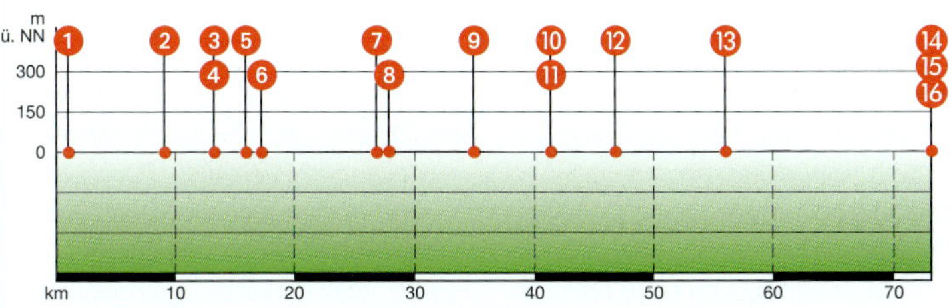

Menstede. Wir folgen der Radwegeausschilderung nach Arle und Dornum auf dem Mensteder Weg, überqueren die L6, Arler Straße und fahren gegenüber in die Raiffeisenstraße. Dort befindet sich die **Arler Kirche** 9. Wir biegen am Ende in den Dornumer Weg und folgen diesem ca. 2,5 km, dann heißt der Weg Arler Weg. Über die Gleise der Museumseisenbahn kommen wir nun nach Dornum auf die L7 Schatthauser Straße. Wir fahren nun links bis zur Kreuzung und dann rechts in die Westerstraße. Am Ende geht es links weiter auf der Kirchstraße mit der **Bartholomäuskirche** 10 über den Marktplatz. Vor Ihnen befindet sich das **Wasserschloss Dornum** 11. Weiter geht es rechts abgebogen auf die Enno-Hektor-Straße und am Ende über den Parkweg links auf die K210 Accumer Riege. Wir folgen dem Straßenverlauf 1 km nach Westeraccum und biegen dann links ab auf die K243 Butenhusener Straße. Nach 3 km kommen wir nach Westeraccumersiel. Nun heißt die Straße Oll Deep. Zum **Zwei-Siele-Museum** 12 biegen wir hier rechts ab in die Seefahrerstraße und links in die Ostfreesenstraat. Die Tour geht weiter auf Oll Deep. Die Straße mündet in die L6 Störtebeker Straße. Hier biegen wir links ab, weiter über die Brücke vom Mahlbusen und gleich dahinter rechts in die Hafenstraße. Nun geht es links hoch auf den Deich auf die Straße Am Seedeich und immer gerade aus, nach der Feriensiedlung sogar autofrei, bis Nessmersiel. Zur **Hafenkaje** 13 geht es rechts über den Deich, die Radtour geht aber weiter gerade aus bis Hilgenriedersiel. Hier verlassen wir die Seedeichstraße, überqueren auf der K213 die L5 Theener Oststreek und kommen auf den Alten Postweg nach Hagermarsch. Am Ende des Alten Postwegs kommen wir auf die K210 Hagermarscher Straße und biegen rechts ab. Nach 750 m biegen wir links ab in einen Wirtschaftsweg zum Marienhof. Vor dem Marienhof geht es rechts weiter auf dem Wirtschaftsweg. Wir überqueren die Gleise der Museumseisenbahn und fahren nach 200 m rechts in den Wald. Der Waldweg führt uns nach Berum auf die L6 Blandorfer Straße. Auf dem gegenüberliegenden Radweg fahren wir rechts nach Hage vorbei an der **Burg Berum** 14 zurück. Am Kreisverkehr zur Ortseinfahrt Hage sehen wir rechts die **Mühle** 15. Weiter geradeaus entlang der Hauptstraße biegen wir an der T-Kreuzung links ab und treffen gleich auf die **St.-Ansgari-Kirche** 16 zur rechten Seite. Um die Kirche herumgefahren, kommen wir wieder auf die Hauptstraße heraus und befinden uns gegenüber dem Marktplatz.

3 Steife Brise voraus – Durch das reizvolle Cuxland

TOURINFO KOMPAKT

Anspruch:	Länge:	Dauer:	Höhenmeter:
mittel	66,4 km	6:30 Std.	▲105 ▼ 105

Auf dieser Tagestour entdecken wir Cuxhavens lebhafte Kurorte sowie die windzerzauste Landschaft der Wurster Küste. Wir radeln durch stille Naturlandschaften, romantische Sielhäfen und kleine beschauliche Dörfer.

Ausrüstung: Fahrradhelm, Getränke und Verpflegung, evt. Badezeug.

Anfahrt mit dem Auto: A 27 bis nach Cuxhaven.

Anfahrt mit Bus & Bahn: Mit dem Zug nach Cuxhaven.

Ausgangspunkt: In Cuxhaven.
53° 51' 39,7" N 8° 42' 10,9" O
32U RW 480469 HW 5968101

Einkehr: In Cuxhaven.
Zahlreiche Einkehrmöglichkeiten entlang der Strecke. Unsere Empfehlung: Schloss Restaurant, Schlossgarten 8, 27472 Cuxhaven, Tel.: 0 47 21 / 50 05 90, www.schloss-restaurant-cuxhaven.de, wunderschönes Ambiente im ältesten Gebäude der Stadt, bei schönem Wetter ist der Biergarten geöffnet, gehobene Küche, Mo Ruhetag.

Wir fahren vom S Cuxhavener Bahnhof geradeaus ein kleines Stück auf der Hauptstraße und biegen rechts in die Kapitän-Alexander-Straße ein. Über die Klappbrücke erreichen wir den Alten Hafen mit dem Schiffsanleger Alte Liebe und dem roten **Museumsschiff „Elbe 1“** 1. Es ist eindrucksvoll, auf einem Rundgang das harte Seemannsdasein auf dem beengten Seezeichen nachzuvollziehen. Entlang dem Fährhafen radeln wir zum Deich und gelangen rechts auf die Uferpromenade der Grimmershörner Bucht. Das Wahrzeichen Cuxhavens, die **Kugelbake** 2 markiert die Grenze zwischen Elbe und Nordsee. Hinterm Deich liegt das Fort Kugelbake, eine Verteidigungsanlage aus dem 19. Jahrhundert. In der romantischen Kulisse finden im Sommer Konzerte oder Veranstaltungen statt.

Unser Weg führt auf die Deichkrone, wo wir das Rad ein kurzes Stück schieben. Hinter der Kugelbake verlassen wir links den Deich und fahren auf dem Deichverteidigungsweg durch die geschäftigen Kurteile Döse und Duhnen. In Duhnen folgen wir der Duhner Strandstraße und biegen in Höhe des Lokals Leuchtfeuer links in die

► *Das Feuerschiff Elbe 1.*

Nordstraße. Der Wehrbergsweg führt rechts zum Strand zurück, wo wir links über den unbefestigten, aber fahrbaren Dünenweg Sahlenburg erreichen. Linker Hand liegt die schöne Duhnener Küstenheide. In Sahlenburg biegen wir hinter der Einkaufspromenade links in die Wernerwaldstraße ein und fahren den Waldweg parallel zur Straße. Am Ende des Weges biegen wir rechts ab und radeln durch den einzigen Wald an der deutschen Nordseeküste mit direktem Übergang zum Wattenmeer. Den romantischen **Wernerwald** 3 ließ der Hamburger Amtmann Werner 1880 anlegen. Hinter Arensch fahren wir vor dem Posterholungsheim rechts über den Deich und genießen den Ausblick über die Salzwiesen und das Wattenmeer. Wenn die Straße wieder über den Deich führt, halten wir uns rechts und folgen dem Deichverteidigungsweg über Spieka-Neufeld und Cappel-Neufeld bis nach Dorum-Neufeld. Es lohnt sich, bei den kleinen Küstenbadeorten über die Deichkrone zu schauen. Am Dorumer Tief liegt die größte Krabbenkutterflotte der Wurster Küste. Empfehlenswert ist

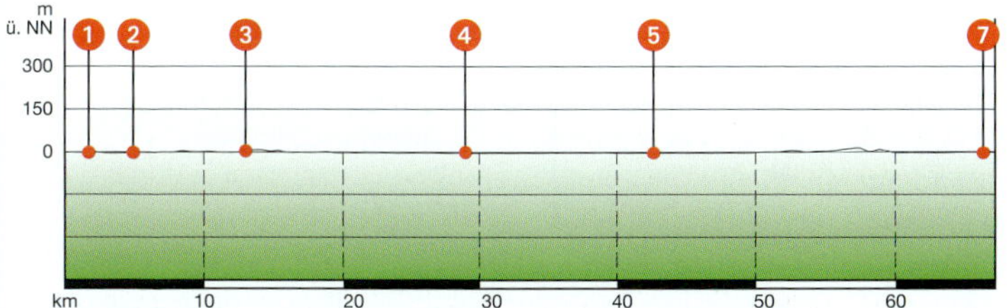

0
2,5 km
Duhner Watt
CUXHAVEN
Kugelbake
Vorland
DUHNEN
DÖSE
Fährhafen
Sahlenburger
STICKENBÜTTEL
Museums-schiff Elbe 1
SAHLENBURG
Watt
WESTER-WISCH
Schloss Ritzebüttel
Wernerwald
Wernerwald
SPANGEN
SÜDER-WISCH
RITZE-BÜTTEL
HOLTE-
GRODEN
Altoxstedter Tief
Arenscher Außendeich
ARENSCH
Altenwalder
Altenbruch-
Altenwalde
Berenscher Außendeich
Heide
BERENSCH
ALTENWALDE
Lüdingworth-
Oxstedter Außendeich
Oxstedter
FRANZEN-BURG
Heide
OXSTEDT
Gudendorf
Gudendorfer See
Spieka-
Kösters-weg
-Neufeld
Nordholz
Wursterheide
Kloster-moor
Aeronauticum
Cappeler Tief
Cappel-
Cappeler
-Neufeld
Knill
Nordholz-
Wanhödener Moor
Alten-
deich
Spieka
Süd
Hartingspecken
Wanhöden
Nordholz
Leuchtturm Obereversand
Northum
Midlum
E234
Midlumer
Dorumer
Neufeld
Moor
Midlumer
Specken
Hohensteins-forst
Orgel
Dorumer
Heide
Cappel
Pading-bütteler
Nieder-strich
Blankenwiesen
Kransburg
KREMPEL
Staatsforst
Bederkesa
Seeken-moor
Pading-büttel
Alsum
Dorum
HOLSSEL
Holzgrund
73
27

ein Besuch im Nationalparkhaus. Im Leuchtturm **Obereversand** 4 erklärt der Führer humorvoll das Leben des Leuchtturmwärters. An den Buden der Hafenterrasse stärken wir uns mit einem Krabbenbrötchen und nehmen ein Sonnenbad an der Nordseeküste. Wir verlassen den Hafen über den Deich und fahren geradeaus durch den kleinen Ort hindurch. In der Rechtskurve liegt links der Schwarze Wehl, der bei einem Deichbruch entstand. Auf Höhe des Teichs biegen wir rechts ab und radeln auf dem idyllischen Sommerdeich bis nach Paddingbüttel Altendeich. Am nächsten Wehl führt uns der Wehlsweg links durch Paddingbüttel. In Paddingbüttel-Rotthausen geht's links durch die grüne Wiesenlandschaft und dann rechts nach Themeln. Auf der Hauptstraßenkreuzung erreichen wir nach wenigen Metern das Niedersächsische Deichmuseum mit vielen spannenden Ausstellungsstücken zum Deichbau. Unsere Route führt aber links herum und nach der Rechtskurve links Richtung Midlum. Sehenswert ist die St. Urbanus-Kirche, eine alte Feldsteinkirche. Wir verlassen den Ort und biegen direkt vor den Bahnschienen links ab. Der Weg durch die Feldmark endet in Cappel. Der verträumte Ort präsentiert uns eine echte Sehenswürdigkeit in der St. Peter und Paul-Kirche, eine hervorragend erhaltene **Arp Schnitger Orgel** 5. Der berühmte Orgelbauer fertigte das kostbare Instrument 1680 und die Gemeinde kaufte es Anfang des 19. Jahrhunderts. Im Sommer finden häufig Orgelkonzerte auf dem wertvollen Instrument statt.

Wir folgen dem Spiekaer Weg bis zum ehemaligen Bahnhof in Spieka, wo wir uns links Richtung Nordholz halten. An der Hauptstraße in Nordholz wenden wir uns rechts und biegen gleich wieder links in die Mühlenstraße ab. Unser Weg führt uns an der fast zugewachsenen Windmühle von 1863 vorbei bis nach Oxstedt und weiter zur Bundesstraße. Eine Alternativstrecke führt von Nordholz zum spannenden **Aeronautikum** 6 an der Bundesstraße. Viele originale Flugzeuge, Hubschrauber und Exponate dokumentieren eindrucksvoll die Geschichte der Luftschifffahrt. Nach einem kurzen Stück entlang der B 6 biegen wir rechts ab und folgen dem Oxstedter Weg und dann links weiter dem Karkweg. An der Kreuzung recht abbiegen und am Ende der Straße wieder links. Hinter den Bahngleisen fahren wir rechts den Gleisen entlang und passieren den Autobahnzubringer. Am Ende der Heerstraße kehren wir zur B 6 zurück und folgen ihr bis Cuxhaven. Kurz hinter dem Krankenhaus biegen wir an der Ampelkreuzung rechts in die Südersteinstraße. Gegenüber der Fußgängerzone Norderstreinstraße liegt das **Schloss Ritzebüttel** 7 mit dem schönen Park. Am Ende der Straße gelangen wir links über die Meyerstraße wieder zum Bahnhof.

4 Rechts und links der Unterweser

TOURINFO KOMPAKT

Anspruch:	Länge:	Dauer:	Höhenmeter:
mittel	67 km	5:00 Std.	▲96 ▼ 96

Diese Tour entlang der Weser führt durch fruchtbares Marschland, kleine Hafenstädte und verträumte Sielhäfen. Bei Brake bzw. Golzhausen überqueren wir die Weser, aber beide Etappen können auch einzeln gefahren werden.

Ausrüstung: Fahrradhelm, Getränke und Verpflegung, evt. Badezeug.

Anfahrt mit dem Auto: L 212 bis nach Nordenham.

Anfahrt mit Bus & Bahn: Mit dem Zug nach Nordenham.

Ausgangspunkt: In Nordenham.
53° 28' 28,6" N 8° 28' 44,3" O
32U RW 465418 HW 5925195

Einkehr: Auf Harriersand.
Zahlreiche Einkehrmöglichkeiten entlang der Strecke.
Unsere Empfehlung:
Strandhalle Harriersand, Inselstraße 18, Tel.: 0 42 96 / 4 19, www.strandhalle-harriersand.de, Panorama-Strandhalle auf der Insel Harriersand, bodenständige Küche, März bis Okt. tgl. ab 11 Uhr.

Die Rundtour entspricht bis Brake dem Fernradweg Deutsche Sielroute. Er ist mit blauem und grünem Balken auf weißem Quadrat gekennzeichnet. Die Tour startet in S Nordenham am Bahnhof und führt links über die Gleise entlang der Weser. Aufgrund der günstigen Lage zur offenen See richtete Wilhelm Müller, der Gründungsvater der Stadt, Mitte des 19. Jahrhunderts einen regelmäßigen Schiffstransport für Vieh nach England ein. Aus diesen Anfängen entwickelte sich Nordenham zur größten Stadt der Wesermarsch. Bei Großensiel überqueren wir das Tief und wählen nach rund 1 km den Weg rechts entlang der Gleise. In Kleinensiel lohnt ein Abstecher zum kleinen Sandstrand. Wir folgen der Fährstraße Richtung ehemaligem Fähranleger, überqueren die Bahngleise und fahren die Deichstraße weiter, die in die Kreisstraße mit begleitendem Fahrradweg übergeht. Der Wesertunnel ist für Fahrradfahrer nicht befahrbar. Direkt hinter dem vom Netz genommenen Kernkraftwerk biegen wir links ab, überqueren das Beckumersiel und fahren entlang dem Beckumerdeich bis nach Rodenkirchen/Strohausen mit dem kleinen Sielhafen. Vom Deich aus sehen wir die Schilfflächen des Landschaftsschutzgebietes

► *Schaufenster Fischereihafen mit Museumsschiff Gera.*

Strohauser Plate. Hinter dem Siel verlassen wir den Deich rechts über die Straße zu den Deichen und radeln bis zur Kreisstraße. Richtung Norden erinnert das Friesendenkmal an die Schlacht im Jahr 1514, als die Friesen ihre Unabhängigkeit gegenüber der Grafschaft Oldenburg verloren. Unser Weg führt uns auf die Kreisstraße Richtung Süden, vorbei an der mächtigen St. Matthäus-Kirche von 1050. Auf dem Marktplatz findet das größte und älteste Heimatfest in der Wesermarsch statt, der Rodenkirchener Jahrmarkt. Am Supermarkt biegen wir links in die Abser Straße ein und fahren bis zum Deich.
Im kleinen Sielhafen liegt die „Hanni". Auf dem historischem Nachbau eines **Dielenschiffes** 1 mit geringem Tiefgang und klappbaren Masten finden Ausflugsfahrten zur Strohauser Plate statt. Wir halten uns immer an der Straße am Deich entlang bis nach Brake. In

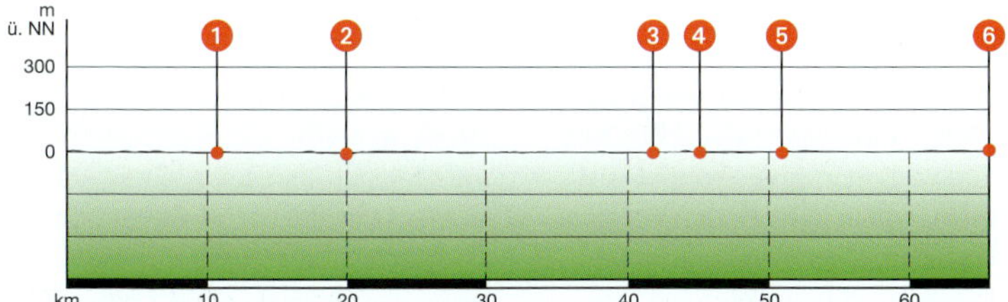

Golzwardersiel fährt die Fähre nach Sandstedt (www.weser-faehre.de). Mit einem Rechtsschlenker biegen wir in die Nordstraße ab. Sie führt durch die Hafenanlage bis zur Schleuse über den Binnenhafen. Wir folgen der Uferpromenade vorbei am **Telegraph** 2, Brakes Wahrzeichen. In dem Backsteingebäude von 1846 ist ein Teil des Schifffahrtsmuseums untergebracht. Es lohnt sich, durch das historische Viertel zwischen Hafen- und Georgstraße zu bummeln und in einem der Cafés zu rasten. An der Stadtkaje liegt der Bootsanleger für die Personen- und Fahrradfähre MS Guntsiet. Sie setzt von Ende April bis Ende Oktober mehrmals täglich nach Harriersand über (Tel.: 0 44 01 / 1 94 33). Wer die Tour außerhalb der Saison unternimmt, überquert die Weser mit der Schnellfähre bei Golzwardersiel und setzt die Fahrt bei Sandstedt fort.
Auf der Weserinsel Harriersand lädt ein schöner Sandstrand zum Verweilen ein. Nach einem Sonnenbad folgen wir der Inselstraße nach Süden und überqueren den rechten Nebenarm der Weser. In Rade biegen wir links in die Kreisstraße ab und radeln nordwärts. Schon bald ist die Aschwarder Windmühle zu sehen. Hinter dem Teich biegen wir links ab, fahren direkt am Gewässer vorbei und halten uns rechts. Am Ende des Feldweges geht es erst rechts, dann links an den Häusern vorbei am Deich entlang. In der kleinen Siedlung halten wir uns links nach Hammelwardersand und fahren nun auf der anderen Seite des Deiches weiter. In Höhe des Angelteiches bei Rechtebe biegen wir links ab und fahren durch die Felder vor dem Deich nach Norden weiter. Der Weg führt in Höhe von Wersabe wieder über den Deich.
Am Weserdeich geht unsere Fahrt weiter vorbei an Offenwarden bis nach Sandstedt. Es lohnt ein Abstecher entlang der Hauptstraße zur St. Johannis-Kirche mit dem gedrehten Turm. Bei Bau wurde schlecht gelagertes Holz verwendet, das sich mit der Zeit verzog. Am Ortsausgang sehen wir das historische **Oberfeuer** 3 von 1896/98.
In Rechtenfleth, dem Geburtsort des bekannten Marschendichters Hermann Allmers (1821-1902), steht gegenüber dem Denkmal für Karl den Großen das **Hermann-Allmers-Haus** 4. Das authentische Künstlerhaus spiegelt den vom romantischen Zeitgeist geprägten Geschmack des Hausherrn wider. Vor oder hinter dem Deich fahren wir weiter nach Norden zum Schöpfwerk Dreptersiel und weiter zum Luneschöpfwerk von 1987. In Höhe Dedesdorf ist die Hochzeitsmühle von Weitem zu sehen. Die **Laurentius-Kirche** 5 beeindruckt mit einer Arp-Schnitger-Orgel und der größten Stelenansammlung im Kirchenkreis. Am ehemaligen Fähranleger fahren wir schräg links an der Infotafel vorbei weiter hinter dem Deich Richtung Bremerhaven. Nach dem Radarturm und dem

Infoschild Luneplate erkennen wir schon die Skyline von Bremerhaven. Wir folgen der Hauptstraße links auf dem Deich entlang des Fischereihafens bis zur Doppelschleuse. Im Fischereihafen sind das Museumsschiff Gera, Atlanticum und die Phänomenta zu besichtigen. Wir überqueren die Doppelschleuse und folgen der Hauptstraße bis zum Fähranleger (www.weserfaehre.de) an der **Geestemole** 6. Übrigens ist es eine Tradition, auf der Fährüberfahrt eine Bockwurst zu verspeisen. Vor der Abfahrt mit der Fähre nach Blexen lohnt ein Besuch der Havenwelten mit seinen vielfältigen Attraktionen.

Die Fahrt vom Fähranleger in Blexen führt am Restaurant Weserschlösschen in einem ehemaligen Bahnhofsgebäude vorbei. Hinter der Deichdurchfahrt folgen wir links der Straße Am Deich. Wenn sie endet, biegen wir erst rechts und dann gleich wieder links ab in die Lindenstraße. Geradeaus gelangen wir über den Radweg zum Flugzeugwerk der Daimler Chrysler Aerospace Airbus GmbH und fahren über die Straße Am Salzendeich weiter. Links geht es in die Bergstraße und weiter durch die Werftstraße bis zur Martin-Pauls-Straße. Entlang des separaten Radweges radeln wir die Hauptstraße entlang bis nach Nordenham. In der Innenstadt biegen wir links in die Viktoriastraße ein, die uns bis zum Deich führt. Rechts folgen wir dem Deich bis zu unserem Ausgangspunkt.

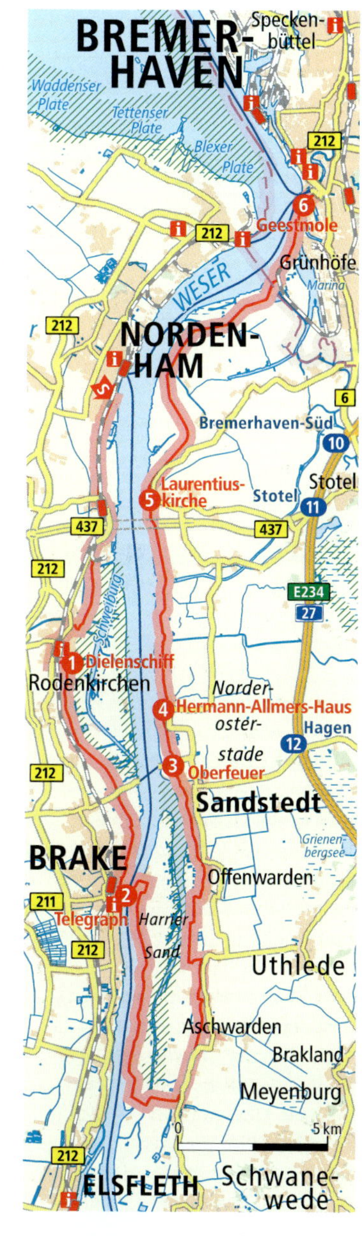

5 Landschaftsfenster in Ammerland

TOURINFO KOMPAKT

Anspruch:	Länge:	Dauer:	Höhenmeter:
leicht	43,4 km	3:30 Std.	▲95 ▼ 95

Auf dieser Rundtour lernen wir das wunderschöne Ammerland kennen. Uns erwarten Geestlandschaften mit leichten Steigungen bzw. Abfahrten, stille Moorgebiete und grüne Marschwiesen mit typischen Wallhecken.

Ausrüstung: Fahrradhelm, Getränke und Verpflegung, evt. Picknick.

Anfahrt mit dem Auto: A 29 bis Ausfahrt Rastede, Richtung Innenstadt bis zur Oldenburger Straße.

Anfahrt mit Bus & Bahn: Mit dem Zug nach Rastede.

Ausgangspunkt: Rastede
53° 14' 33" N 8° 12' 7" O
32U RW 446743 HW 5899544

Einkehr: In Rastede. Verschiedene Einkehrmöglichkeiten entlang der Strecke. Unsere Empfehlung: Schlosspark-Hotel Hof von Oldenburg, Oldenburger Straße 199, 26180 Rastede, Tel.: 0 44 02 / 9 27 90, typischer Landgasthof mit Sonnenterrasse, mittags und abends regionale Spezialitäten, tgl. geöffnet.

Startpunkt der Rundtour ist der (S) Eingang zum Rasteder Schlosspark. Wir folgen der Oldenburger Straße Richtung Norden und biegen die erste Möglichkeit rechts ab in die Mühlenstraße. Am Ende der lebhaften Straße geht es links in der ruhigen Parkstraße weiter immer entlang dem Waldgebiet Eichenbruch. Bald sehen wir das **Landschaftsfenster Geestrand** (1) auf der linken Seite. Es lohnt sich, diesen kleinen Umweg einzulegen, um von dem Aussichtsturm den welligen Übergang von Geest und Marsch zu bestaunen. Unser Weg führt uns wieder zurück. Direkt vor der kleinen Siedlung Hankhausen biegen wir links in die Straße Am Eichenbruch ein und radeln durch die Nordspitze des üppigen Mischwaldes hindurch.

Der Weg führt uns jetzt durch Moorgebiete mit reizvollen schattigen Alleen. Hinter einem kleinen Graben fahren wir links in den Längenwischweg und zweigen drei Mal rechts ab, bis wir auf dem Wittenmoordamm wieder auf den Eichenbruch zufahren. Kurz vor dem Eichenbruch folgen wir südwärts der Ringstraße an Barghorn vorbei. Wir kommen auf die Loyerbergstraße, die nördlich Loy umrundet. Hinter dem Gasthof Loyerberg stoßen wir auf die Braker

▶ *Landschaftsfenster Geestrand.*

Chaussee, die wir aber nach 300 m schon wieder verlassen. Wir biegen rechts in die Birkenstraße und fahren durch das romantische Ipwegermoor. Das Gebiet ist teilweise kultiviert, die **Barkenkuhlen** ② mit Moorkolken und Heideflächen steht unter Naturschutz.

Am Ende der Birkenstraße geht es bei einem kleinen Waldstück rechts herum durch die Wiemkenstraße. An einer Kreuzung mit mehreren Hofanlagen wählen wir links die Geestrandstraße, die in die Schulstraße mündet. Mitten im Ort biegen wir links in die Butjadinger

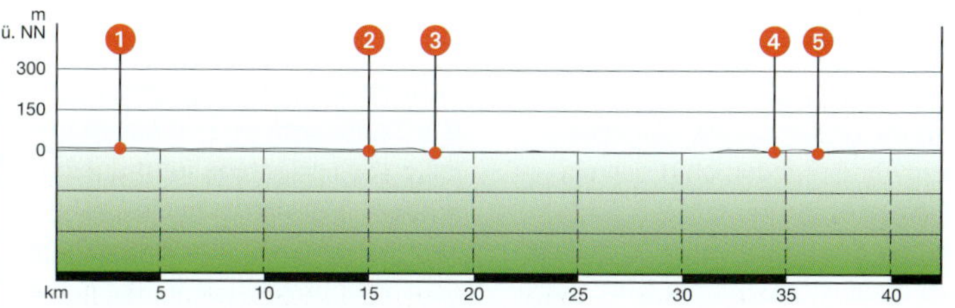

INSZENIERUNG DER LANDSCHAFT

Anlässlich der Niedersächsischen Landesgartenschau im Jahr 2002 entstanden 5 Landschaftsgartenfenster. Diese markanten und originell gestalteten Aussichtstürme öffnen den Blick auf die charakteristische Schönheit der Ammerländer Landschaft.

Apen: Wasser – Turm eines Deichrichters
Vom Schöpfwerk im Ortsteil Tange zeigt sich ein großartiger Blick über die Fehnlandschaft sowie das Barsseler Tief.

Edewecht: Mühlen – Turm eines Träumers
Ein moderner Stahlturm zieht einen Spannungsbogen zwischen einer Windmühle aus dem Jahr 1880 und dem modernen Windpark.

Rastede: Geestrand – Turm eines Malers
Das Landschaftsfenster im Ortsteil Hankhausen thematisiert den Übergang von Geest und Marsch.

Westerstede: Rhododendron – Turm einer Rhodo-Königin
Am Geißelhorster Kirchweg wachsen bis zu 10 m hohe Rhodedendronsträucher, die sich im Dach des Turmes spiegeln.

Wiefelstede: Wallhecken – Turm eines Poeten
Einen wundervollen Blick über das dichte Wallheckennetz erleben Besucher vom Aussichtsturm in Wemkendorf.

Straße und verlassen Wahnbek südwärts. Wieder lohnt sich ein kleiner Abstecher und wir biegen hinter dem Wahnbeker Teich links ab in die Straße An der Bäke. Nach wenigen Minuten sehen wir die herrschaftliche Parkanlage und das villenartige Bauernhaus von **Gut Wahnbek** ❸. Während der Öffnungszeiten gibt es Erfrischungen im Hofcafé (März bis Dez. So 14 bis 18 Uhr, 1. So im Monat geschlossen).
Zurück zum Teich folgen wir links der Fischteichstraße bis zum Ende und passieren links die Autobahnbrücke. Der Hohlweg mündet an der Kreisstraße. Es geht ein kleines Stück südwärts und dann rechts weiter. Wieder überwinden wir eine Autobahn, biegen am Teich rechts ab und fahren parallel zur Autobahn Richtung Norden. Bald führt die Grafestraße landeinwärts durch landwirtschaftlich genutzte Flächen, oft wildromantisch mit altem Baumbestand bewachsen. Oldenburg liegt jetzt zu unserer linken Seite. Nach einer Linksrechtskurve kommen wir auf die Metjendorfer Straße und durchqueren rechts herum wieder bewohntes Gebiet. An der ersten Straße zweigen wir links ab und radeln Richtung Südwesten durch das kultivierte Strehlsmoor mit deutlich erkennbaren Wallhecken. Wir nehmen die Abzweigung am Alten Kamp und fahren westwärts. Kurz vor der Landstraße biegen wir in Höhe der Hofanlage rechts in den Wehrkamp ein und halten uns links. Die Landstraße führt durch Borbeck. Wir verlassen die Straße kurz vor dem Hof und fahren über dem Schippstroth wieder durch

weitläufige, landwirtschaftlich genutzte Flächen mit Wallhecken. Der erste Weg links herum ist der Alte Kirchweg, der nach Bokel führt. Er geht in den Alten Mühlenweg über, dem wir rechts kurz folgen um sofort links in den Gerkentorsweg zu fahren. Wir folgen der ersten Abzweigung rechts. Zu beiden Seiten sehen wir in dieser Region besonders häufig Wallhecken. Über den Worther Weg gelangen wir bis kurz vor Kleinenfelde. An einem bewaldeten Hügel legen wir eine Rast ein. Durch das Gatter gehen wir den Pfad zu der **Bokeler Burg** 4 entlang. Die Ringwallanlage mit doppelten Wall- und Grabensystem entstand um 800 n. Chr. Laut einer Legende befindet sich unter der Vertiefung in der Mitte des ehemaligen Burgplatzes ein Schatz. Auf jeden Fall ist die mit Mischwald bewachsene Anlage ein schöner Platz für ein Picknick. In Höhe des Ortes erreichen wir die L 826 und fahren Richtung Nutteln. Bei der ersten Möglichkeit verlassen wir rechts die Rasteder Straße. Wenn die Straße endet, halten wir uns halb links und fahren in die Wemkenstraße. Die erste Abzweigung führt zum Turm des Poeten. Wir genießen den Blick vom **Landschaftsfenster Wallhecken** 5 auf das dichte Netz der ehemaligen Grenzmarkierungen. Entlang des Eichenwalls radeln bis wir bis zur Kreisstraße. Sie führt uns wieder zu unserem Ausgangspunkt zurück. In der Residenzstadt Rastede lohnt ein Besuch der Schlossanlagen.

6 Küstentour am Jadebusen

TOURINFO KOMPAKT

Anspruch:	Länge:	Dauer:	Höhenmeter:
leicht	37 km	3:00 Std.	▲61 ▼ 61

Auf dieser Radtour spüren wir der ehemaligen Küstenlinie des Jadebusens nach. Wir radeln auf abgelegenen Wegen durch weite, mit idyllischen Gräben durchzogene Landschaften und entdecken spannenden Sehenswürdigkeiten.

Ausrüstung:
Fahrradhelm, Getränke und Verpflegung, evt. Badesachen.

Anfahrt mit dem Auto: A 29 bis Ausfahrt Varel/Bockhorn, weiter Richtung Bockhorn/Steinhausen.

Ausgangspunkt: Schwoonstraße in Steinhausen.
53° 24' 53" N 8° 2' 1" O
32U RW 435769 HW 5918841

Einkehr: In Dangast. Verschiedene Einkehrmöglichkeiten entlang der Strecke.
Unsere Empfehlung:
Altes Kurhaus Dangast, An der Rennweide 46, Tel.: 0 44 51 / 44 09, toller Blick auf den Jadebusen, Café mit kleinen Gerichten, legendär ist der Rhabarberkuchen, Fr bis So 9 bis 19 Uhr geöffnet.

Unsere Küstenfahrt startet in Steinhausen am Schifffahrtsdenkmal in der S Schwoonstraße. Das leuchtturmähnliche Gebäude wurde 1920/21 als Spritzenhaus errichtet und beherbergt jetzt eine Sammlung historischer Karten über die unterschiedlichen Küstenlinien des Jadebusens. Die Karten zeigen, dass Steinhausen noch im 18. Jahrhundert einen Hafen besaß. Den Schlüssel für das Minimuseum gibt es im Friseursalon gegenüber.
Wir folgen der Landstraße nach Süden und biegen rechts in die Sielmeisterstraße ein. Diese geht bei der Grundschule links in die Hohe Straße über. Auf dem verklinkerten Weg radeln wir aus dem Ort hinaus in die weite Wiesenlandschaft. Hinter dem See endet die Straße und wir biegen recht in den Deichweg. Auf der linken Seite liegt das urwüchsige Naturschutzgebiet Driefeler Wiesen, gegenüber der Windpark Hiddels. Der erste Graben ist die Woppenkamper Bäke, der zweite das Hiddelser Tief. Es lohnt sich, kurz zu stoppen und die Seerosen im Wasser zu bewundern. Deutlich erkennbar sind auch die Wallhecken, die die Weiden und Felder begrenzen.
Hinter dem Tief biegen wir an der Kreuzung links ab. Beim Bauernhof halten wir uns links und radeln auf

► *Blick in den Dangaster Hafen mit dem Ausflugsschiff Etta.*

der Dorfstraße nach Driefel. Wir folgen den Driefeler Esch und erreichen den **Naturbadepark Südliches Friesland in Zetel** 1. Die von altem Baumbestand umgebene Kieskuhle ist zugleich Schwimmbad und Veranstaltungsbühne. Es besteht die Gelegenheit, im Bistro Erfrischungen zu kaufen.

Nach einer erfrischenden Badepause biegen wir in Zetel rechts in die Kanelstadt ein, überqueren die Landesstraße und fahren an der St. Martins-Kirche aus dem 13. Jahrhundert vorbei. Unser Weg führt rechts herum über Osterende aus den Ort heraus in die stille Zeteler Marsch. Auf Spurbahnplatten radeln wir durch das ehemalige Wattgebiet Schwarzes Brack. Im 16. Jahrhundert reichte der Jadebusen bis nach Friedeburg. Das von den moorigen Flüssen schwarz gefärbte Wasser bekam den Namen Schwar-

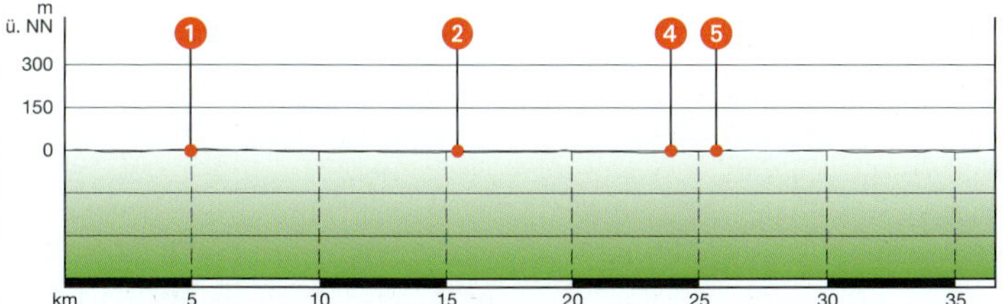

zes Brack. Wenn die Straße endet, halten wir uns erst rechts und dann links nach Ellens. Bei der nächsten Abzweigung biegen wir links ab und fahren auf dem ehemaligen Deichsockel von 1615 durch den kleinen Ort Ellens. Über die Zetelermarsch radeln wir Richtung Westen und biegen an der T-Kreuzung rechts ab. Auf der Brücke über das malerische Friedeburger Tief haben wir einen wundervollen Ausblick auf Zetel.

Hinter dem Tief biegen wir links ab und umrunden die Sandentnahmestelle Neustadtgödens. Die Spülteiche entstanden durch den Kiesabbau für die Autobahn. Am nördlichen Ende des Teichs lohnt ein Blick von der **Aussichtsplattform** ❷ über das Naturschutzgebiet, in dem jedes Frühjahr ein lautstarkes Froschkonzert stattfindet.

Wir fahren weiter und sehen auf der rechen Seite die Wedelfeldermühle, die einzige voll funktionsfähige Wasserschöpfmühle Frieslands. Unser Weg führt jedoch rechts in den Timpweg und dann gleich wieder links in die Hauptstraße Am Deich. Von Neustadtgödens lohnt ein kleiner Abstecher zum schönsten Schloss Ostfrieslands. Wir fahren weiter die Hauptstraße entlang bis zur Bundesstraße, der wir ein kurzes Stück auf dem begleitenden

Fahrradweg nach links folgen. Die Straße Marienburg führt uns rechts herum zum **Schloss Gödens** 3. Das Wasserschloss entstand 1671 im Stil des niederländischen Barocks. Das Schloss ist nur bei Konzerten geöffnet. Allerdings lohnt auch ein Spaziergang durch den ständig geöffneten Schlosspark.
Nach diesem Abstecher fahren wir zurück nach Neustadtgödens und biegen links in die Brückstraße ein. Im Landrichterhaus ist ein Stadtmuseum untergebracht. Durch die abgeschiedene Lage entwickelte sich Neustadtgödens als sicherer Ort für Andersgläubige wie Mennoniten, Juden, Lutheraner, Reformierte und Katholiken, die friedlich nebeneinander lebten. Die Kirchstraße führt uns an der evangelischen Kirche vorbei. In Neustadtgödens ist es Tradition, die Familienwappen mit Beruf und Name an der Hausfassade zu befestigen. Wir fahren links in die Sanderahmer Straße und sehen am Ortsausgang auf der rechten Seite den alten Sielhafen mit Waage.
Die Sanderahmer Straße verläuft Richtung Jadebusen. Wir passieren die Autobahn und erreichen den Oldenburger Damm, halten uns rechts und verlassen die Landstraße links über die Südstraße. Wenn sie endet, folgen wir rechts der Dangaster Straße, die in den Idagroden übergeht und direkt zum Deich führt. Die Orte Petersgroden, Idagroden und Cäciliengroden entstanden erst, als das Gebiet Mitte des 19. Jahrhunderts durch Eindeichung trockengelegt wurde. An der Deichstraße stoßen wir auf eines von sieben Kunstwerken des **Skulpturenpfades** 4 von Mariensiel bis Dangast. Thema der Skulpturen sind die sieben Tage der Schöpfungsgeschichte. Wir radeln den Weg zwischen Deich und Marschwiesen entlang Richtung Südosten. Kinder freuen sich über einen kurzen Abstecher über Petersgroden zum **Melkhus** 5 auf dem Milchviehbetrieb der Familie Warnken (Am Jadebusen 28).
Ein Shetlandpony und Kleintiere freuen sich auf Streicheleinheiten. Am Petershörner Siel erreichen wir die Deichkrone und genießen den Ausblick über die Salzwiesen und den Jadebusen mit dem Leuchtturm Arngast. Lohnenswert ist ein Abstecher auf dem Deich nach Dangast.
Unser Weg führt uns über den Petershörner Siel wieder ins Landesinnere. Wir folgen dem malerischen Ellenserdammer Tief bis in den Ort Ellenserdamm. Die kleinen Teiche heißen Pütten. Als Kleie für die Erhöhung des Deiches ausgehoben wurde, füllten sich die Erdlöcher mit Wasser. Auf der Aussichtsplattform haben wir einen schönen Überblick über die jungen Biotope. Auf der Grodenstraße überqueren wir das Tief und biegen links in die Sielstraße. Der Klinkerweg führt über die Autobahn durch das abgeschiedene Steinhauser Tief zurück zu unserem Ausgangspunkt.

7 Alte Warfendörfer, romantische Kirchen und Seeluft

TOURINFO KOMPAKT

Anspruch:	Länge:	Dauer:	Höhenmeter:
leicht	40 km	4:30 Std.	▲39 ▼ 39

Die Fahrradtour durch das ländliche Wangerland bietet viel Raum, sich abseits von Stress und Hektik zu erholen und Kraft zu tanken. Für die innere Einkehr empfiehlt sich der Besuch der wunderschönen alten Kirchen entlang der Route, die für alle Besucher offen stehen.

Ausrüstung: Fahrradhelm, Getränke und Verpflegung, evt. Badesachen.

Anfahrt mit dem Auto: A 29 bis Wilhelmshaven Ausfahrt Fedderwarden, L 810 bis Horumersiel.

Anfahrt mit Bus & Bahn: Mit dem Bus zur Haltestelle Horumersiel Ort, Wangerland.

Ausgangspunkt: Horumersiel
53° 41' 7,6" N 8° 0' 22,0" O
32U RW 434362 HW 5948983

Einkehr: In Schillig.
Verschiedene Einkehrmöglichkeiten entlang der Strecke. Unsere Empfehlung: BlinkFüür, Mellumweg 6, 26434 Wangerland, Tel.: 0 44 26 / 8 80, www.upstalsboom.de, Fisch- und Fleischgerichte, toller Blick aufs Meer, tgl. geöffnet.

Die auf Warfen gelegenen Kirchen boten den Küstenbewohnern von jeher Schutz und geistlichen Beistand. Trotzdem weist das Wangerland eine erstaunliche Anzahl von 15 Kirchen auf, die auf dem Wangerländischen Pilgerweg erkundet werden können. Unsere Radroute führt zu den schönsten Gotteshäusern der Region.
Wir starten in S Horumersiel und fahren die Goldstraße entlang nach Westen. Sie mündet in den Kaisershof und jetzt radeln wir durch eine weite Wiesenlandschaft. An der nächsten Ansiedlung führt uns der Weg rechts zur weithin sichtbaren **Stumpenser Mühle** 1. In dem Galerieholländer von 1816 ist ein gemütliches Café untergebracht. Vorbei am Forellenteich geht es weiter Richtung Nordosten entlang dem Minser Osteraltendeich. In dem kleinen Örtchen Diekhausen überqueren wir die Kreisstraße. Nach einem Kilometer biegen wir links ab in den Norderaltendeich und fahren parallel zum Deich. Wir radeln links den Sandweg entlang bis zum Örtchen Förrien und dann geht es rechts weiter auf der Störtebekerstraße bis nach Minsen. Der Name des Dorfes geht wohl auf den Dorfgründer „Mins“ zurück.

▶ *Strandhafer im Nordseewind.*

Die erste Kirche auf unserer Tour ist die **Minsener Kirche St. Severinus und Jacobus** ❷, das nördlichste Gotteshaus der ostfriesischen Halbinsel. Die romanische Hallenkirche entstand 1250 und besitzt eine bemerkenswerte Orgel im Biedermeierstil. Es lohnt sich auch ein Abstecher in das Nationalparkhaus in der Kirchstraße. Zu den vielfältigen Themen gehören u. a. erneuerbare Energien.
Wir verlassen Minsen über die Kreisstraße auf dem begleitenden Fahrradweg. Schon von Weitem sind die 34 Anlagen des Windparks Bassens zu sehen. Die Abzweigung links ist ein verkehrsarmer Weg, der über Bassens bis nach Hohenkirchen verläuft. Wenn der Weg in die Landstraße mündet, fahren wir rechts nach Hohenkirchen. Über den Fahrradweg erreichen wir die **St. Sixtus- und Siniciuskirche** ❸, die größte und älteste Kirche des Wangerlandes. Die heutige

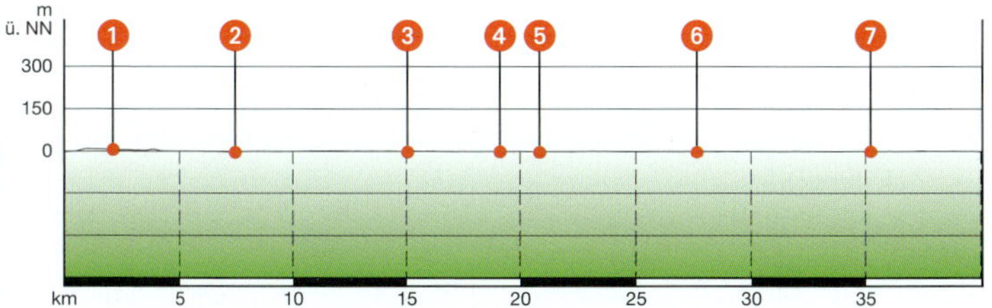

Kirche wurde 1134 an Stelle eines hölzernen Vorgängerbaus auf einer 6,5 m hohen Wurt errichtet. Im Innenraum der Kirche befinden sich sehenswerte Schätze wie der Taufstein aus dem 13. Jahrhundert und der Altar von Ludwig Münstermann aus dem 17. Jahrhundert.
Westlich der Kirche führt uns die Bahnhofstraße mit Fahrradweg aus dem Ort hinaus. Vorbei an dem 30 m hohen Wasserturm radeln wir bis zu einer ehemaligen Bahntrasse und biegen in den zweiten Weg links ab nach Tettens. An der Hauptstraße rechts geht es zu der **St. Martinskirche** 4 aus dem 13. Jahrhundert. Erwähnenswert sind der Beichtstuhl von 1693, das mächtige Sakramentshaus und der Flügelaltar aus dem 16. Jahrhundert.
Jetzt kehren wir auf der Hauptstraße in östlicher Richtung zurück. Nach 3 km besichtigen wir in Oldorf die **St. Marienkirche** 5 aus dem 13. Jahrhundert mit dem 1912 wieder aufgebauten Glockenturm. Über die Neuwarfer Straße verlassen wir Oldorf und genießen die grüne Weite mit den vereinzelten Höfen. An der T-Kreuzung halten wir uns links und fahren weiter bis der Weg vor einem Ferienhof endet. Links

folgen wir den Krummhörn vorbei an der St. Jooster Mühle und erreichen die L 810. Links und gleich wieder links fahren wir in den Ort mit der kleinen **Jodocuskirche** 6. Sie wird 1497 erstmals erwähnt und war die Privatkapelle der Junker von Hodens. Bemerkenswert ist der Zugang zur Kanzel durch die Ostmauer der Apsis.

Nach diesem Abstecher fahren wir zurück auf der Landstraße nach Süden und biegen links in den Wüppseler Altendeich. Durch Wiesen und Felder radeln wir nach Osten bis zum St. Joostergroden, der links herum über das Hohenstiefersiel wieder nach Horumersiel führt. Wieder auf der Goldstraße, fahren wir rechts herum und dann weiter über die Deichstraße. Wir sehen einen Kolk, der bei der furchtbaren Weihnachtsflut 1717 durch einen Deichbruch entstand. In Schillig überrascht uns die letzte Kirche dieser Radtour mit einem futuristischen Aussehen. Die 2012 geweihte katholische **St. Marienkirche** 7 bildet eine Welle nach.

In Höhe der Jugendherberge erklimmen wir die Deichtreppe und werfen wir einen Blick auf das Meer und sehen ein Schiffswrack und Wangerooge. Nach einer Badepause fahren wir über die Inselstraße bis zur Muschelskulptur und dann über die Jadestraße zurück zu unserem Ausgangspunkt.

► *Idyllische Wiesen- und Feldwege laden zum Rasten ein.*

8 Route 900 – Museumstour durch das Südbrookmerland

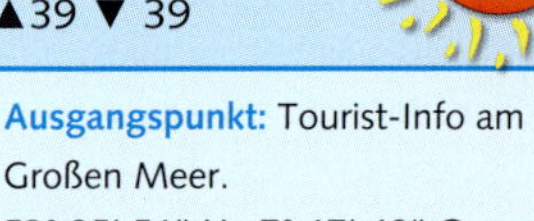

TOURINFO KOMPAKT

Anspruch:	Länge:	Dauer:	Höhenmeter:
leicht	31,5 km	2:30 Std.	▲39 ▼ 39

Diese wunderschöne Tour verbindet eine entspannende Radfahrt durch die grüne Weite des Südbrookmerlandes mit dem Besuch von fünf Museen und Ausstellungen: Moormuseum Moordorf, Dörpmuseum Münkeboe, Kulturkreis tom Brook in Oldeborg, KZ Gedenkstätte Engerhafe und Gulfhof Ihnen in Engerhafe.

Ausrüstung: Fahrradhelm, Getränke und Verpflegung, evt. Badesachen.

Anfahrt mit dem Auto: L 210 von Emden oder Aurich, Abfahrt Richtung Großes Meer.

Ausgangspunkt: Tourist-Info am Großen Meer.
53° 25' 51" N 7° 17' 40" O
32U RW 386687 HW 5921553

Einkehr: In Moordorf.
Verschiedene Einkehrmöglichkeiten entlang der Strecke.
Unsere Empfehlung: „Kluntjehus" im Moormuseum Moordorf, Victorburer Moor 7a, 26624 Moordorf, Tel.: 0 49 42 / 99 09 02, www.moormuseum-moordorf.de, Pfannkuchen und leckere Kuchen zum ostfriesischen Tee, März bis Okt. 11 bis 18 Uhr, außerhalb der Saison Frühstück auf Bestellung.

Wir starten unsere Museumstour bei der S Tourist-Info Südbrookmerland an der Nordostbucht des Großen Meeres. Hier ist auch der Startpunkt für den Drei-Meere-Weg rund um das Große Meer, der aufgrund der eingeschränkten Nutzung der Pünten nur von Mitte April bis Mitte Oktober befahren werden kann. Unsere Museumstour führt vom Parkplatz aus links herum Richtung Großes Meer. Die Uferpromenade führt zwischen Campingplatz und Bootsanleger vorbei südwärts. Sobald wir das Bedekaspeler Schloot überquert haben, radeln wir durch ruhige Grünflächen. Auf den Uferflächen wächst Schilfrohr, das natürliche Material für Reetdächer. Vor dem Förlitzer Schloot halten wir uns landeinwärts und kommen an dem kleinen Ort Bedekaspel vorbei. Wir erhaschen einen Blick auf die Backsteinkirche mit seinem gotischen Glockenturm aus dem 13. Jahrhundert.

Auf der Kreisstraße verlassen wir den Drei-Meere-Weg und fahren links herum auf der Forlitzer Straße weiter. Nach 1,5 km erreichen wir Wiegboldsbur. Direkt an der Straße steht, weithin sichtbar, eine dreistö-

► *Mächtige Windmühlen prägen das Landschaftsbild Ostfrieslands.*

ckige **Windmühle** ❶. Im Lagerschuppen des voll funktionsfähigen Galerieholländers aus dem Jahr 1912 sind Schmiede- und Tischlerwerkstatt eingerichtet.

Auf der Straße fahren wir weiter geradeaus durch das Dorf und folgen der rechten Abzweigung in die Theener Straße. Nach einer weit gezogenen Rechtsschleife biegen wir direkt vor dem Ringkanal links ab. An diesem idyllischen Weg liegen die ersten Häuser von Moordorf. Wir folgen der Beschilderung der „Rad up Pad" Route immer am Kanal entlang bis zum Stauwerk. Hier fahren wir rechts herum und überqueren in Höhe des Moorwegs die Brücke über den Abelitz-Moordorf-Kanal.

Der kleine Abstecher entlang dem Kanal führt direkt zum **Moormuseum Moordorf** ❷. Das Museum der Armut informiert anschaulich über das entbehrungsreiche Leben der ersten Moorkolonisten.

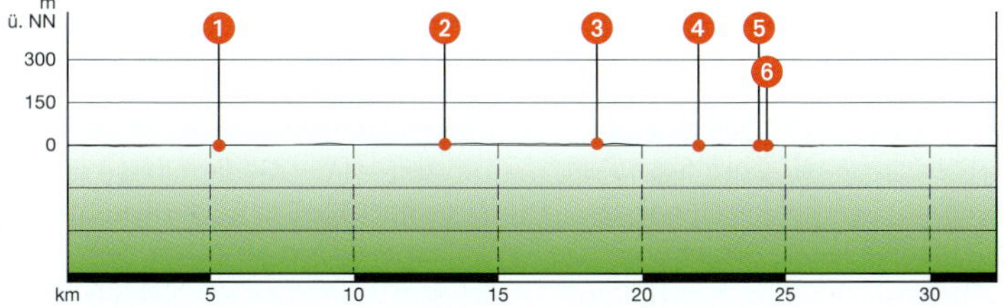

► *Auf wackeligen Beinen wagen Lämmer den ersten Ausflug.*

Wir kehren zurück zur Brücke über den Abelitz-Moordorf-Kanal und folgen dem Moorweg nach Nordosten durch die Randbesiedelung Moordorfs und landwirtschaftlich genutzte Flächen. Schließlich erreichen wir wieder den Ausläufer des Ringkanals. An der Brücke radeln wir auf der Hoddelkestraße durch Münkeboe und folgen der „Rad up Pad“ Beschilderung. Direkt an der Mühlenstraße liegt das **Dörpmuseum Münkeboe** 3. Auf dem Gelände des eindrucksvollen Freilichtmuseums stehen historische Gebäude von der Windmühle bis zu einer vollständig eingerichteten Schmiede. Anfassen ist hier erlaubt. Am Ende der Mühlenstraße biegen wir links an der Mühle ab und fahren durch das Dorf, folgen ein kurzes Stück der Tom-Brook-Straße und radeln rechts herum durch die Oldenborger Straße zum **Kulturkreis „tom Brook“** 4. Die Mitglieder des Kulturkreises fördern und erforschen die ostfriesische Kultur und widmen sich der Geschichte der Häuptlingsfamilie tom Brook. Die Fahrt führt weiter durch landwirtschaftliche genutzte Fläche bis zum Kirchwyk, wo sich der **Verein Gedenkstätte KZ Engerhafe** 5 befindet. An die 188 in der Außenstelle des Konzentrationslagers Neuengamme verstorbenen Häftlinge erinnert ein Gedenkstein mit zwei Namenstafeln auf dem Friedhof der Kirchengemeinde.
Die mächtige Kirche in Engerhafe stammt aus dem 13. Jahrhundert und das zweigeschossige Pfarrhaus aus dem 15. Jahrhundert.
Unsere letzte Station der Museumstour ist der **Gulfhof Ihnen in Engelhafe** 6. Der Gulfhof aus dem 16. Jahrhundert gehört zu den ältesten Hofstellen des Ortes. Hier

finden regelmäßig Veranstaltungen zur Pflege des ostfriesischen Brauchtums statt.
Wir fahren ein kurzes Stück den Kirchwyk zurück und biegen rechts in die Brückstraße. Direkt hinter dem Kanal radeln wir bis zum nächsten Dorf. Wir folgen dem Georgsheiler Weg und dann der Bundesstraße 210 Richtung Emden. Links führt uns der Erste Meedeweg wieder in ruhiges Gebiet. Wir halten uns parallel zur Bundesstraße und kehren über die Schöpfwerkstraße zur Tourist Information zurück. Wer mag, nimmt noch ein erfrischendes Bad im Großen Meer.

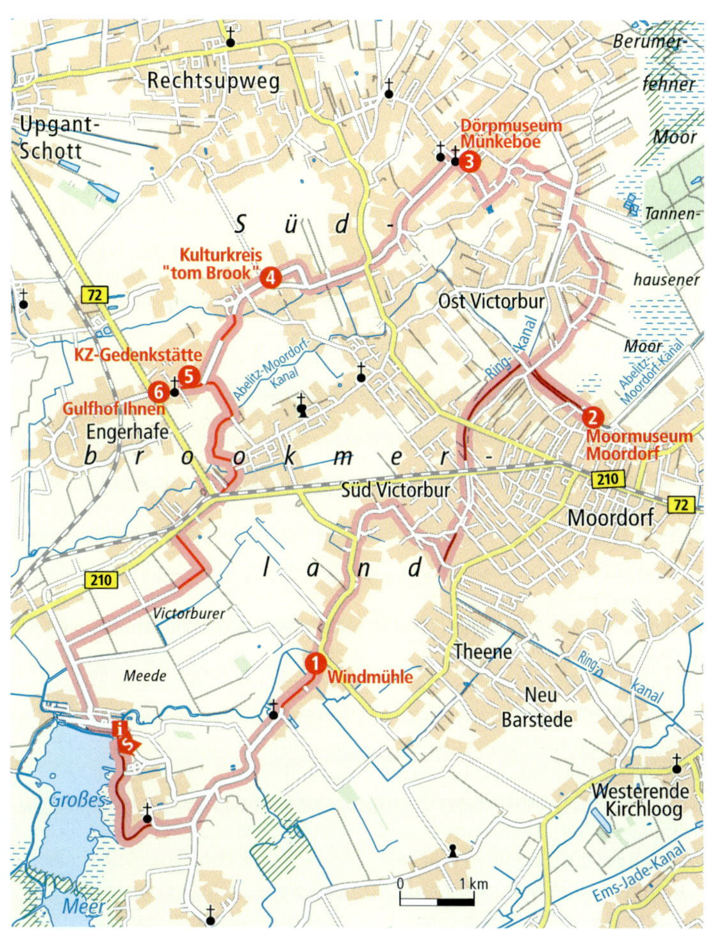

9 Leuchttürme und Mühlen in Krummhörn

TOURINFO KOMPAKT

Anspruch:	Länge:	Dauer:	Höhenmeter:
leicht	46 km	4:30 Std.	▲70 ▼ 70

Von Greetsiel aus radeln wir durch die Weite der beschaulichen Region Krummhörn. Diese Top Tour führt an pittoresken Leuchttürmen, malerischen Mühlen und imposanten Burgen vorbei – illustre Motive für unsere Urlaubsfotos.

Ausrüstung: Fahrradhelm, Getränke und Verpflegung.

Anfahrt mit dem Auto: A31 nach Emden, weiter über die K 233, von Aurich über die B 72 und K 233.

Anfahrt mit Bus & Bahn: Von Emden, Aurich oder Norden mit dem Urlauberbus (www.urlauberbus.de) nach Greetsiel-Schule.

Ausgangspunkt: Tourist-Info in Greetsiel.
53° 30' 3,8" N 7° 5' 41,8" O
32U RW 373643 HW 5929701

Einkehr: In Greetsiel.
Verschiedene Einkehrmöglichkeiten entlang der Strecke. Unsere Empfehlung: Fischerhus Greetsiel, Sielstraße 5, 26736 Greetsiel, Tel.: 0 49 26 / 3 19, www.fischerhus-greetsiel.de, das Fischrestaurant besticht durch hervorragendes Preis-Leistungsverhältnis, Di Ruhetag.

Wir beginnen unsere Tour bei der S Tourist-Info in Greetsiel und fahren die Hauener Hooge entlang Richtung Nordost um die Oase Greetsiel herum aus dem Ort hinaus. Über den Damm erreichen wir nach 2 km die Infotafel Nationalpark Niedersächsisches Wattenmeer/Leybucht. Der 10 km lange, eintönige Abstecher zur **Schleuse Leysiel** ❶ ist nur für Naturliebhaber zu empfehlen, die sich an der stillen Polderlandschaft, Heimat vieler seltener Vogelarten, erfreuen können. Auf dem Deich führen zwei Straßen vor oder hinter dem Deich zum farbenfrohen, aus dem Fernsehen bekannten **Pilsumer Leuchtturm** ❷. Bei starkem Wind wählen wir die geschützte Strecke und radeln nach Südwesten, bis wir nach 8 km den **Uplewarder Trockenstrand** ❸ erreichen. Hier besteht die Möglichkeit, sich im Kiosk mit Erfrischungen zu versorgen. 2,5 km weiter auf der Deichstraße steht der **Campener Leuchtturm** ❹, das höchste Leuchtfeuer Deutschlands. Wir bleiben auf der Deichstraße und biegen 500 m nach dem Kitesurfingcenter in den Zollweg ein. Nach einer Links-Rechts-Abzweigung fahren wir in

► *Schon von Weitem ist der bunte Pilsumer Leuchtturm zu sehen.*

den Diekeweg und erreichen nach 3 km die Kreisstraße. Hier können wir das Ostfriesische Landwirtschaftsmuseum (Krummhörner Landstraße) besuchen und im Museumsladen Souvenirs einkaufen. Unser Weg führt uns die Kreisstraße Richtung Norden und dann umrunden wir durch den Campener Ring das Dorf. Die erste Möglichkeit links führt zum Neuer Meedemweg am beschaulichen Camper Tief entlang. Drei Mal zweigen wir an der ersten Abzweigung links ab, bis wir die Siedlung Hamswehrum erreichen. Die Stadt rechts umrunden und auf

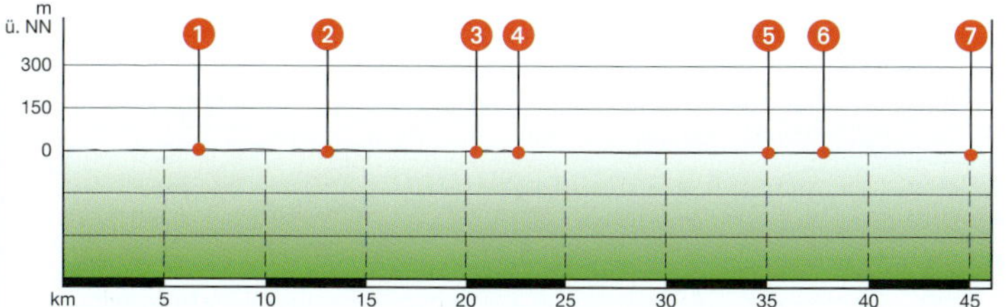

0
2,5 km
Ley
Leybucht
Schleuse Leysiel
1
Speicher-
becken
Leyhörn
Leysand
Greetsieler
Nacken
Pilsumer
Watt
Greetsiel
Zwillingsmühlen
7
Pilsumer
Leuchtturm
2
Pilsum
Visquard
Manslagter
Nacken
Manslagt
Groothusen
Pewsum
Hamswehrum
5
Osterburg
6
Manningaburg
Upleward
3
Uplewarder
Trockenstrand
Campener
Leuchtturm
4
Osterems
Campen
Pewsumer Tief
Knockster Tief
Loquard
Rysum

dem begleitenden Fahrradweg der L 2 Richtung Groothusen folgen. In diesem Ort kann die mittelalterliche **Osterburg** 5 besichtigt werden. Dafür einen kurzen Abstecher auf der Kreisstraße 233 nach Norden fahren und nach 300 m rechts abbiegen.

Unser Weg führt uns aber zurück auf die L 2 geradeaus nach Pewsum vorbei an der Mühle und der gelben **Manningaburg** 6, eine Wasserburg aus dem 15. Jahrhundert. Von der Mannigastraße biegen wir beim Kreisverkehr in die Schatthausstraße Richtung Eilsum. Nach 2 km kurz vor der Rechtskurve fahren wir links in die Ubbo-Emmius-Straße an einer kleinen Siedlung vorbei durch landwirtschaftlich genutzte Wiesen und einem Windpark. Nach 3 km erreichen wir das wunderschön erhaltenen Rundwarfendorf Visquard und werfen einen Blick auf die trutzige Kirche aus dem 13. Jahrhundert. Unser Weg führt jedoch links an der Stadt vorbei über die Brücke Richtung Greetsiel. Wir fahren bis zu den weithin sichtbaren **Zwillingsmühlen** 7 und schieben unser Rad über das Kopfsteinpflaster bis zur Tourist-Info.

▶ *Die Zwillingsmühlen in Greetsiel.*

10 Fahrradtour mit Pünte-Fahrt über die Jümme

TOURINFO KOMPAKT

Anspruch:	Länge:	Dauer:	Höhenmeter:
leicht	28,9 km	3:30 Std.	▲70 ▼ 70

Von der bezaubernden Wasserburg Evenburg in Leer-Loga radeln wir durch die stille Flusslandschaft von Leda und Jümme. Höhepunkt des Ausflugs ist die Fahrt auf der handgezogenen Fähre.

Ausrüstung: Fahrradhelm, Getränke, evt. Badesachen.

Anfahrt mit dem Auto: A 31 oder 28 bis Leer, weiter über die 436 nach Leer Loga.

Anfahrt mit Bus & Bahn: Mit dem Zug nach Leer, weiter mit dem Bus oder Fahrrad (3 km) nach Loga.

Ausgangspunkt: In Leer-Loga.
53° 13' 52" N 7° 29' 41" O
32U RW 399524 HW 5899038

Einkehr: In Leer-Loga.
Verschiedene Einkehrmöglichkeiten entlang der Strecke.
Unsere Empfehlung: Café „Schloss Evenburg", Am Schlosspark 25, 26789 Leer Loga, Tel.: 04 91 / 9 87 95 01, leckere Kuchen, Mo Ruhetag.

Direkt vor dem S Café Schloss Evenburg stehend, radeln wir rechts entlang und weiter in die Meierstraße Richtung Stickhausen. Rechts vorbei an Info-Tafeln führt der Weg immer am Deich entlang zum Gasthaus „Pünte". Hier setzen wir mit der handbetriebenen historischen **Fähre/Pünte** 1 über die Jümme. Die beiden ostfriesischen Originale bewegen nur mit Muskelkraft die kleine Pünte (Mai bis Sept. Mi bis So 10 bis 17 Uhr, Radfahrer 1,50 €). Auf der anderen Seite dem 1,5 km

langen Weg nach Amdorf folgen. In Amdorf lohnt sich ein kurzer Abstecher auf dem Trappenweg Richtung Jümme zu Deutschlands schmalster für den Straßenverkehr zugelassenen **Brücke** ❷. Eine Ampelanlage regelt den Verkehr auf der 1,80 m breiten Brücke.

Den Trappenweg wieder zurück nach Amdorf fahren und nach 1,2 km rechts in die Altfehnstraße einbiegen. Die Strecke führt uns durch den landwirtschaftlich genutzten Jümmiger Hammrich. An einer großen Hofanlage biegen wir leicht links in den Hollkampenweg. Wir überqueren einige Gräben und erreichen nach 7, 6 km die Kreisstraße. Links abbiegen und nach rund 500 m rechts abbiegen Richtung Stickhausen. Über die Straße Zum See erreichen wir den **Jümmesee** ❸, wo wir eine Badepause einlegen können. Erfrischt kehren wir um und fahren die Burgstraße Richtung Norden. Direkt an der Jümme liegt die **Burg Stickhausen** ❹ mit dem Wehrturm im Originalzustand aus dem Jahr 1498. Das Heimatmuseum und ein schöner Park sind einen Besuch wert. Wir überqueren die Jümmebrücke und fahren Richtung Filsum. Nach 1 km führt die Kanalbrücke über den Nordgeorgsfehnkanal, der in die Jümme mündet. Direkt hinter der Brücke biegen wir links ab und radeln am Deich entlang. Nach 10 km erreichen wir wieder den Gasthof „Pünte“ und kehren auf den bekannten Weg zurück zur Evenburg. Anschließend rasten wir im Café oder spazieren durch den frei zugänglichen Park der „Evenburg“. Ein Kommandant der niederländischen Garnison in Emden ließ die im neugotischen Stil restaurierte Wasserburg 1642 - 1650 erbauen und benannte sie nach seiner Ehefrau Eva.

▶ *Die Wasserburg Evenburg in Leer.*

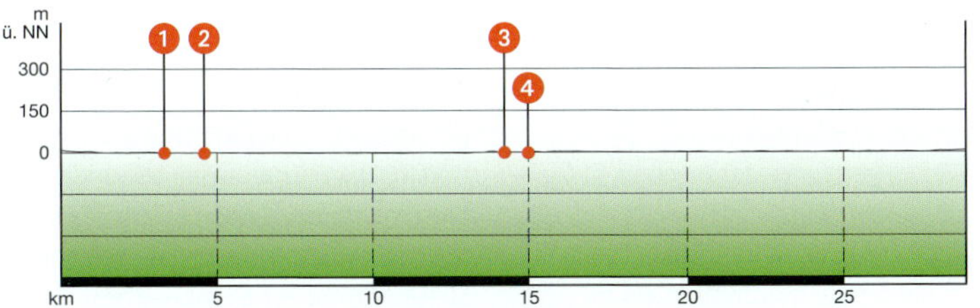

11 Groden-Tour Butjadingen

TOURINFO KOMPAKT

Anspruch:	Länge:	Dauer:	Höhenmeter:
leicht	20,8 km	1:30 Std.	▲39 ▼ 39

Gemütliche Tour, bei der eine Wattwanderung oder ein Schwimmbadbesuch integriert werden können. Ideale Tour für die ganze Familie.

Anfahrt mit dem Auto: A 27 Bremen-Bremerhaven Ausfahrt Stotel (11), Richtung Dedesdorf - Wesertunnel - Kleinensiel. B212 Richtung Nordenham, der Ausschilderung Nordseebäder folgen. Alternativ: A 29 Oldenburg-Wilhelmshaven Ausfahrt Jaderberg (10), Weiterfahrt Richtung Jaderberg-Jade. B 437 in Richtung Varel. Nach ca. 1 km in Diekmannshausen rechts abfahren in Richtung Nordseebäder, Tossens, Burhave.

Anfahrt mit Bus & Bahn: Mit der Bahn über Bremen nach Nordenham. Von hier aus verkehren regelmäßig Busse des Verkehrsbetriebes in die einzelnen Orte Butjadingens.

Ausgangspunkt: Start an beliebiger Stelle, wir starten in Ruhwarden.
53° 35' 27" N 8° 16' 39" O
32U RW 452178 HW 5938241

Markierung: Die Strecke ist komplett mit Einschubschildern versehen. So ist eine problemlose Orientierung garantiert.

Einkehr: Verschiedene Einkehrmöglichkeiten entlang der Strecke.

Ausgangspunkt unserer Fahrradtour ist das historische Wurtendorf S Ruhwarden. Hier befindet sich mitten im Dorf eine Alte Molkerei und eine sehr gut erhaltene, denkmalgeschützte Fassade des Gästehauses von 1889. Kunstliebhaber werden in der Galerie am Wehlhamm fündig. Schon seit über 25 Jahren gibt es hier Ausstellungen rund um Malerei, Grafik und Kunsthandwerk norddeutscher Künstler.
Weiter gehts ins Nordseebad Tossens mit dem einzigen Themenstrand Deutschlands, dem Friesenstrand, an dessen Deichaufgang am Kreisel die ca. 4 m hohe Edelstahlskulptur **„Blanker Hans“** 1 steht, die die Sturmfluten des vergangenen Jahrhunderts personifiziert. Ein Strand mit Piraten-Abenteuerspielplatz, auf dem sich die Kleinen austoben und die Großen es sich im Strandkorb mit Blick auf den Nationalpark Niedersächsisches Wattenmeer gemütlich machen können. Wir nutzen die Gelegenheit und nehmen an einer geführten Wattwanderung ins UNESCO-Weltnaturerbe teil und erfahren währenddessen Interessantes über das Watt und seine Bewohner! Sollte das Wetter einmal nicht mit-

spielen, lässt sich wunderbar Rast im Center Parcs Nordseeküste machen. Das Erlebnisbad „Aqua Mundo“ verfügt neben einem Wellenbad, einer Riesenrutsche und Whirlpools auch über einen Sauna- und Wellnessbereich. Perfekt für eine kleine Rast zwischendurch!

Von Tossens nach Langwarden geht es mit dem Rad vorbei am Deich in Richtung Langwarder Groden. Die 850 Jahre alte St.-Laurentius-Kirche in Langwarden ist das Wahrzeichen des nördlichsten Ortes der Nordsee-Halbinsel Butjadingen. Ihre 350 Jahre alte Orgel gehört zu den bedeutendsten Instrumenten Norddeutschlands. Das **Melkhus Feldhausen** 2, welches zwischen Langwarden und Fedderwardergroden liegt, lädt von Mai bis Oktober zu einem Zwischenstopp ein. Hier genießen wir frische Milchprodukte aus der Region, um uns so für die letzten Kilometer der Groden-Tour Butjadingen zu stärken. Letzter Haltepunkt auf der Strecke nach Ruhwarden ist der Hof Iggewarden. Hier versuchen wir uns im Friesengolf, einer Sportart, bei der wir mit einem an Kinder-Gummistiefeln montierten Besenstiel einen kleinen Lederball in eingegrabene Töpfe spielen. Von Iggewarden fahren wir zurück zum Ausgangspunkt.

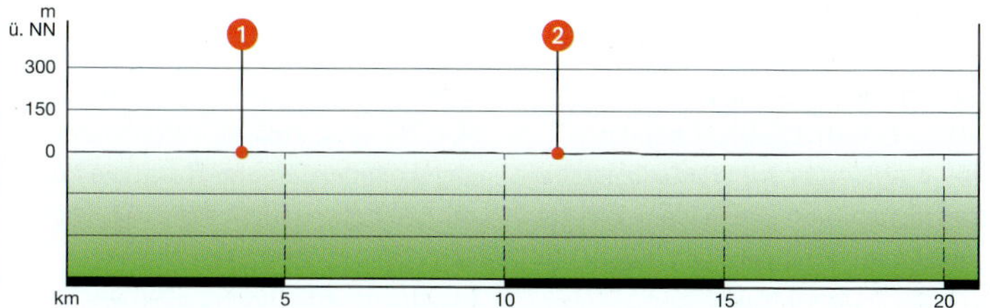

12 Brake Nord

TOURINFO KOMPAKT

Anspruch:	Länge:	Dauer:	Höhenmeter:
leicht	22,1 km	1:30 Std.	▲34 ▼ 34

Es geht vorbei am pulsierenden Hafen von Brake, entlang der grünen Deiche und durch die Stadt des 20. Jh. Durch den flachen Verlauf der Strecke bestens geeignet für Radtouren mit Kindern und wenig geübte Radfahrer. Asphaltierte und gepflasterte Wege durch vorwiegend ländliche Gebiete.

Ausrüstung: Fahrradhelm, Getränke.

Anfahrt mit dem Auto: A29 bis Oldenburg, B211 Richtung Brake.

Anfahrt mit Bus & Bahn: Mitten in der Innenstadt befindet sich Brakes Bahnhof. Hier halten stündlich Züge aus den Richtungen Bremen, Oldenburg und Nordenham. Die Fahrradmitnahme ist in den meisten Fällen möglich. Die Buslinie 440 „Wesersprinter" hält auch am Bahnhof aus den Richtungen Oldenburg und Bremerhaven.

Ausgangspunkt: Stadtkaje von Brake
53° 19' 30" N, 8° 29' 09" O
32U RW 465754 HW 5908548

Einkehr: Verschiedene Einkehrmöglichkeiten entlang der Strecke.

Info: Brake Tourismus u. Marketing e.V.
Kaje 9, 26919 Brake
Tel.: 0 44 01 / 1 94 33
www.brake-touristinfo.de

Los geht es an der S Stadtkaje von Brake. Die Uferpromenade lädt zum Verweilen ein und ermöglicht eine perfekte Aussicht auf die Hafenanlagen, den Schiffsverkehr und Deutschlands längste Flussinsel Harriersand. Mehrmals täglich passieren tonnenschwere Ozeanriesen die Weser. Links auf dem Deich fahren wir vorbei an Kapitäns- und Reeder-Villen aus dem 19. und 20. Jh. Weiter südlich können wir einen Abstecher zur **Friedrichskirche** ❶ machen. Von außen ein schlichter Klinkerbau, im Inneren ein Raum, der von der Formkraft und vom Schönheitsempfinden des 18. Jahrhunderts erzählt. Ein Gang über den Friedhof ist zu empfehlen. Dort befinden sich die Gräber des Braker Schriftstellers Georg von der Vring sowie von Karl Rudolf Brommy, Admiral der ersten deutschen Flotte.

An der Kirche führt die Route östlich Richtung Norderfeld. In dem Moorgebiet fahren wir gen Norden, vorbei an alten Fachwerkhäusern und schmucken Bauerngärten. In Harrierwurp angekommen, empfiehlt sich ein kurzer Abstecher zum **Melkhus** ❷. Hier genießen wir bei Frau Schildt einen leckeren Frucht-Buttermilchshake und

frisches Milchspeiseeis.
Über Meyershof, vorbei am Berufsschulzentrum radeln wir am Braker Sieltief nach Golzwarden. Hier befindet sich die **St. Bartholomäuskirche** ③, erbaut im Jahre 1263. Ursprünglich ausgestattet mit einer Orgel von Arp Schnitger ist nach Umbauarbeiten noch der Prospekt der Orgel erhalten. Weiter geht es an den Weserdeich. Hinter dem Deich kann man seinen Blick schweifen lassen. Entlang des Deiches geht es dann wieder in die Stadt hinein. Hier wartet der Hafen mit seiner beeindruckenden Kulisse auf. Nördlich vom Stadtkern beginnt die Braker Seehafen-Kaianlage mit großen Getreidesilos und Krananlagen. Hier legen die Seeschiffe an, laden oder löschen ihre Ladung. Entlang am Hafengebiet gelangen wir zur Schleuse und dem malerischen Braker Binnenhafen. Lust auf frischen Fisch? Hier gibt es eine Fischbratküche, die weit über die Region hinaus bekannt ist. Frisch gestärkt, kann man so zum Ausgangspunkt antreten. Wir schauen zur Seite und erblicken das **Fischerhaus** ④: 1731 erbaut, ist es das älteste Haus in Brake. Am Ziel angekommen, lohnt sich noch der

Besuch des Schifffahrtsmuseums der oldenburgischen Unterweser im Borgstede & Becker-Haus und dem Telegrafen. Das 1846 erbaute Backsteingebäude wurde als optische Telegraphenstation zum Empfang und zur Weitergabe von Schiffsnachrichten zwischen Bremerhaven und Bremen errichtet.

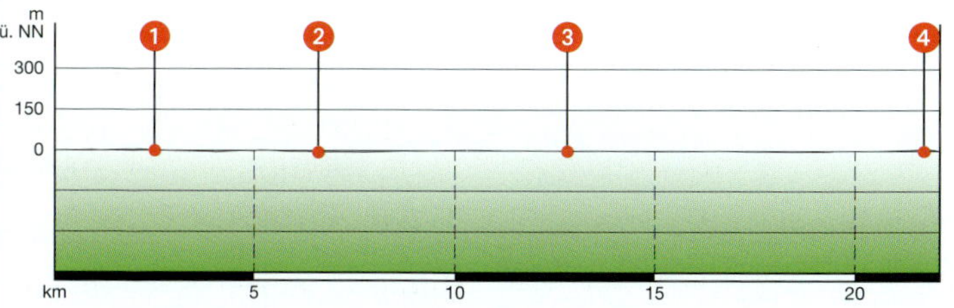

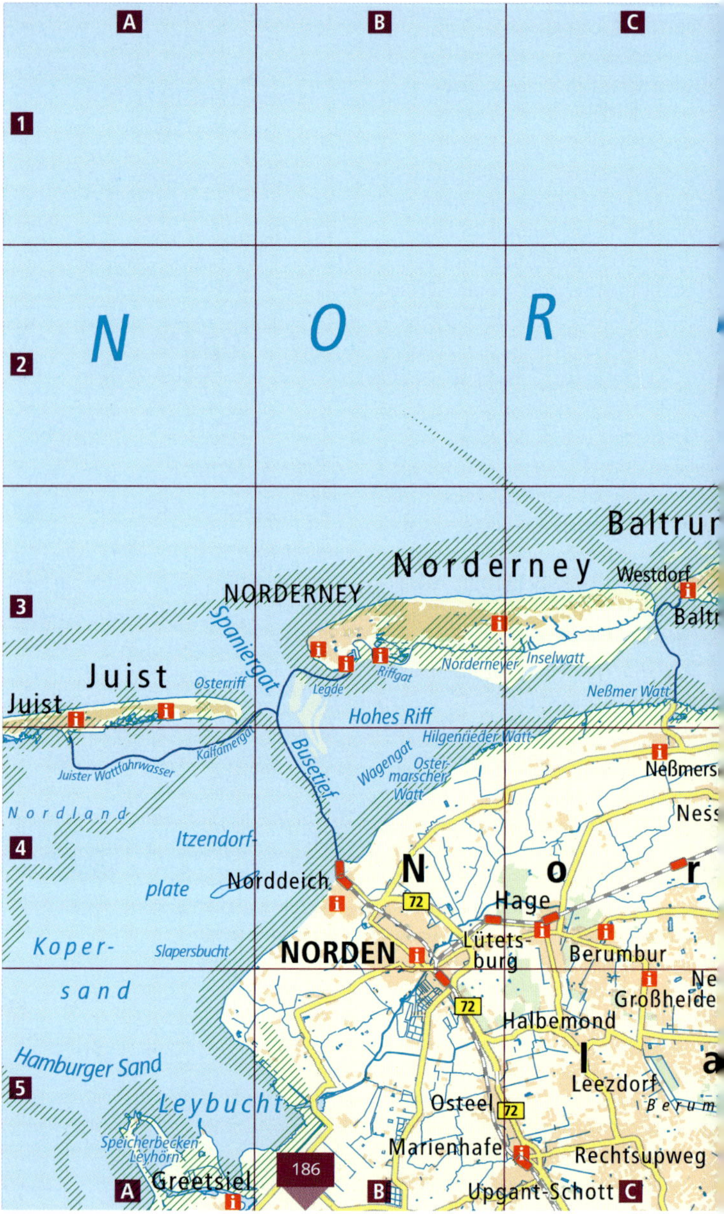

A B C
1 2 3 4 5

N O R

Baltrum
Norderney
Westdorf
NORDERNEY
Spaniergat
Baltr
Juist
Juist
Osterriff
Riffgat
Legde
Norderneyer Inselwatt
Neßmer Watt
Hohes Riff
Hilgenrieder Watt
Kalfamergat
Juister Wattfahrwasser
Busetief
Wagengat
Ostermarscher Watt
Neßmers
Ness
Nordland
Itzendorfplate
Norddeich
N o r
72
Hage
Koper-sand
Slapersbucht
NORDEN
Lütetsburg
Berumbur
Ne
Großheide
72
Halbemond
Hamburger Sand
l a
Leezdorf
Berum
Leybucht
Osteel
72
Speicherbecken Leyhörn
Marienhafe
Rechtsupweg
Greetsiel
Upgant-Schott

186

D
E
F
1
2
3
4
5
182
187
S E E
Spiekeroog
Spiekeroog
Langeoog
Langeoog
Schloppteich
Langeooger Inselwatt
Otzumer Balje
Schillbalje
Swinnplate
Janssand
Carolinensieler Balje
Accumer Ee
Langeooger Balje
Accumersieler Balje
Neuharlingersieler Nacken
Hungat
Seriemer Watt
Harlesiel
Neuharlingersiel
Carolinensiel
Damsumer Sand
Benser Watt
Westerburer Watt
Bensersiel
461
Werdum
Harlinger
ESENS
Stedesdorf
Holtgast
Utarp
Ochtersum
Burhafe
Schweindorf
Westerholt
Dunum
Holtriem
Land
Brill
Wittmunder Wald
WITTMUND
210
Neuschoo
Blomberg
Ogenbargen
Ewiges Meer
moor
Meerhusener Moor
Silbersee
Dumhusen
Leerhafe

A
B
C
1
2
3
4
5
181
188
nach Helgoland ca. 3 stunden
nach Helgoland ca. 2,5 Stunden
Wangerooge
Wangerooge
Wangerooger Inselwatt
Oldoogrinne
Hohewegrinne
Tegeler
Hoher Rücken
Carolinensieler Balje
Mellum-riffe
Elisabethgroden
Minsen
Schillig
Horumersiel
Robbenplate
Der
Hohe
Weg
Hohenkirchen
Tettens
Hooksieler Binnentief
Hooksiel
Mittelbalje
Waddewarden
Jade-Weser-Port
210
JEVER
Watt
Wilhelms-haven
Barghauser See
Fedder-wardergroden
Jade
SCHORTENS
Accumer See
Fedder-warden
WILHELMS-HAVEN
29
Maifeld-steert
Wilhelmshavener Kreuz
Sander See
Mariensiel
Banter See
Eckwarde

CUX-
HAVEN
Duhnen
Sahlenburg
Neuwerk
Neuwerker Watt
Hoher Knechtsand
Altenwalde
Cuxhaven
Wurster Heide
Hohe Lieth
Kösters-weg
Wursterheide
Spieka-Neufeld
Nordholz
Cappel-Neufeld
Spieka
Wanhöden
Dorumer Neufeld
Northum
Midlum
Cappel
Land
Wurster Watt
Schwarze Gründe
Padingbüttel
Alsum
Kransburg
Dorum
Misselwarden
Mulsum
Wierde
Neuenwalde
Wremen
Sievern
Fahlen-bruch
Wursten
WESER
Debstedt
Dran-stedt
LANGEN
BREMER-
HAVEN
Fedderwardersiel
Burhave
Speckenbüttel
Schier-holz
Spaden
Elmlohe
Butjadingen
Buschkämpen
Bramel
Bremerhaven-Mitte
Schiffdorf
Stollhamm
Bremerhaven-Geestemünde
Grünhöfe
Sellstedt
184
189

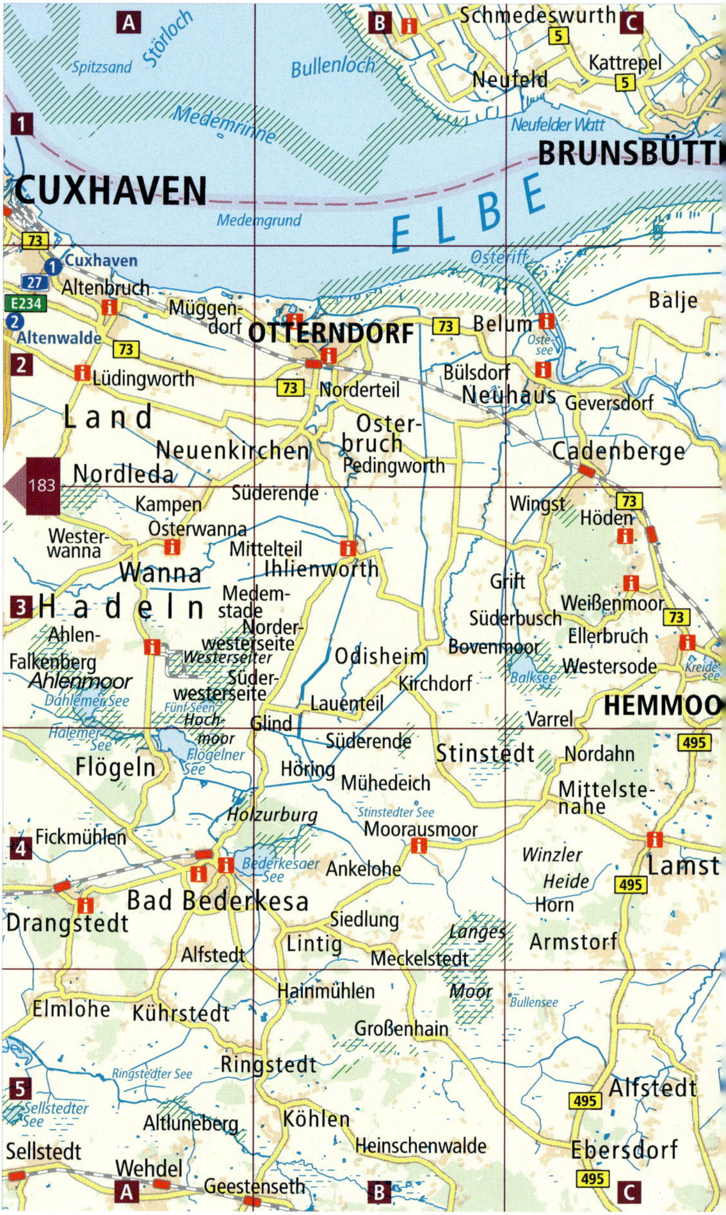

A B C
Schmedeswurth
Störloch
Spitzsand
Bullenloch
Neufeld
Kattrepel
Medemrinne
Neufelder Watt
BRUNSBÜTT
CUXHAVEN
Medemgrund
ELBE
Cuxhaven
Osteriff
Altenbruch
Balje
Müggendorf
OTTERNDORF
Belum
Altenwalde
Ostesee
Lüdingworth
Bülsdorf
Norderteil
Neuhaus
Geversdorf
Land
Osterbruch
Neuenkirchen
Cadenberge
Pedingworth
183
Nordleda
Süderende
Wingst
Kampen
Höden
Westerwanna
Osterwanna
Mittelteil
Wanna
Ihlienworth
Grift
Hadeln
Medemstade
Weißenmoor
Süderbusch
Ahlen-Falkenberg
Norderwesterseite
Ellerbruch
Westerseiter
Odisheim
Bovenmoor
Westersode
Ahlenmoor
Südwesterseite
Kirchdorf
Balksee
Kreidesee
Dahlemer See
Fünf Seen
Lauenteil
HEMMOO
Hochmoor
Glind
Varrel
Halemer See
Süderende
Stinstedt
Nordahn
Flögelner See
Flögeln
Höring
Mühedeich
Mittelstenahe
Holzurburg
Stinstedter See
Fickmühlen
Moorausmoor
Winzler Heide
Lamst
Bederkesaer See
Ankelohe
Horn
Bad Bederkesa
Drangstedt
Siedlung
Langes Moor
Armstorf
Lintig
Alfstedt
Meckelstedt
Hainmühlen
Bullensee
Elmlohe
Kührstedt
Großenhain
Ringstedt
Ringstedter See
Alfstedt
Sellstedter See
Altluneberg
Köhlen
Sellstedt
Heinschenwalde
Ebersdorf
Wehdel
Geestenseth
A B C

WILSTER
ITZEHOE
Oelix-
Nordoe
Itzehoe-Süd
Lägerdorf
St. Margarethen
Beidenfleth
Brokdorf
Böschrücken
Kremper
Neuenbrook
Grevenkop
Wewelsfleth
Borsfleth
KREMPE
Hohenfelde
Freiburg
Allwörden
Elskop
Horst
Oederquart
Hamel-
wörden
GLÜCKSTADT
Land
Wildnis
Herzhorn
Wischhafen
Neu-
lander-
moor
Neuland
Kraut-
Krautsand
sand
Marsch
Moor-
husen
Dornbusch
Gauen-
sieker
Sand
Kollmar
Kehdingen
Nindorf
Schwarztonnen-
sand
Pagensand
Seester
Drochtersen
Gauensiek
Hüll
Ritsch
Asseler-
sand
Seester-
mühe
Osten
Königsmoor
Drochterser-
moor
Assel
Wethe
Barnkrug
Haseldorfer Binnenelbe
Neuendeich
Abben-
fleth
Ritscher-
moor
Borstel
Altendeich
Hecht-
hausen
Engelschoff
Kehdinger
Moor
Bützflether-
moor
Horn
Bützfleth
Scholen-
fleth
Groß
Sterneberg
Himmel-
pforten
Stader-
sand
Deichreihe
Melau
Burweg
Hammah
Wöhrden
Bossel
STADE
Twielen-
fleth
ELBE
Hollern
Oldendorf
Düdenbüttel
Perlberg
Stade
Kaisereichen
Stade-Ost
Grünen-
deich
Estorf
Heinbockel
Agathen-
burg
Stein-
kirchen
Oldendorfer See
Weißer See
Schwinge
Hagen
Hohes Moor
Hagenah
Mühlenteich
Dollern
Elmer See
Fredenbeck
Helmste
Horneburg
Elm
Dinghorn
Deinste
Mulsum

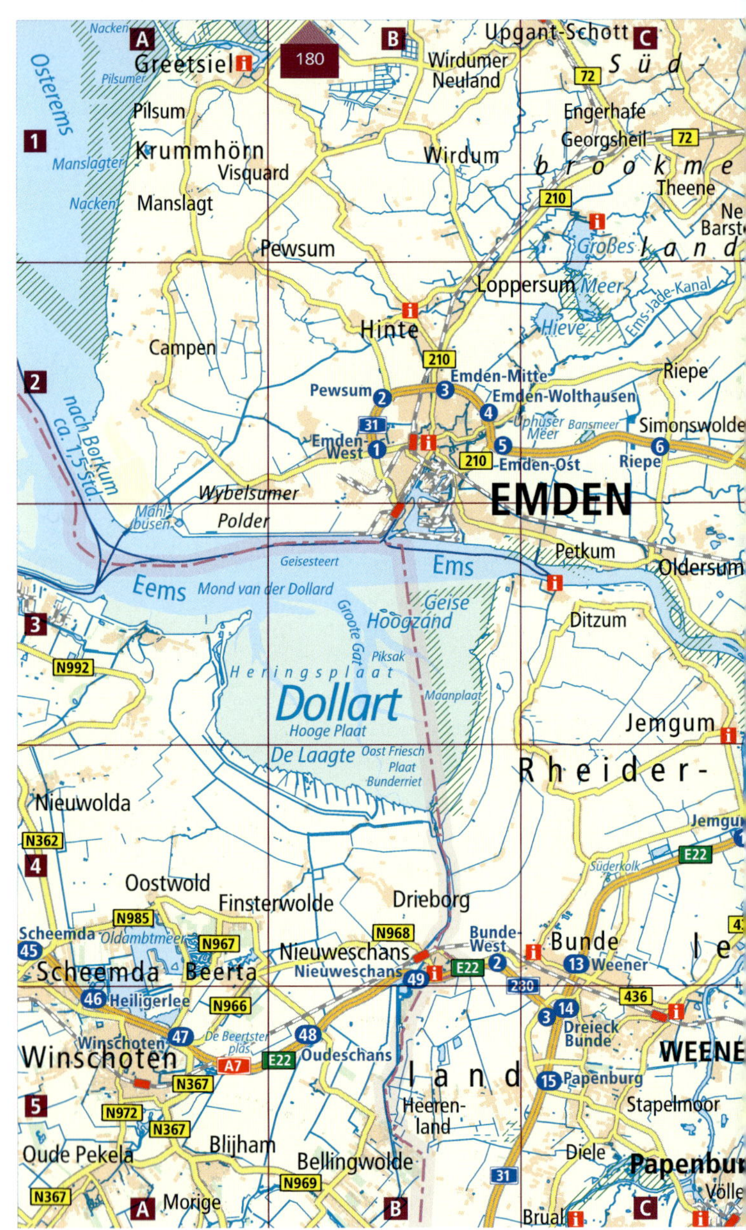
180
Greetsiel
Pilsum
Krummhörn
Visquard
Manslagt
Pewsum
Campen
Hinte
Upgant-Schott
Wirdumer Neuland
Wirdum
Engerhafe
Georgsheil
Theene
Südbrookmerland
Großes Meer
Loppersum
Ems-Jade-Kanal
Hieve
Riepe
Simonswolde
Emden-Mitte
Emden-Wolthausen
Emden-West
Emden-Ost
Uphuser Meer
Bansmeer
EMDEN
Petkum
Oldersum
Ditzum
Jemgum
Osterems
Manslagter Nacken
nach Borkum ca. 1,5 Std.
Wybelsumer Polder
Geisesteert
Ems
Eems
Mond van der Dollard
Groote Gat
Geise
Hoogzand
Piksak
Heringsplaat
Dollart
Hooge Plaat
Maanplaat
De Laagte
Oost Friesch Plaat
Bunderriet
Rheiderland
Nieuwolda
Oostwold
Finsterwolde
Drieborg
Scheemda
Oldambtmeer
Beerta
Nieuweschans
Bunde
Bunde-West
Weener
Dreieck Bunde
WEENER
Heiligerlee
Winschoten
De Beertster plas
Oudeschans
Papenburg
Stapelmoor
Heerenland
Oude Pekela
Blijham
Bellingwolde
Diele
Papenburg
Völlen
Brual
Morige
Süderkolk

AURICH
Friedeburg
Marcardsmoor
Ems-Jade-Kanal
Pfalzdorfer Moor
Knyphauser Wald
Reepsholt
Wiesederfehn
Marx
Karl-Georgs-Forst
WIESMOOR
Holtrop
Holtroperfeld
Ostgroßefehn
Mittegroßefehn
Spetzerfehn
Timmelerfeld
Timmel
Strackholt
Zwischenbergen
Stapeler Moor
Neukamperfehn
Jheringsfehn
Hollesand
Firrel
Schwerinsdorf
Uplengen
Remels
Hesel
Kolonie Veenhusen
Kleinhesel
Holtland
Brinkum
Nortmoor
Filsum
Hollen
Südgeorgsfehner Moor
Augustfehn II
Augustfehn I
Apen
LEER
Logaerfeld
Jümmiger Hammrich
Detern
Overledingerland
Nordloher Moor
Potshausen
Schatteburg
Idehörn
Barßel
Loher Wald
Ihrhove
Klinge
Collinghorst
Neu Glansdorf
Rajen
Großwolderfeld
Ostrhauderfehn
Idafehn
Rhauderfehn
Strücklingen
Harkebrügge
Hahnentangefehn
Ramsloh
Kamper Moor
181
188

182

A B C
WILHELMSHAVEN
Sander See
Mariensiel
Banter See
Jappensand
Sande
Bordumer Sand
Schweinsrücken
Feldbalje
Reepsholt
Ems-Jade-Kanal
436
6 Sande
Sander Watt
Slenkentief
Jadebusen
1
Neustadtgödens
29
Bockhorner Watt
Dangaster Außentief
Arngastsand
Friedeburg
436
Horsten
Würdeleher Sand
7 Zetel
Dangast
Marx
Vareler Watt
Friesische
437
Zetel
VAREL
Schweiburger Watt
Schwarzes Meer
437
Bockhorn
Varel-Bockhorn 8
2
Ruttel
437
437
437
29
Wehde
Neuenburg
Osterforde
Mühlenteich
9 Varel-Obenstrohe
Lengener Meer
Grabstede
Obenstrohe
Waldsee
Stapeler
J a d
Moor
Tarbarg
Jührdener-Feld
Jaderberg 10
Jaderberg
3
M a r s
28
29
Lehmden
Holl-wegerfeld
5 Westerstede-West
Linswege
Hahn-Lehmden 11
E22
Halstrup
6 Westerstede
Bad Zwischenahn-West
7
Wiefelstede
Rastede 12
Rastede
WESTERSTEDE
Südende
Ammerland
Gristede
29
211
4
Zwischenahner-Meer 8
Borbeck
Kreuz Oldenburg-Nord 13 7
Wahnbek
Ocholt
Rostrup
Zwischenahner Meer
28
Ofenerfeld
293
Neuenkruge 9
Oldenburg-Etzhorn 8
29
Bad Zwischenahn
Metjendorf
OL-Nadorst 9

187

E22
OL-Bürgerfelde 10
Fintlandsmoor
Ekern
Woldsee
Wold
OL-Wechloy 10
11 Dreieck OL-West
12
OL-Haarentor
OL-Hafen
5
Janstrat
Friedrichsfehn
OL-Eversten 13
OL-Ost
Osterscheps
14 15 28 16
OL-Marschweg
Jeddeloh I
OL-Kreyenbrück
Edewecht
401
401
Hundsmühlen
Am Küsterkanal
401
A B C
29

Stollhamm
183
NORDEN-
HAM
Seefeld
Stadland
Grünhöfe
Sellstedt
Bremerhaven-
Wulsdorf
Bexhövede
Loxstedt
Heerstedt
Bremerhaven-Süd
Nesse
Stotel
Lunestedt
Hollen
Land Würden
Rodenkirchen
Norder-
oster-
stade
Driftsethe
Hagen
Bramstedt
Ovelgönne
Sandstedt
Offenwarden
BRAKE
Harrier
Sand
Uthlede
Wulsbüttel
Oldenbrok
Osterstade
Asch-
warden
Düngel
Brakland
Meyenburg
Neuen-
kirchen
Schwanewede
ELSFLETH
Rekum
Egge-
stedt
Rocken-
moor
Lüssum-
Farge
Bockhorn
Bremen
Ihlpohl
B-Lüssum
B-Blumenthal
B-Lobbendorf
B-St. Magnus
B-Burglesum
Berne
Warfleth
Ganspe
B-Vegesack-Mitte
B-Vegesack-Hafen
B-Lesum
B-Ihleta
Lem-
werder
Deichs-
hausen
Dreieck-Bremen-
Industriehäfen
ENBURG
Stedingen
Hekeln
Harmen-
hausen
Bremen-
Burg-Grambke
Wüsting
Altenesch
Hude
Bookholzberg
Deich-
hausen
Weser

Bildnachweis

Titelbild: Die Zwillingsmühlen in Greetsiel.
Foto: Ludger Kalkhoff

André Real 1, 86, 92
OTG www.ostfriesland.de 4, 21, 64, 68, 79, 84, 90, 100
Nordseebad Spiekeroog GmbH 6, 80
STADE Tourismus GmbH/Martin Elsen 29
Kurverwaltung Land Wursten 44
Adelheid Fangrath 8, 18, 27, 38, 132, 137
Zoo in der Wingst 32
Ingo Mrozek 9
Hilke Hothan-Torun 10, 14, 26
© Kurverein NSHB Neuharlingersiel e.V. 12
Touristik GmbH Krummhörn-Greetsiel (Fotograf: Ludger Kalkhoff) 22,103, 173, Umschlag hinten
Karl-Heinz Krämer 23, 107
Oldenburg Tourismus und Marketing GmbH, Fotograf: Thorsten Ritzmann 20, 25
Brian Kaemena 28, 72, 78, 115, 121, 127, 129, 147, 155
Otterndorf Marketing GmbH 35
Nordseeheilbad Cuxhaven GmbH 36, 140
Kurverwaltung Helgoland 41
BIS Bremerhaven Touristik 51, 151
www.butjadingen.de/Thomas Hellmann 52
Hartmut Benkel 56
Kurverwaltung Dangast 58
Wilhelmshaven Touristik & Freizeit GmbH 62
Sandra Ostermeier 66
Oldenburg Tourismus und Marketing GmbH, Fotograf: Torsten Krüger 71
Bad Zwischenahner Touristik GmbH 74, 76
Kurverein Nordseeheilbad Esens-Bensersiel e.V. 88, 135
Kai Pohl 95
Schlosspark Lütetsburg 98
Verkehrsverein Aurich/Ostfriesland e.V. 104
Emden Marketing und Tourismus GmbH 109
Stadtmarketing Stadt Leer 110, 175
Papenburg Tourismus 113
Volker Lange 139
Martin Stöver/Kurverwaltung Dangast 159
Stefan Schäfer 99, 165, 168
Sebastian Hellmann 117, 119, 163, 167, 171

DIE AUTORIN

Adelheid Fangrath, Jahrgang 1960, wuchs an der Wurster Nordseeküste auf. Nach einigen Lebensjahren im „Exil" kehrte sie von Heimweh geplagt zurück und weiß seitdem die mit einer steifen Brise garnierten Feinheiten des norddeutschen Natur- und Kulturraumes zu schätzen. Die freischaffende Kunsthistorikerin und Journalistin geht an keiner Kirche und keinem Museum vorbei, ohne einen Blick hineinzuwerfen und kennt viele zauberhafte Geheimtipps in der Region.

Liebe Leserinnen, liebe Leser,
haben Sie Ergänzungen, Tipps oder Verbesserungsvorschläge zu diesem Buch? Dann schreiben Sie uns bitte:
PUBLICPRESS Publikationsgesellschaft mbH
Redaktion, Mühlenstraße 11, 59590 Geseke
E-Mail: reisefuehrer@publicpress.de

Interessenten für Anzeigen wenden sich bitte an: PUBLICPRESS Publikationsgesellschaft mbH, Tel. 0 29 42 / 9 88 70-16, info@publicpress.de

Projektleitung: Heinz Nettsträter
Autorin: Adelheid Fangrath
Redaktion: Sandra Olschewski, Sebastian Hellmann
Kartographie/Copyright: PUBLICPRESS Publikationsgesellschaft mbH
Bildnachweis: S. 191
Gestaltung: Melanie Schmidt, Ingo Mrozek

Printed in Germany, 1. Auflage 2013, ISBN 978-3-89920-812-2